Rolf Henniges
Endstation Abfahrt

*Wir befüllten unsere Tanks und schauten uns an. Ohne
sie auszusprechen, war die Frage klar: In dieser Hitze
starten – oder wieder zurück zur Source und am folgenden Morgen aufbrechen?*
*Echtes Leben besteht zum größten Teil aus irrwitzigen
und spontanen Entscheidungen. Ich kickte den Einzylinder an, ließ meine Motocross-Brille in den Helm schnappen, reckte die Faust in den wolkenlosen, tiefblauen
Himmel und sandte einen Jubelschrei die Straße hinauf.
Dann gab ich Vollgas. Tamanrasset verschwand in der
Staubfahne, die wir zwei hinter uns herzogen.*

Algerien, Mai 1989

*Die Klinik verfügte über 101 Betten, die alle belegt wa-
ren. Ich war der einzige Mann. Auf meinem Überweisungsschein stand „F32.1". Was auch immer das bedeutete, aber dagegen sollten viel Sport und ein paar Gruppengespräche helfen. Nach fünf Tagen Beckenbodengymnastik, Aerobic, Life-Kinetik, Hatha Yoga und Tanzübungen waren mir zwei Dinge klar. Erstens: Für mein Alter
bin ich noch ziemlich gelenkig. Zweitens: Es ist äußerst
dumm, eine Vater-Kind-Kur nur mit Frauen zu machen.*

Niederbayern, Mai 2012

ROLF HENNIGES
ENDSTATION ABFAHRT

EIN AFRIKANISCHES ABENTEUER

KnechtVerlag

Bibliografische Information der Deutschen Bibliothek:
Die Deutsche Bibliothek verzeichnet diese Publikation
in der Deutschen Nationalbibliografie; detaillierte Daten
sind im Internet über http://dnb.d-nb.de abrufbar.

ISBN: 978-3-939427-18-6

© 2013 Knecht Verlag Landau
   2. Auflage 2013
   www.knechtverlag.de

Gesamtleitung: Markus Knecht, Landau
Umschlagentwurf: Aline Matisse
Titelfoto: Rolf Henniges
Kartenbearbeitung: Claudia Werel
Fotos: Rolf Henniges, Rossen Gargolov (S. 8, 27)
Druck: Buch- und Offsetdruckerei Schürrle
GmbH & Co. KG, Stuttgart
Gedruckt auf chlor- und säurefreiem Papier.

Leben ist eine Reise.
Kein Ziel.

Für Titus

Inhaltsverzeichnis

Prolog

Im Nachhinein betrachtet erinnert mich mein Blackout an eine Szene aus dem Trash-Film „Wolf Creek", der in Australien spielt. Darin werden ein paar jugendliche Tramper von einem Verrückten entführt und brutal gefoltert. Einem von ihnen gelingt die Flucht, er schleppt sich zum Highway, stoppt ein Auto und fleht den Fahrer an, ihn mitzunehmen. Der Verrückte ist seinem Opfer allerdings gefolgt. Er lauert etwa zwei Kilometer entfernt, richtet ein Gewehr mit Zielfernrohr aus und drückt ab.

Die Szene, die ich meine, ist bizarr. Der Fahrer des Wagens schaut aus dem Fenster auf den Anhalter, der ganz schön ausgezehrt aussieht. Er weiß noch nicht, was er von dem Geschehen halten soll, schließlich rennt hier, im tiefsten Outback, im absoluten Nichts, nicht jeden Tag ein Tramper Blutflecken übersäht auf die Straße. Dann ein Knall. Von irgendwo her. Man hört ein leises Pfeifen. Nicht lokalisierbar, nicht zuzuordnen. Zwischen Detonation und Aufschlag liegen etwa drei Sekunden.

Dann wird der Kopf des Trampers zerfetzt.

Ich bin nicht zerfetzt.

Man hat mich nicht erschossen.

Es gab trotzdem einen Einschlag.

Und Anzeichen, dass eine „Kugel" im Anflug war.

Ich habe sie ignoriert.

Ausgebrannt

Es ist ein schleichender Prozess, den man selbst nur schwer erkennt. Bei mir begann er im Herbst 2010 mit Schlaflosigkeit. Im Nachhinein kenne ich den Grund: ständige Vollgasfahrten, wohnen auf der linken Spur. Keine Zeit zum Tanken oder Relaxen. Ein typischer Abend sah so bei mir aus: bis 16.30 Uhr arbeiten, durch den Berufsverkehr hasten, meinen Sohn vom Kinderhort abholen, Einkauf organisieren, kurz mit ihm spielen und für die Schule lernen. Abendbrot richten, seine Kleidung waschen, nebenbei E-Mails checken, ein paar Telefonate führen, den Kleinen bettfertig machen, Küche und Bad aufräumen und die wichtigsten Dinge für den nächsten Tag vorbereiten. Ab 21 Uhr arbeitete ich weiter. Meist bis Mitternacht. Allzu oft erledigte ich drei Dinge gleichzeitig. Trank Kaffee, während ich auf dem WC saß, und beantwortete nebenbei noch E-Mails. Ich nahm mir nicht die Zeit, das Essen zu genießen, ich aß meist nebenbei im Stehen. Lästige Dinge wie Grippe, Angina oder Kopfschmerzen ignorierte ich erfolgreich und schleppte mich ins Büro. Keine Zeit zum Krankwerden. Mein Leben war um meinen Job herum geplant.

Ich bin Reporter und Testredakteur für Motorräder. Die neuesten Bikes werden rund um den Globus präsentiert. Man wird von den Herstellern eingeladen, mit den aktuellen Motorrädern bei meist idealen Bedingungen eine Testrunde zu drehen und darüber zu schreiben. Oder ihnen daheim in Deutschland auf den Zahn zu fühlen. Ein Traumjob. Eigentlich. Der Haken an meiner Situation: Ich bin allein erziehend und für meine Reportagen und Tests sehr oft unterwegs. Nicht selten muss ich für meinen Sohn eine Bleibe oder jemanden finden, der ihn in dieser Zeit betreut. Es geht also nicht nur darum, Stories zu organisieren und zu produzieren. Nein, um überhaupt arbeiten zu können, habe ich denselben organisatorischen Aufwand zusätzlich privat. Mein Gehirn war am Dauerrattern. Vollgas, linke Spur. Immer. Auch nachts.

Es reißt dich aus dem Schlaf, weil du plötzlich an unbezahlte Rechnungen denkst, einen Satz in der Reportage ändern willst, dir einfällt, dass du deinem Sohn unbedingt noch Shampoo kaufen musst oder er am Folgetag noch ein Geschenk für einen Geburtstag braucht. Es ist die unendlich komplexe Verkettung von Gedanken, die im eigentlichen Sinn gar nichts miteinander zu tun haben, eine To-do-Liste, die wie ein Endlosfax hervorquillt. Ganz allmählich hatte ich im steten Organisationstrubel die Übersicht verloren und war nicht mehr in der Lage, Wichtiges von Unwichtigem zu trennen. Mir war alles wichtig. Denn ich bin Perfektionist. Und am liebsten würde ich es allen recht machen. Besonders brisant: Ich verbeiße mich an Problemen. Nehme sie mit, überallhin, 24 Stunden am Tag. Kann sie nicht eher loslassen, bis sie behoben sind. Ich freute mich nicht, wenn eine Reportage gut gelungen und fertig war. keine Zeit dafür. Ich dachte sofort an die nächste.

Dabei reibst du dich auf. Zerstörst den Frieden, den du im Alter von 46 eigentlich mit dir geschlossen haben solltest, und der Blick fürs Wesentliche im Leben geht verloren. Nebensächliche Dinge wie „Computerprogramm lässt sich nicht starten", „Auspuff am Auto klappert", „Banküberweisung nicht getätigt", „Toaster defekt und neuen besorgen", „Handyvertrag wechseln", „Schularbeiten korrigieren", „Besprechung vorbereiten" und „Lebensmittel kaufen" bestimmen plötzlich die letzten freien Minuten, die noch verbleiben. Es ist ein Kampf gegen Windmühlen. Wäre ich in dieser Zeit ein Computer gewesen, hätte ich ständig gepfiffen – der Lüfter wäre nie off gewesen. Meine innerliche Anspannung war enorm, der Blick für die schönen Dinge des Lebens völlig verschleiert. Ich erfreute mich weder an Sternschnuppen, die vom Himmel fielen, noch erkannte ich die unbändige Freude in den Augen meines Sohnes Paul, wenn ich mit ihm Fußball spielte, oder freute mich über die erfrischende Kraft der Sonnenstrahlen. In keiner Sekunde genoss ich das Leben als solches, denn der Aufgabenberg erdrückte mich. Das Schlimmste daran war: Ich vermisste nichts. Nahm den Zustand einfach so hin, hielt ihn für gottgegeben.

Auf den U-Bahn-Heimfahrten vom Büro war es mir schlicht unmöglich, ein Musikstück zu finden, das mir gefiel. Ich zappte permanent weiter und dachte nichts dabei. Ein ständiges Kribbeln, eine Art Elektrizität, durchströmte meinen Körper. Dieser Zustand hatte sich heimlich eingeschlichen, und so empfand ich ihn als normal. Technisch erklärt: Es war so ähnlich, wie wenn Bremsen langsam nachlassen. Man gewöhnt sich daran, weil es schleichend passiert. Und merkt erst bei einer Vollbremsung, dass eigentlich nichts mehr funktioniert.

Keine Nacht mehr, in der ich nicht mindestens zwei, drei Mal aufwachte, weil meine Festplatte heiß gelaufen war. Tagsüber hatte ich Muskelkater vom Zähneknirschen und Kopfschmerzen vom Gedankenwälzen. Nachts war mein Geist am Planen, Vorausschauen, Hoffen, Bangen. Ich schmiss mich von einer auf die andere Seite und sorgte mich um den nächsten Job, meinen Sohn und den Weltfrieden. Nur nicht um mich. Völlig gerädert und um Jahre gealtert trabte ich morgens ins Büro. Monatelang. Fast ein Jahr sogar. Mein Gesicht sah fürchterlich aus. Tiefe Ringe hatten sich aufgrund des Schlafdefizits unter meinen Augen festgebissen. Ich kaufte Anti-Müdigkeitscreme und trug sie zweimal täglich auf. Natürlich brachte das nichts. Denn wie fast immer im Leben muss man die Ursachen bekämpfen. Nicht die Wirkung.

Einer von so vielen Jobs führte mich Ende November 2011 geschäftlich nach Kalifornien. Der Flug nach Los Angeles dauerte rund elf Stunden. Ich hatte bis dato nie Jetlag gehabt, dabei bin ich als Reporter mein ganzes Leben lang viel geflogen. Mein Aufenthalt in Kalifornien war eng gesteckt. Zuerst galt es, Yamahas neuen

530er-Scooter zu fahren. Im Anschluss daran wollte ich ein paar Stories produzieren. Eine Reportage über den Mulholland-Highway und das „Rock Store Café". Zudem ein Porträt über den Designer Roland Sands und eine Reportage über die Custom-Bikeschmiede „Garage Company". Alle Termine mussten vor Ort geklärt werden. Zusätzlich waren Interviews mit Polizei, Fotografen und Anwohnern notwendig. Dafür hatte ich sechs Tage Zeit eingeplant. Ich spulte allein in Los Angeles 600 Kilometer ab, lag abends immer in einem anderen Hotelbett, konnte überhaupt nicht mehr schlafen und dachte: Mensch, jetzt hast du zum ersten Mal im Leben Jetlag. So also fühlt sich das an. Neue Erfahrung. Aha.

Am 9. Dezember 2011 hob der Flieger in Los Angeles ab. Der Rückflug ging über Amsterdam weiter nach Stuttgart. Alle Stories waren im Kasten, es hatte perfekt geklappt. Ich war erleichtert, fühlte mich gut, geradezu euphorisch. Wir waren schon über Alaska hinweggeflogen, da dachte ich: Merkwürdiges Gefühl, ich glaube, ich sollte mal auf Toilette. Die erste „Kugel" traf mich noch im Gang. Ich fiel. Als ich da auf dem Gang lag, schlug mir jemand mit der Hand leicht ins Gesicht. Ob alles okay sei. Bitte? Aber klar doch! Hier steht ein Mann, keine Memme. Musste gestolpert sein, nichts Wildes. Als ich wieder stand, kam die zweite „Kugel".

Schwärze.

Nichts.

Freier Fall.

In die Sitze. Zwei Rippen angebrochen, blaue Flecken am Bein. Als ich die Augen wieder aufschlug, hielt mir jemand die Hand. Und nein, es war keine hübsche Stewardess, verliebt schauend, sondern ein etwas dicklicher Steward mit Achselschweiß, der mir folgendes flüsterte: „Gut, dass wir Sie wiederhaben. Wir wären garantiert runtergegangen, wenn wir noch über amerikanischem Boden gewesen wären. Sie waren knapp 30 Minuten bewusstlos. Schwacher Puls, kreidebleich. Übrigens: Wie heißt der Präsident von Amerika?"

Es folgten nette Fragen aus allen Wissensgebieten, die ich, Gott sei Dank, allesamt beantworten konnte. Der Steward hatte eine Erste-Hilfe-Ausbildung und wollte prüfen, ob mein Gehirn intakt war. Doch die wohl interessanteste Frage stellte vier Tage später eine Neurologin, nachdem ihr die Assistentin meine EEG-Kurve in die Hand gedrückt hatte:

„Herr Henniges, dürfen wir diese Kurve für Schulungszwecke nutzen?"

Um die Hirnströme (Elektroenzephalografie: EEG) aufzuzeichnen, werden am Schädel rund 20 Elektroden angebracht. In meinem Fall war das sehr einfach, denn seit 1996 rasiere ich mir den Kopf, die Elektroden haben einen Saugnapf und haften prima. Man sieht aus wie ein Igel. Und guckt auch so. Zwischen jeweils zwei Elektroden werden in verschiedenen Kombinationen die elektrischen Spannungsunterschiede gemessen, mit einem speziellen Gerät verstärkt und schließlich als Hirnstromwellen aufgezeichnet. Das Ganze dauert etwa zwanzig Minuten, in denen man lange Dunkelphasen im Raum hat, die ab und zu auch unterbrochen werden. Man muss völlig ruhen und darf auf Kommando die Arme heben. Alle Aktionen, die dabei im Hirn ablaufen, werden aufgezeichnet.

„Schulungszwecke? Wie darf ich das verstehen?"

„Wie ich's sage. Ich würde die Kurve gern auf Schulungen präsentieren."

Die Neurologin machte eine Kunstpause, floppte ihre zierlichen Augenbrauen hoch und fügte hinzu: „Als negatives Beispiel, wie ein Hirn nie ruht und immer volle Leistung hat."

Im Normalfall besteht das EEG aus Wellenbewegungen, die ab- und aufsteigende Spannungen beschreiben. Diese entstehen durch wechselhafte Zustände, Wahrnehmungen oder Gedanken, wenn man beispielsweise die Augen schließt oder Dunkelheit herrscht oder man sich nicht bewegt, man an nichts denkt (sollte ich machen, hat leider nicht geklappt). Um das Ganze in meinem motortechnischen Fachjargon auszudrücken: Mein Hirn hatte einen exorbitant perfekten Drehmomentverlauf. Anschalten, und sofort 100 Prozent Power. Daran hatten auch die Ruhephase oder das Nichtbewegen nix geändert. Auf gut Deutsch: Ich konnte das Hirn nicht abschalten oder beruhigen, es arbeitete immer auf Volllast. Oder besser: Vollgas.

„Nehmen Sie sich ein paar Tage Auszeit, ich schreibe Sie mal zwei Wochen krank. Und schlucken Sie bitte diese Tabletten hier."

Tabletten. Oh, wie ich die hasse! Allein diese kilometerlangen Beipackzettel. Nach dem Studium der darin beschriebenen Nebenwirkungen wird man erst recht krank. Ich schmiss sie weg. Es waren sanfte Stimmungsaufheller, die meine Laune steigern sollten. Denn abgesehen von meiner Erschöpfung war alles andere mit mir in Ordnung: männlich, 46 Jahre, 1,68 Meter, 67 kg, BMI 24, Leberwerte okay, Blutwerte ebenfalls. Mein Hausarzt checkte mich von oben bis unten durch und diagnostizierte einen Erschöpfungszustand. Er sagte: „Nach eingehender Untersuchung inklusive der Auswertung ihrer Blutwerte könnte ich versucht sein zu sagen: Machen Sie ruhig weiter wie bisher. Nur nehmen Sie bitte ein bisschen Fahrt raus. Mehr Ruhe. Mehr Entspannung."

Mein Zustand war brisant. Ich saß daheim vor dem Computer, denn der Bericht über den Yamaha-Scooter musste unbedingt raus. Er sollte 5000 Zeichen lang sein. Normalerweise schreibt man das in drei Stunden. Ich brauchte sieben Tage dafür. Kämpfte mit jedem Satz, ja sogar mit jedem Buchstaben und brauchte nach jedem Wort eine Pause. Erholung vom Schreiben. Vom Schreiben eines einzigen Wortes. Ich war gelinde gesagt im Arsch, völlig am Ende. Meinen Sohn holte ich wie immer gegen 17 Uhr vom Kinderhort ab, schmierte ein paar Brote, legte mich neben ihn, um Sandmännchen zu schauen, und schlief ein. 19 Uhr, alle Akkus leer. Meine Mutter, die 450 Kilometer entfernt wohnt, war besorgt. Sie rief mich jeden Tag spätestens um 20 Uhr an, ein Weckruf sozusagen.

Ich war ständig müde. Es kam mir so vor, als würde der Körper den verlorenen Schlaf der letzten zwei Jahre nachholen wollen.

Zwei Wochen Ruhe. Dann Weihnachten. Anschließend noch mal zwei Wochen Ruhe. Dann drei Wochen Urlaub. Ein verlängertes Wochenende verbrachte ich mit Paul am Bodensee. Wir hatten ein Appartement direkt am Wasser gemietet. Während mein Sohn drinnen schnarchte, saß ich draußen auf den Brettern des Balkons, die Arme über das Geländer geschwungen, und starrte in die Nebel, die über den See waberten. Meine positive Lebenseinstellung und meine Zuversicht hatten sich aufgelöst wie eine Dunstwolke. Dafür hielt mich seit dem 9. Dezember eine schreckliche Erkenntnis im Würgegriff: Ich hatte etwas verloren, dessen ich mir zuvor gar nicht bewusst war, es zu besitzen – meine schusssichere Weste. Die unerschütterliche Gewissheit, dass mir nie etwas passieren kann. Mein Selbstverständnis, dass ich sozusagen ewig leben würde. Denn: Jemand, der wie ich voll im Leben steht, schwierigste Aufgaben bewältigt und ständig unterwegs ist, kommt von selbst nie auf den Gedanken, dass plötzlich alles zu Ende sein könnte.

Ich war wie elektrisiert, wenn es in meiner Brust ziepte oder sich beim Laufen Seitenstechen einstellte. Man glaubt plötzlich nicht mehr daran, dass die Zipperlein ein paar Sekunden später wieder verschwunden sind. Sondern befürchtet, sie seien Vorboten für etwas Schlimmeres.

Irgendetwas hatte eine Tür in meinem Hinterkopf geöffnet, durch die seit dem 9. Dezember leise Warnungen gehaucht wurden. Nennen wir es Angst. Vielleicht Panik. Meinetwegen auch Lähmung. Oder nennen wir es Bedrohung durch die Erkenntnis, irgendwann ganz sicher sterben zu müssen. Denn irgendwo da oben oder unten sitzt einer, der den Stecker zieht. Und wenn es ihm Spaß macht, dann lässt er ihn draußen. Es ist eine Erkenntnis, die jedem eigentlich bewusst sein müsste. Eine Erkenntnis, die ohne solch einen Vorfall jedoch niemand richtig wahrnimmt. Eine Erkenntnis, die wir sekündlich verdrängen: Das Leben ist befristet, das Hiersein nur geborgt.

Und irgendwann bist du nicht mehr da.

Für niemanden mehr.

Nicht einmal mehr für dich selbst.

Dann kannst du die Dinge, die dir was bedeuten, die du aber immer vor dir her schiebst, nicht mehr tun. Dieses Ereignis war nicht nur ein simpler Schwächeanfall. Nein. Ich hatte mich selbst verloren. Der Strudel des Alltags hatte mich in die Tiefe gerissen. Meine Träume waren blass, kaum noch erkennbar. Schlimmer: Hatte ich überhaupt noch Träume? Durch die vielen Verpflichtungen und Erwartungen, die Menschen an mich hatten, kam es mir vor, als würde ich nicht mehr mein eigenes Leben leben, sondern wäre ferngesteuert. Die Figur eines Films, dessen Regisseur nicht ich war. Ich fühlte mich fremd in meinem Leben und wusste tief in meinem Innern: Du musst etwas tun, um wieder die Regie zu übernehmen. Du musst was tun, damit du dein Leben wieder positiv bewertest und in die richtige Richtung lenkst. Nur was?

Mein Hausarzt sorgte sich um mich.

„Sie sind bereits zu lange auf der Überholspur", meinte er, „da wird es Zeit, dass Sie mal auf einen Parkplatz fahren. Am liebsten würde ich Sie ein paar Monate in die Reha schicken. Aufgrund Ihrer Lebenssituation ist das allerdings nicht so einfach. Also fangen wir mal klein an: Mit einer Vater-Kind-Kur." Diese Kur würde zwar nur ein „etwas größerer Tropfen auf den heißen Stein" sein, doch sie würde mein Kopfkino zumindest etwas mäßigen.

Auf der Rückfahrt von diesem Termin saß ich in der U-Bahn zwei Männern gegenüber, die sich über eine Beerdigung unterhielten. Der eine war schätzungsweise Anfang/Mitte 60, der andere 50. Beide hatten die Hände ineinander verschränkt und wirkten sehr nachdenklich.

„Ich kann das immer noch nicht glauben", sagte der Jüngere.

„Warum? Weil sie erst 51 war?"

„Nein, weil ich einen Tag vorher noch mit ihr besprochen habe, wohin der Kamin soll."

„Und, was kannst du daran nicht glauben?"

„Dass es so schnell gehen kann. Jederzeit. Und man sich im Grunde genommen gar nicht so viel vornehmen sollte."

„Ich sage nur: Wie bringt man Gott zum Lachen? Erzähl' ihm von deinen Plänen. Hahaha!"

„Blöder Witz. Ehrlich, es nimmt mich wirklich mit. Sie war nur zwei Jahre jünger als ich..."

„Ja, die Einschläge kommen näher. Weißt du, am besten vergleicht man das Leben mit einer Woche Urlaub. Jeder Tag steht für zehn Jahre Leben. Kommt ungefähr hin. Wenn wir Glück haben, werden wir Siebzig. Also, dann stell' dir die Woche vor, vielleicht auf Mallorca. Die ersten drei Tage vergehen wie im Flug. Strand, Disco, Party, Weiber. Am vierten denkst du: verdammt, schon über die Hälfte rum! Am fünften nimmst du noch mal alles mit, den sechsten verbringt man am Strand, und der siebte vergeht meistens mit Packen. Und, sei ehrlich Werner, bist jetzt 53. Nimmste wirklich alles mit?"

Werner saß da und schaute mich an. Er schaute fragend, so als ob ich ihm darauf eine Antwort geben könnte. Aber ich schaute noch fragender zurück.

„Nee", sagte er seinem Kumpel. „Wenn ich ehrlich bin, wollte ich das „Mitnehmen" anfangen, wenn ich Rentner bin. Ich weiß auch gar nicht so recht, was ich mitnehmen soll."

„Rentner wirst'e mit 67. Dann is' höchstens noch Zeit zum Packen. Aber wo de' dann hingehst, brauchste kein Gepäck."

Selten hat mich ein belauschtes Gespräch so nachdenklich gemacht. Auch ich hatte beinahe fünf Tage Urlaub aufgebraucht und nicht die leiseste Ahnung, was ich noch mitnehmen sollte. Ich überlegte: Angenommen, es geht einem gar nicht ums Mitnehmen. Dann bleibt trotzdem die Frage, wie man die gesamte Zeit zwischen den beiden Fixpunkten Geburt und Tod effektiv nutzt.

Wir rauschten durch einen Tunnel, und ich starrte hinaus. Mein Spiegelbild in der U-Bahn-Scheibe starrte zurück. Ein Regisseur namens Alltag hatte schon seit Langem die Regiearbeit übernommen. Zusammen mit seinen Assistenten Verpflichtung und Forderung dirigierte er meine Tagesabläufe, verbrannte Zeit rückstandlos und verdrängte meine Träume in die hintersten Winkel. Ich starrte weiter in die Dunkelheit und freute mich über die gelungene Formulierung. Doch eine Frage blieb: Hatte ich überhaupt noch Träume?

Die Monate vergingen, und die Schlaflosigkeit kehrte zurück. Tagsüber war ich müde, nachts konnte ich nicht richtig schlafen. Im Mai 2012 traten Paul und ich unsere dreiwöchige Vater-Kind-Kur in der Nähe von Passau an. Der Zeitpunkt lag in den zweiwöchigen Pfingstferien, mein Sohn war für eine weitere Woche von der Schulleitung freigestellt worden. Die Klinik verfügte über 101 Betten, die alle belegt waren. Ich war der einzige Mann. Auf meinem Überweisungsschein stand „F32.1". Was auch immer das bedeutete, aber dagegen sollten viel Sport und ein paar Gruppengespräche helfen. Nach fünf Tagen Beckenbodengymnastik, Aerobic, Life-Kinetik, Hatha Yoga und Tanzübungen waren mir zwei Dinge klar. Erstens: Für mein Alter bin ich noch ziemlich gelenkig. Zweitens: Es ist äußerst dumm, eine Vater-Kind-Kur nur mit Frauen zu machen. Stets ist man der Sündenbock, denn den meisten Frauen, die dort landen, wurde übel mitgespielt, und als Vertreter der männlichen Spezies hat man es im Kreis der Geschädigten nicht unbedingt leicht. Ich hatte den Rat der Ärztin befolgt, die meine Aufnahmeuntersuchung durchführte: Handy ausmachen und im hintersten Winkel des Zimmers verstecken. Es gab kein Internet, nur einen Fernseher, der drei Programme empfing.

Neben meinen „Sitzungen", in denen meist das Thema des Alleinerziehens erörtert wurde oder den sportlichen Aktivitäten, fand ich Zeit zum Radfahren. Paul wurde mehrmals täglich betreut. Also fuhr ich fünfmal pro Woche am Inn entlang bis Passau, eine 30-Kilometer-Strecke, die durch den Wald führte. Ich fuhr auf Zeit. Es tat gut, sich wieder einmal völlig zu verausgaben. Und es tat gut, weit weg von den Wörtern, den Zeilen und Abgabeterminen zu sein, die mein Leben täglich bestimmt hatten.

Unser kleines Doppelzimmer zwang mich dazu, ebenso früh wie mein Sohn ins Bett zu krabbeln, gegen 20 Uhr. Es war lange her, dass ich so viel Zeit gemeinsam mit ihm verbracht hatte. Vor allem auch so intensiv. Mir wurde bewusst, welch große Bedeutung er für mein Leben hat. Ich schwor mir, ab sofort mehr Zeit für ihn bereitzustellen und den Job um uns beide herum zu planen. Nicht andersherum. Ich lag abends meist lange wach, konnte nicht einschlafen, stierte in die Dunkelheit und ließ nicht nur den Tag, sondern auch mein Leben Revue passieren.

So vieles hatte sich geändert. In der Zeit, bevor Paul geboren wurde, bin ich viel gereist. Ich war ein ruhe- und rastloser Globetrotter. Immer unterwegs mit demselben Motorrad, einer Yamaha XT 600 Ténéré vom Typ 34L, Baujahr 1984. Die Maschine trug mich 230 000 Kilometer weit. Wir strauchelten durch Afrika und Australien, streunten durch Asien und Europa. Sieben lange Jahre. In dieser Zeit hatte ich meine zwei Leidenschaften exzessiv ausgelebt: Schrauben und Reisen. Es gab für mich nichts Wichtigeres.

Heute fahre ich für meinem Job als Testredakteur zwar die wildesten Motorräder, und im Jahr kommen so rund 12 000 Kilometer zusammen, doch mit relaxtem Motorradfahren oder -reisen hat diese Tätigkeit nichts mehr gemein. An jenen Abenden, an denen ich in die Dunkelheit starrte, während Paul neben mir schnarchte, wurde mir bewusst, dass meine wahren Leidenschaften nicht nur jetzt, sondern bereits vor dem 9. Dezember 2011 kaum noch eine

Rolle in meinem Leben gespielt hatten. Sicher, ich habe einen tollen Job, einen super Sohn und eine nette Wohnung, aber mich selbst hatte ich auf dem Schlachtfeld des Alltags verloren.

So lag ich an jenen Abenden da und ließ mich von folgenden Fragen quälen: Wie kann ich mein altes Leben mit seiner Harmonie und den Leidenschaften zurückbekommen? Geht das angesichts der völlig veränderten Lebenssituation überhaupt? Und was muss ich dafür tun?

Es gibt Menschen, die begeben sich in diesen Situationen für ein paar Wochen ins Kloster. Andere machen eine mehrmonatige Therapie. Wieder andere bewandern den Jakobsweg. Meine Vision zur Selbstfindung war die einer langen Motorradreise. Einer Reise so wie damals, in den sieben Jahren meines Globetrotter-Daseins. Um mich zu reinigen, mir bewusst zu werden, wo ich wirklich stehe, das Wichtige in meinem Leben herauszufiltern und neues Selbstvertrauen zu tanken. Eine Reise ohne Musik, ohne Reisepartner, ganz ohne Ablenkung würde mich, so hoffte ich, wieder zurück ins Leben holen. Und mir vielleicht ein wenig von der schusssicheren Weste zurückgeben, wie ich sie vor dem 9. Dezember besessen hatte.

Solche Motorradtouren haben was Meditatives. Sie reinigen den Geist und sind anregend und aufbauend wie Leistungssport. Mit dieser Ansicht bin ich nicht allein. Der verstorbene Ex-Verteidigungsminister Peter Struck hat übers Motorradfahren beispielsweise folgendes gesagt: „Ich kenne nichts Entspannenderes. Wenn ich freitags nach einer harten Sitzungswoche über die B5 aus Berlin rausfahre, fällt spätestens in Friesack der ganze Stress von mir ab. Offenes Visier, die kurvenreichen Landstraßen in Brandenburg und Sachsen-Anhalt, die verträumte Landschaft mit ihrem spröden Charme, die kleinen Dörfer – da lebe ich auf."

Am 14. Juni war die Kur beendet. Ich kehrte mit dem Entschluss heim, in diesem Jahr eine Reise zu machen. Die Reise zurück in mein Leben. Nur wann und wohin – das war zu diesem Zeitpunkt unklar.

Ende Juli passierte etwas völlig Unerwartetes: Über Facebook erreichte mich eine Nachricht aus Essaouira in Marokko. Sie kam aus meinem ersten Leben, der lange zurückliegenden Zeit als Globetrotter. Es war „nur" eine Freundschaftsanfrage. Doch nie war diese Bezeichnung unzutreffender. Ich war elektrisiert, denn der Mann, von dem sie stammte, hatte mit seiner Nachricht mein Reiseziel definiert: Essaouira! Eine Stadt, rund 4 000 Kilometer von meinem Heimatort entfernt, stand für mein persönliches Mekka. Die Hoffnung, durch diesen Trip neuen Lebensmut und Zuversicht zu tanken, war gigantisch. Doch so stark die Hoffnungen, wieder zurück ins Leben zu finden, auch waren, so stark fühlte ich mich gleichzeitig von der Angst bedroht, einen Fehler zu begehen. Denn während ich vor über 20 Jahren alle Warnungen ignoriert und sogar Länder im Bürgerkriegszustand durchquert hatte, bereitete mir die Warnung auf der Seite des Auswärtigen Amts heute Sorgen: „Deutschen Staatsangehörigen, insbesondere in den Großstädten Rabat, Casablanca, Tanger, Marrakesch und Fes wird zu besonderer Vorsicht geraten. Es wird dringend empfohlen, Demonstrationen und Menschenansammlungen weiträumig zu meiden und die Medienberichterstattung aufmerksam zu verfolgen. Im Anschluss an die Freitagsgebete wird dringend geraten, öffentliche Plätze zu meiden."

Diesmal hatte ich nicht nur mich zu verlieren, sondern war auch meinem Sohn gegenüber verantwortlich. Die Wochen vor dem Aufbruch schmolzen wie Butter in der Sonne. Das schlechte Gewissen, Paul allein zu lassen, nicht für ihn da zu sein, und die Angst, dass mir in Afrika oder überhaupt auf der Tour irgendwas zustoßen könnte, war wie eine Faust, die mich nachts im Bett niederdrückte. Doch jedes Mal, wenn ich die alten Fotos auf meiner Pinnwand sah, war das wie ein Blick in mein erstes Leben. Ich sah und fühlte die Unbefangenheit und Freiheit, die ungehemmtes Drauflosleben so leicht macht.

Seit meiner Ohnmacht im Flieger war davon nicht mehr viel übrig. Ich hatte Angst vor einem erneuten Zusammenbruch. Hinzu gesellte sich mein innerer Schweinehund, der mir ständig ins Ohr flüsterte, Afrika sei gefährlich. Er ließ mich nicht schlafen. Gaukelte mir Bilder in mein Unterbewusstsein, auf denen beturbante Moslems mich entführen und töten. Ich hatte Angst davor, dieser Trip könnte letztlich ein einziges Desaster werden, weil ich mir im Vorfeld so viel davon erhoffte. Auf der anderen Seite wollte ich mich mit Tausenden von Motorrad-Kilometern nach Jahrzehnten wieder selbst belohnen und meine erloschene Leidenschaft wiederbeleben. Ich befand mich im Zwiespalt mit mir selbst. Doch schließlich wollte ich diesem Mann unbedingt noch mal in die Augen blicken. Wie damals, in der Sahara, als der Tod schon über die Dünen grinste.

Für mich gab es keinen besseren Weg als diesen Trip, um das wiederzufinden, was irgendwann verloren gegangen war: das Vertrauen in mich selbst.

Junge, fahr' vorsichtig!

„Kannst du uns das Essay über den Weltreisenden noch schnell schicken?"

Ich seufze in die Telefonleitung. Ja, natürlich, schnell schicken... kein Problem. Hab's leider noch nicht einmal geschrieben. Es ist mittlerweile Dienstag, der 16. Oktober 2012, 11.57 Uhr. Seit gestern Mittag wollte ich unterwegs sein Richtung Süden. Mein Plan: Ich habe drei Wochen Urlaub und will in dieser Zeit bis Essaouira und wieder zurück fahren. Und zwar auf kleinsten Straßen, die mir das Navi weist. Quer durch Frankreich, Spanien und Marokko. Meine Mutter wird in dem Zeitraum vor Ort sein und auf Paul aufpassen. Gibt man die Entfernung zum Ziel im Internet bei Google Maps ein, erscheint: 3 875 Kilometer – one way. Wenn ich überlege, dass ich in Australien 400 Kilometer nur mal eben so zum Biertrinken abgespult habe, ist dieser Trip vergleichsweise ein Spaziergang. Alles ist eben relativ. Wenn ich jedoch daran denke, dass ich jeden Tag mindestens 400 Kilometer fahren muss und dabei Autobahnen und Schnellstraßen meiden will, dann wird das Ganze ein mächtig langer Ritt.

Für den ich jetzt schon mal zwei Tage weniger Zeit habe. Wollte gestern eigentlich nur mal kurz ins Büro, um einer Reportage den letzten Schliff zu verleihen. Aus kurz mal wurde ein ganzer Tag.

Heute hat Paul Fieber und klagt über Bauchschmerzen. Er kann nicht zur Schule, und ich überlege, mit ihm zum Arzt zu gehen. Außerdem ist die Ausrüstung noch nicht gepackt. Dazu noch ein Anruf von der Bank: Sie würden meine Kreditverträge doch noch vor meinem Urlaub fertigmachen und mir per Eilboten zuschicken. Ich solle noch einen Tag warten, denn sie müssten unterschrieben wieder zurück. Und jetzt das noch: Mein Vorgesetzter will die Story gleich, sie haben die Geschichte zwei Ausgaben vorgezogen.

„Ist okay. Aber du weißt schon, dass ich Urlaub habe und eigentlich bereits unterwegs bin, oder?"

„Bist du aber nicht. Wir telefonieren übers Festnetz..."

Manchmal hasse ich die permanente Erreichbarkeit. Und diese enorm vielen Verbindlichkeiten, die mit zunehmenden Alter immer mehr statt weniger werden. Ein Freund hat mal gesagt: „Die einzige Zeit, die ich wirklich noch für mich habe, verbringe ich auf der Toilettenschüssel." Ist das nicht traurig?

Ich gehe in meine kleine Werkstatt. Hier hab' ich in den letzten Wochen viel Zeit verbracht. So wie damals, vor meinen vielen anderen Reisen in meinem ersten Leben als Globetrotter. Damals stand ich jeden Abend vor dem Motorrad, das mich ins Abenteuer tragen sollte, habe es stundenlang betrachtet, die eine oder andere Verbesserung ersonnen und gebastelt. Wochenlang. Monatelang. Allein die Vorfreude ist die eigentliche Reise wert.

Heute habe ich nicht die Zeit für monatelanges Gebastel, und es ist auch keine Yamaha-Enduro, sondern eine 900er-Triumph Scrambler. Ihr Design macht mich an. Die klassische Linie, der Hauch Enduro, den die hoch verlegte Auspuffanlage und die Geländereifen verströmen, sind super. Ebenso ihre klaren Proportionen: zwei Räder, Tank, Motor. Basta. Ich finde sie wunderschön. Und befinde mich dabei im argen Zwiespalt mit meinem Job. Denn beruflich muss ich aburteilen. Aufgrund von Messwerten und Fahreindrücken küre ich das Motorrad mit den technisch und fahrphysikalisch besten Eigenschaften. Hierfür wird ein Mordsaufwand betrieben. Für alle unwissenden, potenziellen Käufer da draußen, damit denen die Wahl leichter fällt.

Was aber, wenn das Siegerbike einem optisch gar nicht gefällt? Man zwar das technische Nonplusultra in der Garage stehen hat, aber das Herz ungerührt bleibt, wenn das Tor aufgeht? Man sich nicht vor die Maschine stellt und auf die knackigen Verzögerungs-

werte der Bremsen oder die optimal funktionierende Traktions-
kontrolle anstoßen kann? Schon mal von Leuten gehört, die wegen
eines Verbundbremssystems eine Party geschmissen haben? Ich
nicht.

„Na, suchst du nach der einen kleinen Schraube, die du nicht
mindestens zehnmal kontrolliert hast?"
Meine Mutter steht in der Tür.
„Nicht zehn-, sondern vielleicht dreimal. Du übertreibst wieder."
„Du warst immer so. Schon damals in der Schule. Alles musste
perfekt sein, sonst warst du nicht zufrieden. Aber es kann nicht
immer alles perfekt sein. Und muss es auch nicht. Solltest du endlich mal einsehen. Wenn du die Dinge gelassener sehen könntest,
wäre dir diese Sache im Flieger vielleicht erspart geblieben..."

„Oh Mutter! Hätte, würde, wäre, wenn... Es ist nun mal passiert. Ich kann's nicht ändern."

„Nee. Die Vergangenheit nicht. Aber die Gegenwart. Und damit vielleicht auch die Zukunft."

„Da bin ich gerade bei."

„Mit Motorradfahren! Aha! Ich wünsche dir wirklich, dass es dir das gibt, wonach du suchst."

Meine Mutter zieht die Tür lautlos hinter sich zu. Meine Augen fixieren den Scrambler.

Motorradfahren ist für mich etwas absolut Emotionales, pure Leidenschaft. Es ist Liebe. Und die hat auch was mit Optik zu tun. Ich will spüren, hören, sehen und mich freuen. Unter technischen Aspekten hätte ich für den Trip eine BMW F 800 GS wählen müssen. Die hat einen sehr geringen Verbrauch, eine große Reichweite, einen komfortabel gepolsterten Sitz, tollen Windschutz und gute Federelemente. Mit ihr könnte man notfalls die ganze Strecke auch offroad zurücklegen. Mit dem Scrambler habe ich jetzt 600 Kilometer abgespult, um zu wissen, auf was ich mich einlasse. Die Maschine verbraucht verhältnismäßig viel, den Tank kann man nicht bis zum Rand vollfüllen, sonst tropft es gleich durch den Überlauf, die Federbeine sind ein schlechter Witz, ein Windschutz ist gar nicht vorhanden, und spätestens nach 190 Kilometern geht die Warnleuchte für den Tank an. Denkbar ungünstige Voraussetzungen also für einen langen Trip durchs französische und spanische Hinterland bis hinunter nach Afrika.

Aber was soll ich machen? Ich finde die Maschine wunderschön. Sie wird mein einziger Reisepartner für mehrere Wochen sein. Mein 24-stündiger Begleiter. Soll ich da einen wählen, den ich nicht anschauen mag? Würden Sie eine Frau heiraten, weil sie immer brav abwäscht, die Wäsche bügelt, so gut wie kein Geld ausgibt und zu allem ja und amen sagt?

„Du, dem Kleinen geht's wieder besser", sagt meine Mutter und fügt hinzu: „Ich glaube, die Bauchschmerzen sind weiter nichts als Angst davor, dass du nach Afrika fährst. Und nicht wieder zurückkommst."

Paul hatte im Stern eine Fotoreportage über Afrika durchgeblättert. Bilder, auf denen vom Bürgerkrieg geschundene, arg verletzte Menschen zu sehen waren, haben ihn erschreckt.

„Mutter, ich bereise keine Kriegsgebiete. Es ist nicht wie damals. Und ich werde mich auch ab und zu melden. Versprochen."

Trotzdem habe ich Angst. Der innere Schweinehund ist stets präsent, lässt mich so kurz vor der Abreise nachts kaum schlafen. Mein Unterbewusstsein fürchtet sich vor dem Trip.

Paul erscheint in der Tür, umschleicht das Motorrad und meint: „Was ich dich fragen wollte: In Afrika sind die Menschen doch alle arm. Hast du keine Angst, dass sie dir alles vom Motorrad wegnehmen? Du kannst diese Metallkiste hier gar nicht zuschließen..." Sein Finger zeigt auf meine Alu-Box.

Er hat Recht. Ich habe eine Box ohne Schlösser montiert. Anruf bei der Firma Touratech im Schwarzwald: Klar, sicher, ich soll nur vorbeikommen. Schlösser sind da und in drei Minuten eingebaut. Nun, Touratech liegt von mir aus gesehen fast auf dem Weg. Fast. Auf ein paar Kilometer Umweg kommt es letztlich nicht an.

Mittwoch, 17. Oktober, 10.16 Uhr. Die Kreditverträge sind um 8.18 Uhr per Express angekommen, ich habe sie unterzeichnet. Mittlerweile sind sie wieder auf dem Rückweg. Die ganze Nacht habe ich am Essay geschrieben und ihn heute Morgen in die Redaktion geschickt. Jetzt stehe ich hundemüde vor dem vollgepackten Motorrad, das die Sonne streichelt. Denn wir haben schönstes Herbstwetter, mit 16 Grad ist es gar nicht mal kalt. Paul ist in der Schule, der Abschied war kurz, ein schneller Kuss auf die Wange. Kleine Kinder leben in allem, was sie tun, die unendliche Leichtigkeit des Seins. Egal, ob Tod, Trennung oder Abschied. Gut so. Denn ich mag keine langwierigen Abschiede. Lieber kurz und schmerzlos. Die Haustür geht auf. Meine Mutter erscheint: „Tut mir Leid, aber du solltest noch mal in der Schule vorbei schauen. Paul liegt im Sekretariat und klagt über Bauchschmerzen..."

Wahnsinn, denke ich. Irgendjemand möchte, dass ich nicht starte. Zumindest nicht heute. Gut, wenn es so sein soll... In der Schule angekommen, schnappe ich meinen Sohn und fahre ihn sofort zum Arzt. Der Verdacht auf Blinddarmentzündung bestätigt sich Gott sei Dank nicht. Der Doktor lässt ihn wechselweise auf einem Bein hüpfen, tastet den Bauch ab und gibt Entwarnung.

Es wird letztlich sein, wie meine Mutter vermutet: Mein Sohn fürchtet sich davor, dass mir etwas passiert, ich nie zurückkomme und er dann allein ist. Kinder meinen oft, sie hätten Bauchschmerzen, weil sie ihre Probleme nicht anders ausdrücken können. Vielleicht kommt daher sogar die Redewendung, wegen etwas Bauchschmerzen zu haben.

Erneuter Anruf im Büro. Die Urlaubsplanung muss wieder geändert werden. Da ich die Reportage kurzfristig geschrieben habe, hat niemand etwas dagegen. Jetzt bleiben mir exakt 23 Tage, bis ich wieder arbeiten muss. Damit die nicht so hektisch werden, und ich mir auf dem Weg etwas Zeit lassen kann, suche ich abends eine Fährverbindung für den Rückweg: Tanger – Genua. 52 Stunden Fahrzeit. Klingt das nicht super? Dann sind's nur noch 680 Kilometer über die Alpen – schwupps bin ich wieder daheim... So einfach ist das.

Doch im Organisationstrubel passiert mir ein Missgeschick. Ich buche die falsche Fähre. Statt nach Genua fährt sie nach Livorno! 180 Kilometer mehr Weg. Scheibenkleister!

Letztlich ist es Donnerstag, der 18. Oktober, 9.17 Uhr, als mein Bein über die Sitzbank schwingt und ich auf den Starterknopf drücke. Der Motor brabbelt kernig aus dem Auspuff, meine Mutter und mein Sohn stehen neben dem Motorrad. Ich habe meine Familie

zum Abschied lange umarmt. Es ist jedes Mal ein Moment, den ich irgendwie nicht mag, dennoch genieße. Bezeugt die innige Umarmung doch Wertschätzung und Liebe. Aber ich muss auch stets schmunzeln, denn meine Mutter sagt entweder „Junge, fahr vorsichtig!", oder „Junge, fahr langsam!" Als sie mich in den 1980er-Jahren – ich bestritt damals Geländesport-Rennen – öfter mal im Fahrerlager besucht hat, sagte sie das auch jedes Mal. Ein recht unpassender Tipp für jemanden, der ein Rennen gewinnen will, oder?

„Junge, fahr vorsichtig!"

„Ja, natürlich! Mach ich. Weißt du doch."

Sie drückt mich.

Ich drücke zurück.

Wir schauen uns an.

„Hier", sagt Paul und streckt mir seine Hand entgegen, in der er ein Stoffkänguru hält.

„Das ist Leon, das kleine Känguru. Es soll mitfahren und dich immer an mich erinnern."

Ich nehme das Tier an mich, stecke es unter meine Jacke, direkt über meinem Herzen, hebe meinen Sohn hoch und drücke ihn ganz fest. Eine Träne kullert mir die Wange runter. Sein Blick fällt auf das Kartenfach im Tankrucksack. Neben meinem Diktiergerät und einer Landkarte ist ein Foto von ihm, auf dem er Kickboard fährt. Wir schauen uns an. Er lächelt. Ein Lächeln, das mir mehr gibt als eine Million Euro.

Aufsitzen, Motor starten.

Glücksgefühl, Vorfreude auf die Reise.

Denn ich habe ein Ziel.

Ich habe eine Mission.

Und ich habe die Hoffnung, mich am Ende dieser Reise wiedergefunden zu haben.

Erster Gang rein. Kupplung raus, los geht's. Paul läuft nebenher, winkt mir zu. Ich winke zurück und biege in den Kreisverkehr. In dreieinhalb Wochen bin ich wieder da. Mit einem Abenteuer im Gepäck und einem Sack voller Erinnerungen. Ab sofort gilt: Blick nach vorn. Nicht zurück.

Alles fühlt sich ähnlich an wie damals.

Und ist doch ganz anders.

Der Schwarze Kontinent

Ich war 23 Jahre jung, wild und tief in meinem Innern bereit, für das, was mir Spaß machte, alles zu geben. Alles! Notfalls auch mein Leben. Man schrieb das Jahr 1989, ich hatte nach meiner Lehre zum Industriekaufmann die zweite Ausbildung zum Motorenschlosser beendet und war wieder ganz heiß darauf, nach Afrika aufzubrechen. Zwei Trips lagen bereits hinter mir: 1987 war ich vier Wochen in der Sahara Motorrad gefahren, 1988 sechs. Beide Touren endeten jeweils in der algerischen Oase Tamanrasset, 4400 Kilometer von meinem Heimatort entfernt, beziehungsweise 2500 Kilometer Luftlinie weg vom Mittelmeer. Diesmal wollte ich endlich die Westküste erreichen und dort ins Meer spucken. Was danach kam, nun ja, mal sehen. Rückfahrt mit einem Frachter? Vor Ort eine nette Zeit verbringen, weiterreisen womöglich? Egal. Der Wunsch zur Reise hatte mehrere Antriebe. Ich war abenteuerhungrig und wollte unbedingt was erleben, denn die Tage daheim waren mir zu langweilig. Die Wüste hatte mich in ihren Bann geschlagen. Weite, Hitze, Gefahr, Romantik – der totale Gegensatz zum heimischen Alltag zog mich magisch an. Ich fand es irre aufregend, im weichen Sand zu fahren, und konnte meine Geländeambitionen vor Ort ausleben. Hinzu kam der Sternenhimmel: Glasklare Luft gewährte jeden Abend einen tiefen Blick ins Universum. Abertausend Sterne bildeten jenes Glitzermeer, das man in dieser Form in Europa nur in eiskalten Winternächten bestaunen kann.

Ich wohnte noch bei meinen Eltern und hatte jede verdiente Mark in Motorräder, Urlaub oder Geländerennen investiert. Mit einer Reise durch Afrika schlug man also gleich drei Fliegen mit einer Klappe. Mein ganzes Hab und Gut bestand aus der 600er-Yamaha plus Ausrüstung für diesen Trip. Ich war solo und hatte meinen Job gekündigt.

Kurz gesagt: In meinen jugendlichen Augen gab's nichts mehr zu verlieren. Vor allem nicht mein Leben.

Den Abreisetermin hatte ich mehrmals verschieben müssen. Anfang November '88 war es der Blick aufs mickerige Reisekonto, der mich zum Weiterarbeiten zwang. Ende Dezember war das Motorrad nicht ausreichend präpariert, ich wartete noch auf Ersatzteile. Mitte Januar, als die Maschine startklar war, ich mit meinen Freunden schon zwei oder drei Abschiedspartys hinter mir hatte, zwang mich eine starke Grippe, den Start zu verschieben. Dann kam der Schnee, meterhoch, Eiseskälte dazu, und ich dachte: Nee, jetzt mit dicken Motorradsachen starten, obwohl in Afrika bestimmt die Hitze wartet, ist nicht. So rannte die Zeit vorwärts bis zum 23. März 1989, einem strahlend blauen Donnerstag, am Himmel keine Wolke. Zwar immer noch kalt, doch die Straßen waren schnee- und eisfrei. Am Abend zuvor waren meine engsten Freunde nochmals da gewesen.

Wie immer hatten wir in meiner kleinen Werkstatt um die Yamaha Ténéré gestanden und Bier getrunken. Es gab Mettbrötchen mit Zwiebeln (heimische Spezialität) und jede Menge Gelächter. Sie hatten mir auf die Schulter geklopft, bestätigt, wie neidisch sie auf das Abenteuer waren. Und wie sehr sie es bewunderten, dass ich einfach so drauflos fahren würde. Allein. In die Ferne. In die Gefahr. Nein, das würden sie sich nicht trauen.

Ich habe damals gelacht und mit meinen Freunden angestoßen. Doch als ich an jenem Abend vor der Abreise allein im Bett lag, die letzte Nacht vor dem Ungewissen, der Gefahr, dem Verzicht auf Vertrautes, Nähe und Komfort, wälzte ich mich von der einen auf die andere Seite. Bei den letzten Trips war ich stets mit irgendjemand gestartet. Diesmal würde mich die Reise gleich mit Einsamkeit empfangen. Ich hatte Angst vor dem Unbekannten. Angst vor einem Unfall. Vor Überfällen, Krankheit, der Willkür afrikanischer Uniformträger. Letztere hatte ich auf meinen vorherigen Reisen bereits am eigenen Leib erfahren.

Plötzlich hatte ich Angst, mein Leben so zu gestalten, wie ich es mir bisher erträumt hatte. Ich fürchtete mich davor, meinen Traum zu leben. Denn in jener Nacht vor dem Aufbruch drohten die Schattenseiten des Abenteuers. Doch es gab für mich kein Zurück.

Wir saßen wie immer um 7.30 Uhr am Frühstückstisch. Mein Bruder Klaus war bereits unterwegs zu seiner Arbeit. Er hatte mir am Vorabend auf die Schulter gehauen und mir Glück gewünscht. Mein Vater saß da und aß schweigend. Meine Mutter starrte mit einem 100-Kilometer-Blick nach draußen in den Horizont, der sich rötlich zu färben begann. Die Yamaha wartete startklar auf unserem Hof. Ich hatte sie bereits bepackt und dabei eiskalte Finger bekommen. So saßen wir schweigend am Frühstückstisch, bis mein Vater aufstand, weil auch er zur Arbeit musste.

„Mach' keinen Unsinn", sagte er und blickte mich schief von der Seite an. Das war alles. Vater erhob sich, raffte seine Arbeitskluft zusammen, schlüpfte in die Jacke und brummte beim Gehen: „Was soll ich noch sagen? Du hast es dir gut überlegt. Komm einfach zurück, wenn du keine Lust mehr hast." Er ging durch die Tür und schloss sie leise. Meiner Mutter kullerten Tränen aus den Augen. Um nicht ins Weinen mit einzufallen, leerte ich die Kaffeetasse mit einem Schluck und sagte: „Komm jetzt, es ist nicht das erste Mal, dass ich verreise, und wird auch nicht das letzte Mal sein. Ich passe auf mich auf. Und wenn ich wieder da bin, wirst du gar nicht mehr an den Abschied zurückdenken."

„Ja", schniefte meine Mutter, „wenn..." Wir umarmten uns. Es kam mir vor, als könne ich mich nie mehr aus ihrer Umklammerung winden. Sie schluchzte: „Junge, fahr' vorsichtig. Ich komme diesmal nicht mit runter, sondern schau dir vom Fenster aus zu, wenn du losfährst."

Mit zitternden Knien stieg ich die Treppe hinab, ging schnurstracks zur Maschine, schob sie auf die Straße und kickte sie an. Der

Einzylinder bollerte sofort kraftvoll im Standgas. Ich knöpfte mir meine alte Wachsjacke zu und zwängte mich in die Regenkombi. Niederschlag war zwar nicht vorhergesagt worden, aber die Regenkombi schützte noch etwas vor dem kalten Fahrtwind. Ich trug Wanderstiefel und eine Baumwollhose mit Lederbesätzen auf den Knien. Protektoren? Fehlanzeige. Ich wollte frei sein und das auch spüren. Lange Unterhose, ein Pulli und dann die Regenpelle aus Plastik drüber. Meine Bewegungsfreiheit war trotzdem eingeschränkt.

Die Yamaha Ténéré trug einen Einzelsitz. Dahinter befand sich ein halbrundes Gestell, das meinen großen Rucksack aufnahm. Mit zwei Handgriffen war er darauf befestigt. Oder gelöst. Wie alle anderen Halterungen hatte ich die Aufnahme selbst gebogen und geschweißt. Hinten waren zwei Ersatzreifen befestigt. Auf dem 28 Liter fassenden Stahltank thronte ein Harro Elefantenboy mittlerer Größe. Um aufzusteigen, musste ich die Maschine mit einer Hand balancieren und das rechte Bein zwischen Tankrucksack und Packsack durchstrecken. Das Fahrwerk der Yamaha war mit härteren Federn aufgewertet, um den rauen Pisten Afrikas Paroli bieten zu können. Da ich nur 1,68 groß bin, erreichte ich den Boden nicht beidfüßig. Es fehlten auf jeder Seite rund zehn Zentimeter. Also musste ich mir bei jedem Stopp überlegen, mit welchem Fuß ich die Maschine abstützen wollte.

Ich wusste, dass meine Mutter weinend hinter den Gardinen stand. Als ich die ersten Meter bis zur Brücke zurückgelegt hatte, drehte ich den Kopf kurz und winkte. In der Hoffnung, sie würde es sehen. Diese Brücke, die sich über den kleinen Bach namens Bever spannt, ist wie ein Mahnmal in meinem Leben. Auch heute noch denke ich bei jedem Überqueren daran, was alles bis zum nächsten Mal passieren wird. Doch es ist etwas anderes, ob man heute nach Stuttgart zur Arbeit fährt und seine Mutter ein paar Wochen später wieder besucht oder ins Unbekannte aufbricht.

Genau das lag jetzt vor mir, mit all seinen Schatten- und Lichtseiten. Als das Ortsschild in meinen Rückspiegeln verschwand, fiel eine schwere Last von mir. Ich jubelte innerlich und dachte: Endlich hast du den Absprung geschafft! Ich fühlte mich unzerstörbar und in diesem Moment als Nabel der Welt. Ich hatte etwas realisiert, von dem viele nur träumen: Ich war aufgebrochen! Hatte unbegrenzt Zeit, dazu das geilste Motorrad der Welt. Und letztlich sogar ein Ziel: Westafrika. Eine Strophe aus Janis Joplins „Me and Bobby McGee" ging mir nicht aus dem Sinn: Freedom is just another word for nothing left to lose. Wenn mich in diesem Moment eine Frau angehalten hätte, ich hätte sie geknutscht. Ich, der König der Welt.

Nach sieben Kilometern war ich durchgefroren, hielt an und leitete warme Abgase in meine Handschuhe.

Nach zwölf Kilometern kroch die Kälte selbst durch meine Wanderstiefel.

Nach 20 Kilometern dachte ich kurz daran, wieder heimzufahren und im Sommer erst zu starten.

Nach 49 Kilometern traf ich Jörg.

Das Feng Shui des Reisens

Man hat mir nicht zu viel versprochen. Clemens, der Touratech-Mechaniker, braucht gerade mal drei Minuten, um beide Schlösser einzubauen. Seinen blitzschnellen Handgriffen nach zu urteilen, scheint er irgendwann mal Schlösser im Akkord montiert zu haben.

„Hättest dich ruhig mal rasieren können", flachst Clemens. Wir beide kennen uns schon seit Jahren. Ich schaue in den linken Spiegel des Scramblers. Stimmt.

„Das Zeug lasse ich ab sofort wachsen. Die ganze Tour. Will mal sehen, was für eine Farbe die Haare haben."

„Farbe? Durchsichtig sind die, ganz klar."

„Sind sie jetzt schon."

„Wie weit wirst du heute fahren?"

„Egal. Morgen Abend werde ich jedenfalls in Apt erwartet. Das sind fast 900 Kilometer von hier."

„Guter Schnitt", meint Clemens, „wenn du jeden Tag 450 Kilometer abspulst, bist du in achteinhalb Tagen am Ziel."

„Ich mach's in acht. Oder sieben."

Wir lachen. Keine zehn Minuten später schwinge ich mein Bein über die Sitzbank, ein altbekanntes Gefühl. Denn wie damals bei meiner alten, heiß geliebten Ténéré, zwingen mich auch heute Packrolle und Tankrucksack dazu, die Maschine mit einer Hand zu balancieren, während ich das rechte Bein über die Sitzbank strecke. Nur bin ich jetzt mehr als doppelt so alt, und die Sitzbank ist diesmal niedriger, meine Zehenspitzen erreichen den Boden.

Statt Aufbruch- und Hochstimmung – schließlich habe ich dreieinhalb Wochen Urlaub – plagen mich Ängste. Ängste, die mir seit Wochen schon den Schlaf rauben. Was, wenn ich stürze? Was, wenn man mich im marokkanischen Rif-Gebirge entführt? Was, wenn mir diese ganze Reise letztlich doch nichts bringt?

Ich kann nicht anders, stelle infrage, ob ich meinem Sohn ein guter Vater bin. Denn schon wieder bin ich weg, und beruflich sowieso viel unterwegs, wir sehen uns nur morgens vor der Schule, grad' mal 45 Minuten, dann erst wieder abends, nachdem ich ihn vom Hort geholt habe. Um 17.30 Uhr sind wir daheim, Hausaufgaben kontrollieren, Abendessen zubereiten, kurz kuscheln – Bumm, schon muss er ins Bett. Reicht diese Zeit, um ein Familiengefühl zu schaffen? Reicht sie, um ihm ein Vorbild zu sein? Ein gutes?

Es hat sich viel getan in den letzten acht Jahren, seit er da ist. Mein Egoismus ist wie Schnee unter südlicher Sonne geschmolzen. Aus dem verantwortungslosen „lonesome rider", dem ständigen Globetrotter, ist ein Mensch mit großer Verpflichtung und starkem Verantwortungsbewusstsein geworden. Ich bekomme schon ein schlechtes Gewissen, wenn ich am Wochenende etwas allein unternehme. Ob's daran liegt, dass wir zwei stets eine Einheit sind, immer zusammen, und ich fast die ganze Last der Erziehung allein trage? Doch: Man ist mit Kind nicht weniger frei, nur anders. Wenn ich auf den Renn- oder Teststrecken der Welt unterwegs bin, bremst mich nicht die Angst ein, dass etwas passieren könnte, und er dann allein dastehen würde. Nein, ich schalte diesen Gedanken völlig aus. Vielmehr ist es die Freude über das Vaterglück, das mich urplötzlich übermannt. Ein Kind zu haben, ist das größte Geschenk im Leben.

Goldene Herbststimmung nimmt mich gefangen. Laub in allen Farben, königsblauer Himmel, in der Ferne das Alpenpanorama. Morgen Abend will ich mich mit meinem Freund Fritz in Südfrankreich treffen. Laut Navi sind es noch 846 Kilometer bis zum Treffpunkt. Eine Strecke, die ich kaum an einem Tag schaffe. Ich werde den Anweisungen des Gerätes folgen, das mir die Touratech-Jungs geliehen haben. Hab' als Zielführung „schnellste Route" eingegeben. Das Ding führt mich über Landstraßen in die Schweiz. Ich vertraue ganz auf diese Technik und komme ins Grübeln: Wenn man gar nicht mehr denken und selbst navigieren muss, wird man dann dümmer und verlernt die Tugenden des Selbstnavigierens? Und: Wenn man gar nicht mehr anhalten und nach dem Weg fragen muss, fallen auch die Zufallsbekanntschaften weg! Man hat weniger Kontakt mit der Bevölkerung. Wie oft sind früher neue Freundschaften geschlossen worden, weil man erst nach dem Weg gefragt, dann über Gott und die Welt geratscht und anschließend mit den neuen Bekannten eine Mörderparty gefeiert hat. Böse Zungen behaupten, ich hätte deshalb so lange für die Durchquerung Afrikas gebraucht.

Sie haben zur Hälfte Recht.

Überhaupt, die Navigation vor mehr als zwanzig Jahren, die war schon abenteuerlich. 1988 war ich mit einer XT 550 in Algerien unterwegs. Auf das Kartenmaterial aus dem Hause Michelin konnte man sich so halbwegs verlassen. Ich kam von der Oase Illizi und wollte nach Tamanrasset. Das sind nur schlappe 480 Kilometer. Die Pisten waren damals breit und wurden immer breiter, denn um nicht vom mörderischen Wellblech zerrüttet zu werden, fuhr man neben der Strecke. Bis diese Strecke neben der Strecke auch nur noch aus Wellblech bestand. Also fuhr man dann neben der Strecke neben der Strecke. Letzten Endes entstanden dadurch kilometerbreite Pisten, auf denen man Abbiegungen schnell mal verpasste. In Illizi fragte ich den Tankwart damals, wie der Weg nach Tamanrasset gekennzeichnet sei.

„Ganz einfach", brummte der, „fahr einfach von hier aus Richtung Südwesten. Die Piste wird sich auffächern, ist dann zirka fünf Kilometer breit. Wenn du nach rund 80 Kilometern die rote Tonne siehst, musst du im Winkel von 30 Grad südlich abbiegen."

Geht es einfacher? Irgendwo in der Sahara steht eine alte Öltonne. Ich meine, die Sahara an sich, sandfarben, monoton, mit ihrem läppischen neun Millionen Quadratkilometern Ausdehnung ist ja

überschaubar. Und damit man die Tonne besser sieht, ist sie rot an-
gemalt. Falls man sie findet, aber nur falls, dann biegt man einfach
in einem bestimmten Winkel ab. Ich frage mich, warum die Notwendigkeit bestand, Navis zu erfinden...

Kurz vor Birmensdorf ist Schluss mit der Landstraßenbumme-
lei. Mein Navi will, dass ich auf die Autobahn biege. Ich fahre in den
Ort. Weit und breit keine Tankstelle. Wo bekommt man eine Vignette? Frisör, Supermarkt, Post?

Post!

„Guten Tag, haben Sie vielleicht eine Vignette zu verkaufen?"

„Nein."

„Das ist dumm. Mein Navi lotst mich hier auf die Autobahn, damit hab ich gar nicht gerechnet."

„Es ist nicht billig, wenn man ohne Vignette auf der Schweizer
Autobahn fährt und erwischt wird."

Der Mann hat jenen traumhaft kehligen Akzent, der mich stets
glauben lässt, diese Menschen hätten eine Kugel im Hals.

„Deshalb will ich ja eine Vignette kaufen."

„Wo soll's denn hingehen?"

„So überhaupt?"

„So überhaupt!"

„Nach Marokko."

„Und dafür biegen Sie in Birmensdorf auf die Schweizer Autobahn?"

„Genau."

„Hmm, ich habe da nicht nur eine, sondern ganz viele Vignetten
zu verkaufen."

„Verstehe ich jetzt nicht. Sie haben doch grad gesagt, Sie hätten
keine..."

„Sie haben mich gefragt, ob ich EINE zu verkaufen habe. Ich habe
aber mehrere zu verkaufen."

Als Erstes blicke ich wahllos im Raum umher. Wo, bitte schön, ist hier die Kamera versteckt? Oder meint der Schweizer Postbeamte, dass er besonders lustig ist? Egal. Er greift in ein Fach und holt einen Vignetten-Block heraus, von dem er eine abreißt. Er lächelt verschmitzt und meint: „Spässle g'macht!"

Autobahn fahren ist langweilig. Der Scrambler und ich bollern südwärts. Damit die Kiste mit ihren 58 PS selbstbewusst voran-kommt, hatte ich die Übersetzung gekürzt. Jetzt ist vorn ein 15er-statt 16er-Ritzel montiert. Die kürzere Übersetzung hilft mir auf der Autobahn wenig. Doch da die Geschwindigkeit auf Schweizer Autobahnen sowieso auf 120 km/h begrenzt ist, macht es nichts. Der Zweizylinder dreht 5 000/min, ein durchaus angenehmer Puls-schlag. Nicht gehetzt, nicht einschläfernd.

Pause auf einem Rastplatz unter goldgelb gefärbten Herbstbäu-men. In der Ferne schimmert Schnee auf den Berggipfeln. Unter der Jacke drückt Leon, der Talisman meines Sohnes. Wohin damit? Ich beschließe, dass das Känguru die Tour aus der ersten Reihe erleben soll. Ein paar Minuten später sitzt Leon per Kabelbinder fixiert auf dem rechten vorderen Blinker. Ein kleiner Junge, der die Befesti-gung des Stofftieres aus sicherer Entfernung beobachtet hat, schlen-dert vorsichtig auf mich zu. Er hält ein Spielzeugauto in den Händen, das er ständig dreht.

„Warum hast das Känguru dort festgebunden?"

„Es gehört meinem Sohn. Er hat es mir geschenkt. Es soll mir Glück bringen", sage ich und lächle ihm entgegen.

„Wie kann denn ein Stofftier auf dich aufpassen?"

„Es passt nicht auf mich auf. Es ist ein Talisman, ein Glücksbrin-ger. Wenn ich das Tier anschaue, dann denke ich an meinen Sohn. Und das macht mich glücklich. Weißt du, ich fahre noch ganz weit und sehe ihn lange nicht."

Der Junge dreht weiterhin sein Spielzeugauto mit Händen. Er ist vielleicht acht, so alt wie Paul. Er schaut verstohlen nach unten auf den Boden, dann meint er: „Wenn es ein Tier ist, das Glück bringt, darf meine Schwester es vielleicht auch mal anfassen?"

„Deine Schwester?"

Ich schaue in die Richtung, aus der der Junge auf mich zukam. Am Ende des Parkplatzes steht ein roter VW Sharan. Eine Frau lehnt rauchend am Wagen und beobachtet uns. Seine Schwester kann ich nirgendwo entdecken.

„Aber klar! Hol sie nur."

Der Kleine läuft zu dem Sharan und spricht wild gestikulierend mit seiner Mutter. Nach zwei, drei Minuten kommt die Familie auf mich zu. Die Mutter des Jungen schätze ich auf Mitte dreißig. Ihr ehemals dunkles Haar ist ergraut. Sie schiebt die Schwester des Jungen, die im Rollstuhl sitzt, obwohl sie erst drei, höchstens vier Jahre alt ist.

„Entschuldigen Sie bitte", sagt die Mutter, „aber Jonas hat so gequengelt, ich konnte einfach nicht nein sagen."

Die Geschwister stehen vor meinem Motorrad. Jonas beugt sich zu seiner behinderten Schwester runter und erklärt ihr, warum ein Känguru auf dem Blinker sitzt.

„...und wenn der Mann das Stofftier anschaut, denkt er an seinen Sohn. Es fährt mit, bringt ihm Glück und beschützt den Mann auf seiner langen Reise. Ich werde dir heute Abend auch eins von meinen Tieren an deinen Rollstuhl binden. Dann passiert dir nie wieder so ein Unfall, Sophie."

Sophie lacht. Es ist ein fröhliches Kinderlachen, das normalerweise ansteckt.

Normalerweise.

„Ja", ruft sie, „das will ich auch."

Ich blicke die Mutter an und erkläre ihr die Bedeutung des Tieres, dass ich es jetzt gern ihrer Tochter schenken würde, es aus Aberglauben jedoch nicht kann. Sie ringt sich ein Lächeln ab, aber ihre Augen bleiben traurig. Ich halte ihrem Blick stand. Es ist ein

Blick, der eine Antwort einfordert. Und so berichtet sie mir von dem Unfall, der Sophie in den Rollstuhl verbannte. An einem Tag, sonnenbestrahlt, an dem die Welt in Ordnung schien. Ja mehr noch: An einem Tag, als sie die Zusage für ihren Traumjob erhielt, sich überglücklich wähnte, die Zukunft für einen klitzekleinen Augenblick wie eine rosa Wolke wirkte, stürzte ihre dreijährige Tochter mit dem Fahrrad die Steinstufen ihres Gartens hinunter. Vier Stufen nur, Sandsteinquader, scharf behauen, und ist seitdem von der Hüfte abwärts querschnittsgelähmt.

„Genießen Sie jeden Tag mit Ihrem Sohn, an dem er gesund ist. Sie natürlich auch. Und: Vergessen Sie nie, wie kostbar Gesundheit ist."

Sie hält inne, schluckt schwer, kämpft gegen die Tränen an und wispert: „Dagegen ist alles andere eine Lappalie."

Kurz vor Lausanne zieht hohe Bewölkung auf und trübt die Bergsicht. Auf den letzten 150 Kilometern habe ich immer wieder das Känguru angeschaut und an Paul gedacht. Eine kleine Unachtsamkeit kann jeden von uns an den Rollstuhl oder ans Bett ketten. Es ist schwierig, sich dieser Sache bewusst zu sein, ohne dass die Angst davor alle Aktivitäten lähmt. Oder man seinen Kindern mit unendlich vielen Verboten, die aus der Angst heraus geboren werden, gar nicht mehr gestattet, Grenzerfahrungen zu sammeln. Erfahrungen, die so wichtig fürs Leben sind.

Denn Leben braucht Souveränität. Diese entsteht durch die Zuversicht, neue Wege zu finden und diese auch zu beschreiten. Dazu gehört, Gefahren zu erkennen, sie abzuwägen und zu meistern. Doch Zuversicht wird nicht nur aus Taten heraus geboren, sondern entsteht ebenso durch das Vertrauen auf die eigene Intuition. Man sollte erleben, um zu leben.

Seit dem Zusammenbruch im Flieger reagiere ich höchst sensibel auf jedes noch so kleine Anzeichen meines Körpers. Bin verunsichert und ängstlich, wenn es in der Brust zwickt, im Bauch sticht oder im Rücken ziept. Das muss sich wieder ändern. Ich spüre, dass diese Reise hierfür das Richtige ist, und, bin überglücklich, seit Ewigkeiten wieder mal unterwegs zu sein. Allein.

Auf dem Autobahnkreuz vor Genf verfahre ich mich trotz Navi, und als es abends zur Schlafplatzsuche geht, ist es wieder mal stockdunkel. Der alte Fehler. Man muss früher mit der Suche beginnen. Die Schweiz liegt hinter mir, ich bin auf französischer Seite. Man merkt es sofort: Das erstbeste Hotel verlangt 135 Euro pro Einzelzimmer. Wahnsinn! Das Zweite möchte gern 95 Euro. Früher hatte ich, wann immer es das Wetter zuließ, im Schlafsack unter freiem Himmel geschlafen. Kostet nix. Frischluft und Sternenhimmel inklusive. Freiheit obendrein.

Freiheit, ja, und früher. 1989 hatte ich eine Kamera dabei, die rund 200 Mark gekostet hat. Sie war mein einziger Wertgegenstand. Wäre sie gestohlen worden – egal. Diesmal schleppe ich eine Ausrüstung mit, die knapp 5 000 Euro Wert hat. Doch das ist nicht der Grund, warum ich mich für Übernachtungen in günstigen Zimmern entschieden habe. Auf diesem Trip würden Zelt und Schlafsack im Fall von Dauerregen nie trocken werden, denn ich habe keine Zeit, ein paar Tage zu pausieren. Ich muss jeden Tag mein Kilometerpensum schaffen und will es auch.

Doch günstige Zimmer und Frankreich – diese beiden Faktoren schließen sich gegenseitig beinahe aus. So bereue ich schon am ersten Abend der Reise, Schlafsack, Zelt und Matte daheimgelassen zu haben, und lande in einem Hotel der Sams-Kette, direkt an der Autobahn. 69 Euro, sechs Quadratmeter, milbenverseuchter Teppichboden, verdrecktes Bad. Darüberhinaus steht das Motorrad auf einem unbewachten Parkplatz direkt vor dem Hotel.

Die meisten Sachen habe ich bereits ins Zimmer im zweiten Stock geschleppt, als ich ratlos vor dem Scrambler stehe. Denn das Navi muss ab. Verdammt, ich kann's im Dunkeln nicht lösen, finde den

Kniff nicht, den Halter zu öffnen. Zwanzig Minuten bin ich am Tüfteln. Mittlerweile hat sich eine Traube aus Schaulustigen um mich gebildet. Sie murmeln auf Französisch. Zwei wetten, dass ich es nicht schaffe. Ich sähe zu dumm aus für die Aufgabe und die Halterung zu kompliziert. Einer will die Polizei rufen, denn er glaubt nicht daran, dass mir die Triumph gehört. Zwei wollen mir unbedingt helfen und fummeln herum. Großer Beifall, als die Halterung aufschnappt. Triumphierend hebe ich das Navi in die Höhe, präsentiere es wie ein Angler, der einen dicken Fisch gefangen hat. Hätte ich das doch bloß vorher mal geübt. Egal. Morgen weiß ich Bescheid.

Schlecht geschlafen, anstrengend geträumt, panisch aufgeschreckt, denn es rauscht. Ein blöder Ton, um geweckt zu werden. Der denkbar ungünstigste sogar für Motorradfahrer, denn er erinnert sofort an Dauerregen. Die Gardinen des Zimmers sind blickdicht. Lediglich ein sanfter Lichtschein arbeitet sich bis zum Bett vor. Und der kann alles bedeuten. Ich wanke zum Fenster, öffne die Gardinen. Erleichterung! Das Rauschen kommt von den Fahrzeugen, die auf der Autobahn fahren. Jetzt schnell einen Kaffee, und der Tag kann kommen. Für heute gebe ich „kürzester Weg" als Marschrichtung ein, ich will auf kleinsten Straßen nach Apt.

Kaffee gibt's knapp zehn Kilometer weiter. Wunderbaren Kaffee sogar und ein perfektes Croissant. Diese Baguetterie scheint berühmt zu sein, denn sie ist stark frequentiert. Als ich den zweiten Kaffee schlürfe, kommt ein Mann mit seinem kleinen Hund herein. Der Hund schaut nach rechts, dann nach links und springt auf einen Stuhl. Er schaut distinguiert in die Runde. Scheint sein Stammplatz zu sein.

„T'schuldigung, wie heißt ihr Hund?"

„Hotdog!"

Ein offensichtlicher Franzose, der seinen Hund nach amerikanischem Fast Food benennt?

„Pardon?"

„Mein Hund heißt Hotdog. Wenn Sie es nicht glauben, schauen Sie bitte draußen auf den Wagen."

Hat der Hund etwa einen eigenen Wagen? Ja, er hat. Draußen vor der Tür parkt ein abgehalftertes Wohnmobil. Am Heck ist eine Yamaha Diversion 125 befestigt. Auf der Seite prangt ein dicker Schriftzug: „www.hotdogtouradventure.com".

Der Hund, eine nicht genau zu definierende Straßengrabenmischung, ist still. Er knurrt nicht, er jault nicht, auch bellen ist ihm fremd. Er sitzt einfach auf dem Platz und wartet, bis sein Herrchen ihm ein Stück Croissant reicht. Dann schaut der Köter wie Johnny Depp. Hat Johnny Depp deshalb so viel Erfolg bei Frauen? Oder ist es gar umgekehrt? Und hat der Hund womöglich auch einen Schlag beim anderen Geschlecht?

„Nett, nicht wahr?" sagt das Herrchen. Hotdog schaut gelangweilt in die Runde.

„Ist ein Charmeur, mein Hotdog. Mit dem liegen dir alle Frauen zu Füßen", surrt der Besitzer und stellt sich als Guillaume vor. Schauspieler sei er, ehemaliger Restaurantbesitzer und Tourguide. Man könne ihn und Hotdog als Tourguides buchen und sich Frankreich zeigen lassen. Ob ich seine Dienste nicht mal in Anspruch nehmen wolle, fragt er.

„Nein, danke. Mein Ziel liegt in Marokko."

„Ah, in Marrakesch kennt sich Hotdog besonders gut aus. Hatte mal eine Liebschaft dort."

„Der Hund? Eine Liebschaft?"

„Ja, Hotdog hat ein ausgefülltes Liebesleben. Kommt ja auch viel rum."

Ich bin mir nicht sicher, welcher der beiden Herumtreiber ein intensiveres Liebesleben hat, denn Guillaume dreht sich nach jeder Frau um, die den Laden betritt.

„Danke, aber mein Ziel ist nicht Marrakesch, sondern Essaouira. Ich werde dort erwartet."

Guillaume lächelt verschmitzt. Ich weiß, was er denkt. Aber er liegt falsch. Denn mich erwartet keine Lieb-, sondern eine lang vergessene Freundschaft.

„Essaouira ist nicht wirklich unser Spezialgebiet" lächelt der vermeintliche Tourguide. „Trotzdem gebe ich dir mal unsere Karte. Falls du doch in Marrakesch landest und nicht weiterweißt, ruf uns einfach an. Wir kommen gern vorbei. Könnte allerdings ein paar Tage dauern..."

Wieder auf dem Scrambler. Es ist der zweite Reisetag, und alles fühlt sich in der Kälte des Morgens so fremd an. Irgendwie, so befinde ich, sind die Gepäckstücke noch nicht am rechten Platz. Alles fliegt wahllos in irgendwelchen Winkeln umher. Packsack, Alu-Box, Tankrucksack, Daypack. Kann gar nicht genau sagen, wo sich bestimmte Dinge befinden. Eigentlich kann ich überhaupt nicht sagen, was ich alles dabei habe. Dieser Zustand gibt sich auch erst, wenn man etwa eine Woche unterwegs ist. Dann hat jedes Teil so eine Art Namen und einen festen Platz gefunden, man steckt es genau dort wieder hin. Es ist das Feng Shui des Reisens.

Auch die Maschine wirkt fremd. Lenkt sich steif, man ist nicht ans Gewicht gewöhnt, fühlt sich als Fremdobjekt und verschmilzt mit ihr nicht zu einer Einheit. Dazu braucht es vielleicht ein, zwei Wochen intensiver „Zweisamkeit". Erst dann ist man eins mit dem Bike. Sieht weder Nachteile, Fehler oder Unpässlichkeiten. Mist, denke ich, gerade dann, wenn wir uns wahrscheinlich aneinander gewöhnt haben, werde ich die Maschine wieder in die Garage stellen. Das ist in etwa so, als würde man einer Frau wochenlang den Hof machen und sie beim ersten Rendezvous versetzen.

Wir bollern vorbei an allerlei Autowerkstätten. Ich stoppe neben einer, vor der ein Mechaniker bis zum Bauchnabel im Heck eines Citroen 2CV (besser unter dem Namen Ente bekannt) steckt. Das will ich mir genauer anschauen. Der Mechaniker ist ölverschmiert, nimmt sich aber Zeit für einen Plausch. Wir unterhalten uns über die simple Technik von damals, und das Gespräch endet mit dem Hinweis auf meinen Motor.

„Der hier", sagt Mechaniker Thierry, und zeigt auf den Twin meiner Triumph, „der sieht zwar alt aus, aber stehenbleiben möchte ich mit der Kiste nicht irgendwo im Busch. Denn ohne diese neumodischen Diagnosestecker, die dir angeblich das Problem schildern, bist du unterwegs aufgeschmissen. Oder hast du etwa einen dabei? Wo geht's überhaupt hin?"

„Marokko."

„Mit dem Ding?"

„Klar."

„Ohne Diagnosegerät?

„Ganz ohne."

„Hast du einen Schutzbrief?"

Ich nicke. Ja, seit dem 16. September 1990, dem Tag der Rückkehr von meiner langen Afrikareise, fahre ich nie ohne Schutzbrief. Auf den nächsten Kilometern komme ich ins Grübeln. Was, wenn Thierry Recht hat, die Mühle einfach so stehenbleibt und tatsächlich einen Diagnosestecker verlangt? Diesbezüglich erinnere ich mich gern an meine Jugend.

Ab 18 gab es für mich praktisch kein anderes Motorrad als eine XT 500. Der Einfachheit halber. Angeblich ging sie nie kaputt, und falls doch, dann konnte man den Motor selbst im tiefsten Dschungel reparieren. Und falls man daheim war und bei Problemen nicht weiterkam, rief man Doc Schulz an. Der Doc kannte jede Unterlegscheibe des Motorrads mit Vornamen und für alle Probleme die Lösung. Er las aus Altöl die Zukunft des Motorrads und diagnostizierte durch schlichtes Handauflegen. Bei Problemen während des Urlaubs hielt man kurzerhand den Hörer an den Motor – „hier, hör mal, was kann das sein?" – und der am anderen Ende mitlauschende Doc sagte einem, was zu tun sei. Ferndiagnose in den achtziger Jahren.

Aber nicht nur simple Technik begeistert mich, sondern auch der Charme, den Einfachheit entfaltet. Einfach bedeutet für mich: überschaubar, kalkulierbar, stets mit geringem Einsatz reparabel. Und obwohl der britische Twin vielleicht mit modernen Komponenten läuft, so verströmt er doch jenen warmherzigen Charme, der mich total in seinen Bann zieht.

Mittag. Die Sonne hängt wie ein Fleck vergossener Milch am bedeckten Himmel, und ich erreiche Grenoble. Dieser französische Moloch ist die Hölle. Die Ampelhölle. Das Navi führt mich quer durch die Innenstadt, und ich frage mich ernsthaft, wieso man keine Hiobsbotschaften über Straßenmorde in Grenoble liest. Wenn ich hier wohnen würde, wäre ich wahrscheinlich Fußgänger oder würde nur mit Bussen oder Bahnen fahren. Gefühlt sind es 150 rote

Ampeln, du fährst von einer zur anderen, und es dauert drei Stunden, bis du diese Stadt durchquert hast. Danach bist du um Jahre gealtert.

Die letzten 120 Kilometer bis Apt haben es in sich: Mein Wunsch, auf schmalen Wegen zu reisen, geht in Erfüllung. Sie führen mich über winzigste Pässe durch verlassene Dörfer. Teils über Schotter, teils sind sie berollsplittet. Eine Schleichfahrt. Denn der Scrambler fährt sich unruhig wie auf großen Steinen. Man merkt, dass er das Fahrwerk eines Straßenmotorrads hat. Mit der Ténéré wäre ich da früher im Racetempo drübergebraten.

Es wird ein Abend unter Freunden, Fritz und seine Frau Regine laden mich ein. Nach gutem Essen und dem dritten Glas Rotwein geht es letztlich wieder um Benzin und Öl. Wir sitzen draußen neben Maschine und Lagerfeuer. Laues Lüftchen, Sternenhimmel. Wie so oft, wenn ich unterwegs bin. Und natürlich hat man die eine oder andere Idee, was man alles verbessern könnte. Nein, unbedingt verbessern MUSS, wenn man erst wieder daheim ist. Diesmal geht's um den Scrambler.

Diese Blinker! Bloß weg damit! Hässlich wie die Nacht! Wenn man schon dabei ist: Ein schöneres Rücklicht hat die Maschine auch verdient. Und die Verdichtung erst! Gerade mal irgendwas von eins zu neun. Die Maschine fährt wahrscheinlich sogar mit niederoktanigem Sprit, ach was! Reinpinkeln könnte man da notfalls, und die würde weiterfahren! Da mal 'ne gescheite Verdichtung rein, und du kannst sehen, wie die abgeht! Natürlich sind die Felgen viel zu schwer. Exel-Felgen! Aber hallo! Die gehören da drauf! Und wenn man schon dabei ist: Genau, die Radnaben sollten auch auf den Schrott! Sind bestimmt aus Vollmaterial. Ganz fatal: Triumph verwendet hinten 40 statt 36 Speichen. Was das wiegt! Und die schweren Fußrasten erst. Und hast du mal den Tankverschluss hochgehoben? Hebst dir'n Bruch bei. Ehrlich. Was man da an Pfunden sparen kann, ich sag's dir...

Zwei Flaschen Wein später ist der Scrambler rund 300 Kilogramm leichter, hat um die 700 PS, wir sind angeschlagen und reif fürs Bett.

„Watt meinnste, Fritz, sollich die Maschiiine ma für'n paa Wochen voobei bringn?"

„Ach, Blödsinnn, dat iss nach Feiaabend schnell ma jemacht...!"

Abschied. Nächster Morgen. Nur noch ein paar Minuten, dann werde ich allein unterwegs sein, weitere Treffen mit Freunden sind nicht geplant. Fritz umarmt mich, drückt mich wie ein Vater seinen Sohn und schaut mir tief in die Augen. „Meinst du wirklich, den inneren Schweinehund besiegen zu können, indem du diesen Trip durchziehst? Was, wenn dir das Treffen in Essaouira überhaupt nichts bringt? 23 Jahre können Menschen stark verändern."

„Dann soll es so sein. Aber ich muss diesen Trip machen. Die Kilometer und die Zeit auf der Maschine sind extrem wichtig. Falls er nicht mehr derselbe wie früher ist, wäre das zu verkraften. Nein, dieser Weg bedeutet mir ebenso viel wie das Ziel. Ich werde mir mit dieser Tour mein Vertrauen in mich selbst zurückholen."

„Und du glaubst, das funktioniert? fragt Regine.

„Ja. Jeden Tag acht Stunden auf dem Motorrad, ein lohnenswertes Ziel, eine echte Herausforderung. Wenn ich die gemeistert habe, geht's mir besser. Das spüre ich."

Meine Worte klingen nach Überzeugung. Nach Sicherheit und Weisheit. Doch sind sie weiter nichts als Hoffnung. Wir drücken uns ein letztes Mal, dann breche ich auf Richtung Pyrenäen.

Ich habe kaum 25 Kilometer abgespult, warte auf der Pole Position an einer roten Ampel, da stubbst mich plötzlich jemand an. Neben mir steht ein Motorradfahrer mit Berliner Nummernschild. Wir fahren rechts ran. Helme runter, Motoren aus. Kurzer Klönschnack. Es ist ein Israeli. Er sagt, er habe die XJ 650 vor zwei Wochen in Berlin gekauft und sei auf dem Weg nach Granada. Wir haben quasi dieselbe Route. Ich mustere ihn. Seine Jeans ist abgewetzt und mit Schmutz und Öl getränkt. Seine Lederjacke ist innen mit Schaffell ausgekleidet und halb geöffnet. Um seinen Hals baumelt ein Amulett aus Fischknochen, Zähnen und zwei schwarzen Plastikwürfel. An seinem Gürtel sind zwei Bowie-Messer befestigt.

Ein Sprichwort sagt: Für den ersten Eindruck gibt es keine zweite Chance. Und obwohl es bestimmt gut tut, einen Reisepartner zu haben, lasse ich mir eine Ausrede einfallen, werde in Nimes angeblich für ein paar Tage Rast machen und Freunde besuchen. Denn ich möchte nicht mit dem jungen Mann reisen. In den fünf Minuten, in denen wir sprachen, hat er zehnmal etwas vom Militär erzählt. Für mich zehnmal zu viel.

Kein Vergleich zu Jörg damals...

Der Sattler

Es war so klirrend kalt, dass ich in Göttingen auf die Autobahn bog. Dahinter steckte eine ziemlich bescheuerte Überlegung: Wenn ich schon frieren sollte, dann nur so kurz wie nötig. Mein Plan war, so schnell wie möglich das Mittelmeer zu erreichen. Der schnellste Weg nach Algerien führte Richtung Freiburg, durchs Rhônetal bis Marseille und von dort mit einer Fähre übers Meer nach Algier.

Die klirrende Kälte des Morgens zwang mich dazu, jeden Parkplatz, der auf dem Weg lag, anzusteuern. Was für eine Scheißidee, im März zu starten, dachte ich immer wieder. Und im selben Atemzug daran, wie schön es doch gewesen wäre, im warmen Frühling loszufahren. Meine Hoffnung lag in Afrika. Die Temperaturen müssten in der Sahara tagsüber jetzt zwischen 25 und 30 Grad sein. Ich hatte ein sechswöchiges Visum für Algerien in der Tasche und musste dort bis spätestens 2. Mai eingereist sein. Danach war es ungültig. Mein Plan sah vor, nach der Fährpassage zwischen Marseille und Algier sofort das Atlasgebirge zu überqueren und in die Wärme der Sahara zu tauchen. Doch wie immer sind Pläne das Eine.

Und Wirklichkeit das Andere. Zitternd vor Kälte bog ich auf den Rasthof Kassel. Direkt vor dem Restaurant stand ein Motorrad. Kein Zweifel. Aber was für eins. Ich parkte meine Ténéré neben dem Ding und umrundete es. Ein AME-Rahmen mit langer Gabel spannte einen BMW R 100 S-Boxermotor ein. Darüber war der zweiteilige Tank einer Harley Fat Boy montiert, auf den scheinbar ein Erstklässler Sonnenblumen gemalt hatte. Eine merkwürdig geformte kleine Windscheibe war mittels Schlauchschellen am Lenker befestigt. Darunter baumelte eine dicke olivgrüne Bundeswehrtasche. Und am Heck war genau so eine hohe Sissybar montiert wie bei der einen Harley aus dem Film „Easy Rider". An diesem

Ding, offensichtlich eine Eigenkonstruktion, hatte der Fahrer (oder die Fahrerin) drei riesige Gepäckrollen übereinander verzurrt, sodass man sie als Rückenlehne nutzen konnte. Oben drüber waren eine XXL-Kaffeekanne und zwei verlebte Stiefel angebunden. Mit Paketseil wohlgemerkt. Es war kurz nach zehn Uhr morgens. Die Sonne hing noch verschlafen am Himmel, ein Außenthermometer zeigte acht Grad über Null. Wer in Gottes Namen war bei diesem Wetter und solchen Temperaturen auf diesem hässlichen Chopper unterwegs?

Es war wie in diesen Italo-Western aus den Sechzigern. Nur dass hier keine Saloontür im Spiel war, sondern eine aus schlichtem Glas. Als ich den Raum betrat, verstummten die Gespräche. Irgendwo ließ jemand etwas fallen. Am Tresen hockte ein Typ, den ich normalerweise in freier Wildbahn nicht angesprochen hätte. Er saß nicht auf dem Barhocker, er hing förmlich drauf. Unter seiner verwaschenen Jeans lugten zwei spitze Stiefel hervor, die ich bis dato nur in Filmen bei Luden gesehen hatte. Das Haar des Typen war kurz, schwarz, lockig und schrie nach einer Wäsche. Über der Bluejeans trug er eine schwarzweiß gemusterte Lederjacke. Hinten links war ein Aufnäher angebracht: Blues Brothers. Ich mochte den Film.

Der Biker wandte mir den Rücken zu und stierte auf die Kaffeemaschine, die hinter dem Tresen stand. Ich durchquerte den Raum, stellte meinen Helm neben seinen und nahm Platz.

Da standen sie nun: ein weißer Motocross-Helm mit rotem Yamaha-Dekor, nagelneu. Und ein weißer Jethelm ohne Schirm, optisch mehrfach sturzgeprüft. Vorn links war so etwas Ähnliches wie ein Hasenschwanz angetackert.

„Kaffee mit Milch", sagte ich.

„Mir auch noch einen", brummte der Typ und schaute mich an. Seine Augen waren wachsam, gütig und neugierig. Der Viertagebart überzog sein Gesicht wie ein Fell. In seinen Haaren wohnte eine Sonnenbrille. Er war höchstens 30. Ich musterte ihn und dachte: Es ist Montag. Bestimmt ist er auf dem Rückweg von einem wilden Biker-Treffen. Muss ein harter Junge sein. Ist bestimmt Member in irgendeinem Club. Hat drei Tage durchgesoffen, ein Dutzend Typen vermöbelt und will nicht reden, schon gar nicht mit mir.

„Jörg", sagte er, streckte mir seine Hand entgegen, lachte mich an und meinte: „Na, daheim auch nichts los, oder was?"

„Geht so. Und selbst?"

„Das volle Paket Scheiße. Und deshalb mach' ich jetzt erst mal Urlaub."

Ich deutete auf den Kalender.

„Und das ging nicht im Mai, wenn's wärmer ist?"

„Nee. Am ersten Mai fange ich einen neuen Job an."

Jörgs volles Paket Scheiße bestand daraus, dass er gerade vom Bund entlassen worden, seine Freundin mit einem anderen durchgebrannt war und der Motor seines alten VW Passat den Dienst quittiert hatte.

„Ich habe sechs Wochen frei. Und die werde ich unter Palmen verbringen", sagte er und werkelte eine zerfledderte Postkarte aus seiner Weste: Die Vorderseite zeigte einen Palmenhain. Darunter stand: Sonnige Grüße von Kreta.

„Auf Kreta gibt es Palmen? Das gehört doch zu Griechenland, oder?"

„Klar gibt es da Palmen! In Vai gibt es sogar den einzig echten, nicht künstlichen Palmenhain Europas. Das Zeug muss das Meer aus Afrika angespült haben. Wär' mir aber auch egal, wenn die da mittlerweile nur Fichten hätten."

Jörg entpuppte sich als begnadeter Unterhalter. Allein die Aufzählung der Teile, die er in den letzten zwei Stunden seit seinem Start in Hildesheim verloren hatte, entlockte mir mehr als ein Lächeln. Er war ein Sonnyboy, der nie schlechte Laune zu haben schien, nichts war ihm unmöglich. Auf meiner geistigen Leinwand sah ich seinen BMW-Chopper im Sand bis zur Achse eingesunken stehen, im Hintergrund Jörg in Badehose am Strand. Zwei Mädels dabei. Eins an jeder Hand. Seine Lebenseinstellung gefiel mir. Wir waren uns sofort sympathisch. Ich rechnete kurz nach. Bis zum 2. Mai musste ich in Algerien eingereist sein. Blieben also noch rund fünf Wochen Zeit.

„Was dagegen, wenn ich mitkomme?"

„Nöö."

Wir müssen ein merkwürdiges Bild abgegeben haben, an jenem Morgen, als wir die Raststätte Kassel verließen, und vor unseren Motorrädern standen. Keiner von uns konnte so recht verstehen, was der andere an seinem Bike gut fand. Gegensätzlicher hätte es kaum sein können. Das Entsetzen war uns ins Gesicht geschrieben, doch wir sprachen nicht darüber, sondern fuhren los. Auf den Parkplätzen, die wir an unserem ersten gemeinsamen Reisetag ansteuerten, schwärmte ich von der Sahara, von Schwarzafrika und meiner Yamaha, die ich für die schwersten Pisten des schwarzen Kontinentes vorbereitet hatte.

Jörg berichtete über die Monate bei der Bundeswehr, seine verlorene Liebe und seinen Beruf, der des Sattlers, ein aussterbendes Handwerk. Überhaupt schien mein Reisepartner handwerklich sehr begabt.

„Sag mal, warum hast du denn vorn ein Gussrad und hinten Speichen?"

„Hier", sagte Jörg, und sein Finger deutete auf ein Kassettenradio, das zweifelsfrei aus einem Auto stammte, sich aber jetzt in einem Lederbeutel auf dem Tank befand. „Die Mucke-Box habe ich vor fünf Tagen drangebastelt. Und als ich auf der Probefahrt den Sender gesucht habe, ist mir die Straße ausgegangen. Zack. Graben. Vorderrad Matsch. Das, was jetzt drin ist, hat mir mein Kumpel geliehen. Ist aus 'ner Honda. Frag aber nicht, aus welcher."

Das Leben war so einfach: zwei unterschiedliche Räder. Zwei unterschiedliche Reifen. Hauptsache beide rund. Mein Vater hatte für derartige Dinge stets denselben Satz parat: Es kommt nicht drauf an, was du hast, sondern was du draus machst. Ein Rat, den ich mein ganzes Leben beherzigt habe und auch meinem Sohn immer vorbete.

Bis heute weiß ich nicht, wie wir die Strecke bei der Witterung geschafft haben, aber wir strandeten gegen Abend in der Nähe von Untertauern/Österreich. Wahrscheinlich wären wir sogar noch weiter gekommen. Doch wir mussten dreimal auf dem Standstreifen der Autobahn anhalten, weil irgendetwas von Jörgs Chopper abgefallen war. In weiser Voraussicht war ich hinter ihm geblieben, um die Dinge einzusammeln. Linke Fußraste, rechter Spiegel, Auspuffschelle. Dabei lüftete sich auch das Geheimnis der Bundeswehrtasche, die Jörg vorn unter der Gabelbrücke montiert hatte: Darin sammelte er abgefallene Teile.

Drauf bedacht, unser Geld lieber in Benzin und Getränke zu investieren statt in luxuriöse Wohnräume, fanden wir Unterschlupf bei einem Bauern, der uns in seiner Scheune schlafen ließ. Er besaß eine Harley und fand Gefallen an uns. Seine einzige Bedingung war verständlich: Wir durften kein Feuer in der Scheune machen. So kochten wir abends draußen unter einem gigantischen Sternenhimmel und genossen die obligatorischen Nudeln mit Tomatensoße, von denen Jörg rund zwölf Kilogramm in seinen Satteltaschen gebunkert hatte. Nachdem die abgefallenen Teile wieder drangeschraubt waren, rollte ich meinen Schlafsack in der Scheune aus.

„Bist du bescheuert? Ich leg' mich doch mit meinem Schlafsack nicht ins Heu! Weißt du, wie viel Ungeziefer da drin ist? Das wird von der Körperwärme angezogen, krabbelt in den Schlafsack und dann schlepp' ich das fünf Wochen mit mir rum. Milben. Zecken. Flöhe. Jede Nacht kratzen. Blutiger Rücken, Pusteln auf dem Bauch. Da schaut ja jede Frau weg. Nee, nicht mit mir!"

Jörg schien nicht so locker drauf zu sein wie vermutet. Eine Ausbildung zum Einzelkämpfer hatte er beim Bund garantiert nicht absolviert.

„Na, dann roll deine Matte doch hier in der Mitte aus, wo kein Heu ist."

„Da kommen die Viecher auch hin. Die haben alle Beine. Wahrscheinlich gibt es hier sogar Ratten."

„Kannst ja noch zwei Orte weiter fahren und ein Zimmer nehmen. Aber bring mir morgen frischen Kaffee vorbei, wenn's geht."

Als ich am Abend jenes ersten Reisetages mit meinem Schlafsack im Heu lag, dachte ich daran, welche Vorzüge das Alleinstarten hatte. Denn von Reisepartnern, mit denen man sich unterwegs zusammenschließt, kann man sich unkompliziert wieder trennen. Keine bösen Worte, kein Ärger, kein schlechtes Gewissen. An der nächsten Kreuzung einer nach links, der andere nach rechts. Kurz winken. Das war's. Das Gegenteil passiert, wenn sich zwei unterwegs trennen, die zusammen gestartet sind und womöglich die Tour bis aufs Kleinste ausgearbeitet haben. Aber ich dachte nicht an Trennung.

Wir erwachten am nächsten Morgen beide im Heu. Ohne seinen Schutz wäre es wegen der Kälte kaum auszuhalten gewesen. In der Nacht hatte ich mir regelrecht ein Nest gebaut. Gegen Acht erschien Harley-Bauer Alois und lud uns zum Frühstück ein. Sein Motorrad überwinterte in der Küche. Wir schritten über alte Eichendielen, die bei jedem Fußtritt lebendig knarzten. Sein Hof stand hier seit 1734, wie er uns stolz erzählte. Vater, Großvater, Urgroßvater und auch er waren in einem kleinen Zimmer über der Stube geboren worden. Das Interieur seiner Küche war fast vollständig aus Holz. Jörg schielte neugierig auf die Harley, die offensichtlich einige Jahre auf dem Buckel hatte.

„Ist 'ne 71er-Super Glide. Eine der Ersten", sagte Alois. „Die ist billiger und treuer als meine Frau, die ich hatte. Ist mir letztes Jahr

weggelaufen von hier oben. Zu viel Arbeit, zu hart. Alle verweichlicht. Da lob' ich mir diese Maschine aus amerikanischem Stahl.
Kannst dich immer drauf verlassen."

Die Harley stand aufgebockt auf einer Holzkiste. Der Vorderrei-
fen war platt, aus mehreren Stellen des Motors leckte Öl, der Kupp-
lungszug war gerissen. An den Lenkerenden baumelten Eisenpfan-
nen. Hätte mir damals jemand gesagt, dass ich meine Ténéré auch
mal ins Wohnzimmer stellen würde, ich hätte nur gelacht.

Ein paar Tage später hockten wir in der Nähe der Krka-Wasser-
fälle in einer jugoslawischen Werkstatt. Der Krka-Nationalpark mit
seinen spektakulären Wasserfällen liegt zwischen Zadar und Split
im heutigen Kroatien. In dieser Landschaft entstand ein Großteil
der Karl-May-Verfilmungen. An Jörgs Chopper war die Auspuffhal-
terung abgerissen. Ein Mechaniker sollte sie wieder anschweißen.
Die Temperaturen waren mittlerweile erträglich. Freundliche 20
Grad und ein nur leicht bewölkter Himmel zauberten uns ein Lächeln auf die Lippen. Wir scherzten mit dem Mechaniker, der eine
Schweißnaht gebraten hatte, die, wie Jörg meinte, sämtliche Kriege
überleben würde.

„Damit scherzt man nicht", sagte der Mechaniker.

Seine Miene war plötzlich ernst. Wir schauten uns an.

„Womit scherzt man nicht?" wollte Jörg wissen.

„Mit Krieg. Denn es wird bald Krieg geben. Im Grunde genommen befinden wir uns bereits im Krieg." Schwalben umkreisten
uns, in der Ferne krähte ein Hahn, neben uns sägten Fliegen an der
frischen Frühlingsluft. Es war ein wunderschöner, friedlicher Tag,
der 28. März 1989.

„Männer gegen Frauen, oder was?" lachte Jörg.

„Nein! Am besten ihr geht jetzt!", knurrte der Mechaniker und
wies uns die Tür. Wir waren jung. Unerfahren. Stets übermotiviert.
Wir hatten den Schalk im Nacken.

„Wenn ihr hier alle schon im Krieg seid, wo ist denn dann deine Waffe?" grinste Jörg.

Wir hatten die Situation völlig unterschätzt. Der Mechaniker sprang zwei Schritte zur Seite, griff hinter eine Metallplatte, zog eine Schnellfeuerwaffe hervor, entsicherte sie und zielte auf uns. Das Ganze war eine fließende Bewegung, die aussah wie tausendmal geübt.

„Hier", sagte er. Nichts weiter.

„Ich hätte nie gedacht, dass der Typ eine Waffe hat", meinte Jörg abends am Lagerfeuer. Wir hatten dem Mechaniker als Lohn 20 Dinar gezahlt, umgerechnet etwa 3,50 Mark.

„Meinst du, sie war noch schussfähig?"

„Keine Ahnung. Die sah auf jeden Fall nicht so aus, als hätte sie den Krieg hinter sich. Sie sah aus, als hätte sie ihn noch vor sich. Ist immer besser, wenn man es nicht drauf ankommen lässt."

An den darauf folgenden Tagen saß ein merkwürdiges Gefühl als Beifahrer hintendrauf. Ich war 23 und hatte zum ersten Mal in meinem Leben in den Lauf einer Waffe geblickt. Hätte man mir damals gesagt, dass mir das im Laufe meiner Reise noch öfter passieren sollte, wäre ich vielleicht sogar umgekehrt. Nix war's mit „nothing left to lose".

Die jugoslawische Küstenstraße präsentierte sich in einem überraschend guten Zustand. Allerdings versuchte jeder, uns übers Ohr zu hauen und abzuzocken. Als wir kurz hinter Dubrovnik an einer Tanke standen und dem Tankwart die Frage nach dem Wohin beantworteten, stieß dieser die Hände in die Höhe und rief: „Um Gottes Willen! Ihr wollt durch das Kosovo? Die hängen euch, schießen euch von den Motorrädern und verscharren euch im Wald. Fahrt bloß drum herum. Am besten weiträumig."

Der Mann im Shell-Overall sprach – wie auch der Mechaniker am Vortag – gebrochen Deutsch, denn er hatte jahrelang im Ruhrpott gearbeitet.

„Was hältst du von dem Quatsch?", fragte Jörg, während er an seiner Windscheibe herumfrickelte, die sich wieder mal gelöst hatte.

„Ich glaube, für Albanien braucht man ein Visum. Da können wir also nicht durch."

Wir falteten die Karte auf dem Parkplatz auseinander. Gemeinsames Stirnrunzeln.

„Wo genau geht eigentlich das Kosovo lang? Ich hab in der Schule nicht so gut aufgepasst", brummte Jörg.

„Dito. Da fragst du mich was."

„Komm, wir fahren einfach schnell hier durch, und dann sind wir in Griechenland." Jörgs Finger flitzte über Peć, Kraljane, Prizren nach Skopje. Quer durch das Kosovo.

Wir fuhren durch wildromantische Schluchten, strauchelten über Schotterpisten (wieder mal verfahren) und überquerten kleinere Pässe. Es war der erste Fahrtag, an dem der Chopper alles bei sich behielt. Abends saßen wir in der Nähe von Smać, rund 35 Kilometer vor Prizren, im Garten eines Bauern, den wir um seine Erlaubnis gebeten hatten, hier campen zu dürfen. Es gab Nudeln mit Tomatensoße. Beim Essen gesellte sich der Bauer mit einer Literflasche Sliwowitz dazu. Selbstgebrannt natürlich. Zwei Stunden später war die Literflasche leer und wir relativ voll. Böses Zeug.

„Ihr fahrt Griechenland, nicht Deutschland?"

„Na sicher doch fahren wir nach Deutschland. Aber erst Mal fahren wir nach Griechenland."

„Und zwischendurch auch nach Afrika", ergänzte ich.

Bauer Garip sprach ein paar Brocken Deutsch und hatte uns schon den ganzen Abend mit dieser Frage gelöchert. Nun rückte er auch raus, wieso.

„Wisst, ich und meine Frau beide alt. Aber meine Tochter noch jung. Erst 19. Bald gibt Krieg hier. Bitte, nehmt Tochter mit. Bitte."

Es musste der Alkohol sein. Keine Frage. Jörg schaute auf seine dick bepackte Maschine, ich auf den Solositz meiner Ténéré.

„Wo ist denn deine Tochter jetzt?" lallte Jörg. Sollte er etwa tatsächlich mit dem Gedanken spielen, den Wunsch des Bauern zu erfüllen?

„Ist bei Cousin in Orahovać. Aber hier ich Foto. Tochter hübsch."

Er kramte ein paar Abzüge hervor, die im fahlen Licht des Lagerfeuers vergilbt aussahen und steckte sie Jörg zu. Die Fotos zeigten eine lachende junge Frau mit schneeweißen Zähnen, dunklen Locken und Stupsnase. Wunderhübsch.

„Wenn die auch noch kochen kann...", lallte Jörg, „dann könnte man ja quasi einen kleinen Umweg fahren."

„Kleinen Umweg?" hakte ich nach.

„Na klar. Ich fahr' ma kurz nach Hildesheim, bring den Lockenkopf in Sicherheit und komm' wieder hierher. Dann fahren wir weiter."

„Und ich hock' hier derweil zwei Wochen im Garten und saufe mit ihrem Vater Sliwowitz, oder wie?"

„Jenau."

Ich wandte mich Garip zu. „Wie kommt ihr nur alle darauf, dass bald Krieg ist? In Europa gibt es keinen Krieg mehr."

„Ist nix Europa hier. Ist Kosovo. Ist viel Hass. Jeder Waffe, viele Feinde, niemals Frieden."

Wir schauten uns an. Jörg ließ die Fotos sinken.

„Kosovo? Wir sind hier im Kosovo?"

Garip nickte.

„Hast du etwa auch eine Waffe?"

„Nicht eine", Garip schüttelte sein Haupt, „vier."

„Das mit deiner Tochter müssen wir überschlafen", brummte ich.

„Wir entscheiden uns morgen."

Als Garip sich daraufhin anschickte, eine weitere Flasche Sliwowitz zu holen, dankten wir freundlich und krochen in unsere Zelte.

Natürlich haben wir seine Tochter damals nicht mitgenommen. Aber ich denke heute noch manchmal drüber nach, was aus Garip und seiner Familie geworden ist. Für mich war der Wunsch, seine Tochter wildfremden Menschen mitzugeben, so ungeheuerlich weltfremd, dass ich diesen Mann als Vaterfigur damals hasste. Heute, 24 Jahre später und nach den grausamen Ereignissen, die diese Region nach unserer Begegnung ins Licht der Weltöffentlichkeit rückten, ahne ich, wie viel Angst Garip gehabt haben muss.

Todesangst.

Aufbruch nach Andorra

Wieder in der Falle. Wieder das Navi. Kürzeste Route, Sie wissen schon. Diesmal ist es Montpellier. Mein interaktiver Reiseführer hat berechnet, dass es wesentlich kürzer ist, wenn man sich durch den Moloch hindurchquetscht. Kleinste Wege, schmalste Pfade, Autobahnverbot, Innenstadt. Das ganze Programm. Dumm vor allem, dass hier praktisch jede Straße neu gebaut wird, man stets von einer Umleitung auf die nächste geleitet wird und das Navi sich unwissend gibt. Noch dümmer, dass die anderen fast ausnahmslos Einbahnstraßen sind und mein Navi dies beflissentlich ignoriert.

Nein, ich will nicht klagen, das Wetter ist gut. Viel zu gut sogar. Es sind 22 Grad. Sagt zumindest ein großes Außenthermometer, das über der Eingangstür eines Ladens hängt. Unter der Motorradkombi und ihrer wasserdichten Außenschale sind es gefühlte 45 Grad. Egal. Ich fädele mich hier durch, koste es, was es wolle. Wahrscheinlich ein paar graue Haare mehr und ein paar Nervenstränge weniger. Obwohl, die grauen Haare, wenn sie denn so eine Farbe haben, kommen bestimmt vom Schlafmangel. Denn die Schlaflosigkeit ist wieder zurück. Letzte Nacht, hundertmal gedreht, nur zwei Stunden geschlafen. Abertausend Dinge schossen mir durch den Kopf, angefangen von Pauls vollgeschriebenem Matheheft, für das Ersatz besorgt werden muss, über den leeren Ersatzakku für die Kamera bis zu den Bedenken, allein durch Marokko zu reisen.

Nach rund einer Stunde habe ich Montpellier durchquert und befinde mich auf dem Weg Richtung Andorra. Die Enklave hab' ich als Zwischenziel heute Morgen eingegeben. Ich will mal wieder so richtig günstig tanken und mir Rauchware besorgen, ohne einen Staat dadurch immens zu bereichern. Und die Pyrenäen, ja, die wollte ich schon lange mal wieder durchqueren. Kurz vor Beziers treibt der Durst mich an die Seite, ich fahre kurz von der Straße ab und pfriemele die Trinkflasche vom Heck. Die ist immer griffbereit verzurrt. Kippe an. Durchatmen. Tiefer Schluck. Eine junge Frau sitzt im Schatten eines Baumes. Sie sitzt auf einem Hocker, ist schätzungsweise Mitte zwanzig, recht hübsch und für die Temperaturen hier – rund 20 Grad – überraschend freizügig gekleidet. Sie lächelt mich an. Ich lächele zurück. Keine zehn Sekunden später fragt sie mich nach einer Zigarette und Feuer. Tiefer Zug, dann eine Frage, mehr gehaucht als gesprochen.

Was ich denn gern hätte. Ich blicke ungläubig. Kann das sein, dass hier, im Niemandsland, irgendwo an einer dreckigen Straße, ohne Bett, ohne Autositzbank und ohne Würde ein nettes Mädchen steht, das gefallen ist? Ich meine gefallen im Sinne eines gefallenen Mädchens.

„Wie meinst du das?"

„So, wie ich's sage. Blowjob kostet 50 Euro."

Ich muss schlucken. Sie wahrscheinlich nicht.

„Da bin ich jetzt ziemlich überrascht", höre ich mich sagen und frage, wo sie herkommt.

„Aus Sibiu, Rumänien. Und du?"

„Aus Stuttgart, Deutschland."

Sie lächelt und horcht in sich hinein. Deutschland. Stuttgart sogar. Mercedes, Porsche, Bosch. Wahrscheinlich gleicht sie jetzt die Preise an.

„Verkehr kostet 80 Euro. Anal zwanzig mehr." Das Mädchen zeigt hinter sich, in die Büsche, wo spärlicher Bewuchs erkennbar ist. Ich bin mir nicht ganz sicher, ob ich die Beträge richtig verstanden habe, denn diese französische Zusammenrechnerei war mir noch nie geheuer. Meine Gedankenpause wertet sie als positives Zeichen und bedeutet mir, zu folgen.

„Deshalb habe ich eigentlich nicht angehalten."

„Willst du was anderes? Ich habe auch Handschellen hier." Sie kramt in ihrer schwarzen Handtasche.

„Nein, nein, schon gut. Ich wollte hier nur eine Pause machen, was trinken, nichts weiter."

Wir starren uns ein paar Sekunden lang an. Sie ist schlank, ihre rötlichen, mittellangen Haare sind wahrscheinlich gefärbt. Die Hacken ihrer knielangen Stiefel wirken abgetragen, ein V-förmig ausgeschnittenes Top lässt viel von ihrem Busen sehen. Darüber hat sie eine viel zu kurze Jacke geworfen, die so eng ist, dass sie nicht zugeht. Ihr Körper wirkt frisch wie zwanzig, doch ihre Augen erzählen von einem verlebten Leben. Es wäre alles so einfach. Ich muss nur „ja" sagen. Keine Zeugen. Endlich mal wieder Sex. Endlich überhaupt mal wieder Körperkontakt. Den ich mir unter diesen Bedingungen hier allerdings absolut nicht vorstellen kann. Plötzlich verschwindet jede Freundlichkeit aus ihrem Gesicht und ihre Miene wird gleichgültig.

„Wenn du nichts willst, fahr gefälligst weiter. Du verprellst mir hier die Kundschaft."

Autos rauschen an uns vorbei. In der Ferne locken die Kurven der Pyrenäen, keine fünf Meter entfernt die einer Frau. Als die Triumph wieder unter mir bollert und ich Fahrt aufnehme, erklärt sich einiges. Die gesamte Strecke vor Beziers bis weit hinter Narbonne ist ein riesiger Straßenstrich. Je weiter man sich Richtung Bergmassiv bewegt, desto dunkelhäutiger werden die Damen. Wobei ich da beim besten Willen keinen Zusammenhang erkennen kann.

Die Pyrenäen sind in Sichtweite. Das rumänische Mädchen geht mir nicht aus dem Kopf. Was für ein Scheißjob! Ich denke an Fernfahrer, die stundenlang in ihrem Sitz schwitzen, Bauern, die ohne fließendes Wasser auf ihrem Gut malochen und auf ihrem Traktor heranrumpeln. Und an meine komplett dichte Motorradkombi plus das darin entstandene Biotop. Ich schüttele mich. Es ist eine merkwürdige Welt. Vor anderthalb Jahren habe ich zum letzten Mal geküsst. Ungefähr so lange ist es auch her, dass meine Haut durch eine Hand zärtlich berührt wurde. Paul will ich da mal rausneh-

men. Ich bekomme jeden Morgen, bevor er zur Schule geht, einen Abschiedskuss auf die Wange. In diesem Zusammenhang wirkt die Offerte hier im Niemandsland fast surreal.

Wolken haben sich über den Bergen formiert. Es scheint so, als würde es weiter hinten regnen. Nach jeder Kurve lasse ich mich überraschen, in was für eine Richtung mich das Asphaltband leitet. Manchmal ist das ganze Leben wie eine südfranzösische Bergstraße. Man weiß nie, was hinter der nächsten Kuppe lauert und in welche Richtung es weitergeht. Wie so oft auf dieser Reise denke ich an mein Wiedersehen in Essaouira und bin gespannt, wie es ihm dort ergangen ist. Vor allem, weil wir ja beide nicht gerade die besten Erfahrungen in Afrika gemacht haben.

Hier, auf den kuppigen Bergstraßen, offenbart das Fahrwerk des Scramblers kleine Schwächen. Während die Gabel ihren Job noch halbwegs gut verrichtet, arbeiten am Heck mehr Stoß als Dämpfer. Goldenes Abendlicht bricht sich in den herbstlichen Weinblättern, bringt sie zum Strahlen. Aber es muss hier noch vor kurzem stark geregnet haben, riesige Pfützen säumen den Weg.

Die Fortsetzung lässt nicht lange auf sich warten. Die ersten dicken Tropfen fallen, und ich komme in einem Chambres d'hotes am Wegesrand unter. Es ist das einzige Haus weit und breit. Es gibt also auch keine Konkurrenz. Das muss nicht unbedingt ein Nachteil sein.

Ist es aber irgendwie. Die beiden Gastgeber sind merkwürdig. Auch ihr Hund, eine Mischung aus Dobermann und Pudel (wie konnte das passieren?), tickt nicht richtig. Kaum habe ich den Scrambler in der Garage geparkt und mein Gepäck abgeladen, kommt das Tier schwanzwedelnd angewackelt und rubbelt sein Fortpflanzungsorgan an meiner Alu-Box. Ich stehe wortlos und überrascht daneben. Meinen beiden Gastgebern scheint diese Art von Begrüßung nicht fremd zu sein. Sie lächeln. Ich lächele vorsichtshalber mal zurück. Hoffentlich lassen sie die Töle nachts nicht frei umherlaufen.

Nächster Morgen. Kaffee gibt's und ein frisch aufgebackenes Sandwich. Die Küche meiner Gastgeber ist offen, sie wird dominiert von einem großen Kamin. Man sitzt auf Bast-Stühlen an einem runden Tisch, auf dem drei verschiedene Marmeladengläser in millimetergenauen Abständen stehen. Nicht, dass die Gastgeber geizig sind. Nein, statt Käse, Schinken oder Honig gibt es einfach drei verschiedene Marmeladen, von denen zwei wie schon mal verdaut aussehen. Macht nichts, nehme ich halt die frische. 18 langstielige Kupferpfannen hängen an der Wand. Obwohl in dieser Küche offensichtlich gekocht wird, würde die Besitzerin genau merken, wenn sich etwas nicht millimetergenau an seinem Ursprungsort befände. Das kennt man von Großmüttern, die ihre selbstgehäkelten Puppen und ihre Sammeltassen irgendwo im Raum drapieren und darauf warten, sie endlich abstauben zu können. Wären da nicht versteckt in einer Ecke der Flachbildschirm und die zwei CDs von Johnny

Cash, man könnte diesen Raum veränderungsfrei als Requisite für einen Film nehmen, der im frühen 19. Jahrhundert spielt. Während des Frühstücks und meiner Pack-Aktivitäten befährt gerade mal ein Auto die entlegene D613. Als ich den Scrambler bepacke, schielt der Hund lüstern um die Ecke. Man könnte meinen, er sei geil. Meine Gastgeber lächeln schelmisch. Ich lächele wissend zurück. Noch 167 Kilometer bis Andorra.

Es ist einer von diesen Morgen, an denen ich am liebsten im Bett liegen geblieben wäre. Die Decke noch mal über Schulter und Kopf, Augen zu, Wärme genießen. Denn die gibt's hier nicht. Die Straße klitschnass, der Himmel eine Melange aus Grautönen, dazu dichter Nebel. Ich stochere mich vorwärts. Die Kurven eng, uneinsichtig, glitschig. Mein Tempo ähnelt dem während einer Winterfahrt. Autos begegnen mir keine. Die wenigen, die ich sehe, parken am Wegesrand. Ihre Besitzer sind entweder Pilze pflücken oder jagen. Hat sich über Letzteres eigentlich schon mal jemand ernsthaft Gedanken gemacht? Da gurkt man als Motorradfahrer ohne schusssichere Weste durch ein vermeintliches Jagdgebiet. Graue Jacke, graues Motorrad, grauer Tag. Kann man doch von Glück sagen, wenn einem nur eine Horde Wildschweine vors Rad rennt. Und man nicht von einer Ladung Schrot perforiert wird. Beruhigend, wenn es nur Wildschweine wären. Hier, in der Einsamkeit des Pyrenäenvorlands, vermehren sich Wölfe garantiert prächtig. Aber was willst du machen, wenn sich so ein Wolf vors Krad stellt? Hupen? Gas geben, darauf hoffen, das Tier würde wegspringen? Oder bremsen? Auch so ein Thema mit dem Scrambler, denn die Stopper verdienen nicht gerade das Prädikat „besonders effektiv". Überhaupt: Schaffen es Wolfszähne durch die Motorradkombi? Wenn das Vieh einen Protektor erwischt, muss es anschließend garantiert zum Zahnarzt.

Die Nebelsuppe wird dichter. Feine Wasserperlen überall, ich werde das Gefühl nicht los, sie finden den Weg auf die Haut. Doch

das täuscht sicher. Darüber hinaus ist jeder Kurvenverlauf ein kleines Abenteuer. Das geht etwa 50 Kilometer so. Dann verlasse ich
ein Tal, kämpfe mich eine Steigung hinauf, und der Nebel bleibt in
der Senke zurück.

Verschachtelte Wolkenbänke. In der Ferne ein winziger blauer
Fleck am Himmel. Blau ist die Hoffnung. Ein bulgarischer Fotograf,
mit dem ich oft zusammenarbeite, pflegt in solchen Wettersituatio-
nen immer zu sagen: „Komm, lass uns dort fotografieren, wo die
blaue Wolke ist." Das nenn' ich mal positives Denken. Ich mag das
Geschleiche über extrem rutschige Straßen nicht, nur allzu gern
schalte ich bei derartig schönen Kurvenstrecken in den Sportmo-
dus, genieße den Swing, freue mich über jede gemeisterte Ideallinie und lasse meinen Gedanken freien Lauf. Beim zügigen Befahren
dieser glitschigen Straßen kann ich jedoch über fast nichts mehr
nachdenken, mein gesamter Arbeitsspeicher ist mit der Datenver-
arbeitung von Radien einschätzen und Grip abwägen beschäftigt.

Etwa 50 Kilometer vor Andorra klart der Himmel auf, und die
Sonne kommt durch. Auf wunderbar griffigem Asphalt geht's den
Berg hinauf. Schade, dass man den Speed hier auf 70 km/h begrenzt hat. Tanken. 1,29 Euro der Liter Super. Hatte gehofft, es sei
günstiger. Im Supermarkt fordern sie 2,60 Euro pro Schachtel Ziga-
retten. Für eine ganze Stange werden 22,50 Euro verlangt. Mitten
in Andorra füttere ich das Navi mit einem neuen Ziel: Granada. Das
Ding rechnet eine Weile, denn es muss ja schließlich die Route ohne
Autobahnen ermitteln, und sagt: nur noch 1047 Kilometer bis zum
Ziel. Katzensprung. Auf den kommenden Kilometern schleiche ich
von einer Baustelle zur nächsten. Hinter mir faucht der Wind frische Wolken über den Himmel. Es sieht bedrohlich aus. Willkommen in Spanien, genauer gesagt in La Seu d'Urgell. Der Abend klingt
in einem Hotel aus, das der spanischen Rallyelegende Isidre Esteve
Pujol gehört. Auch der Scrambler fühlt sich wohl. Steht trocken und
sicher in einer 80 Quadratmeter großen Garage, gemeinsam mit ei-

nigen Motorrädern, auf denen der Rallyestar die Strecke nach Dakar zurückgelegt hat.

Nächster Tag. Sonnenstrahlen tanzen auf dem Balkon des Hotelzimmers, aus dem Spiegel im Bad schaut ein Mongole. Was für eine bescheidene, fast schlaflose Nacht. Die Geister der Vergangenheit und die Ängste vor der Zukunft haben sich ihre Streiche erlaubt, ich habe mich unentwegt herumgewälzt. ER ist in meinem Traum erschienen, trug einen Turban und sagte: „Du hast dich verrechnet. Pech gehabt. Essaouira liegt nicht in Marokko, sondern neben Kapstadt. Musst noch 10 000 Kilometer fahren. Die Hälfte davon über Dünen." Fehlte nur, dass die Erde letztlich doch eine Scheibe ist. Gefühlt habe ich keine zehn Minuten am Stück richtig geschlafen. Doch es gibt kein Zurück mehr. Ich will, nein, muss fahren. Los geht's.

80 Kilometer später: Habe wieder mal die Kette gefettet. Ein Indiz dafür, richtig vorwärtszukommen. Zudem, so finde ich, ist es immer eine mystische Handlung, die Mann und Maschine miteinander verbindet. Sein Fahrzeug zu pflegen hat was abgrundtief Menschliches. Schrauben verbindet, schafft ein Verhältnis zwischen Mensch und Maschine, das man ohne nie erreichen kann. Habe einige Fotostopps gemacht und richtig Hunger. Sitze in einem Restaurant. Es ist 12.20 Uhr. Aber der Spanier an sich speist ja nicht so früh. Ab 13 Uhr, so hat mir die Bedienung bedeutet, gäbe es Mittagstisch. Davor nur was zu trinken. Kritzele ein paar Notizen auf meinen Block, trinke Wasser und vertraue drauf, dass die Zeit schnell vergeht. Pünktlich um 13 Uhr schleichen sich einige Gestalten ins Restaurant und hocken sich an die Bar. Ich bestelle Nahrung. Eine weise Entscheidung, wie sich herausstellt.

Denn ein Bus rangiert auf dem übergroßen Parkplatz hin und her. Keine Ahnung, was der Fahrer vor hat, der Platz ist so riesig, ein Airbus könnte sicher landen. Nach fünfminütigem Hin-und-her-Rangieren steht der blaue Bus neben einer Mauer. Ein Wunder, dass der Fahrer sie überhaupt gesehen hat. Die Scheiben sind mächtig verspiegelt. Tür auf. Eine Horde Japaner stürmt das Restaurant. Obwohl, stürmen ist nicht der richtige Ausdruck. Es ist eher eine schleichende Invasion: Wie kleine Küken folgt die Horde der Leit-Ente, in diesem Fall einem spanisch sprechendem Japaner. Schluss mit der Ruhe. Lautes Geschnatter. Gebellte Laute, eher Befehlston als Gespräch. Jeder Zweite aus dem fernen Osten hat eine Kamera über dem Bauch baumeln. Natürlich mit Sonnenblende, die lässt kleine Knipsen größer wirken. Aber ich erkenne auch Nikons und Canons der Profiklasse. Mit Objektiv geht da nichts unter 4000 Euro. Bekomme meinen Salat. Zig schwarze Augenpaare starren ihn neugierig-neidisch an. Man bestellt gemeinsam durch kollektives Auf-meinen-Teller-zeigen. Der Ober schaut mich strafend an. So, als möchte er sagen: „Hättest dir ja auch was Teureres gönnen können, dann hätte ich jetzt den Wochenverdienst im Sack." Geduld, ist ja erst die Vorspeise.

Ein kaum auszuhaltendes Geschnatter erfüllt den Raum. Der Busfahrer, offensichtlich Spanier, wurde bereits bedient und isst in einer Ecke seine Paella. Sie sieht gut aus. Am Nebentisch hocken zwei Trucker. Die sehen nicht gut aus. Jeder eine kleine Pulle Wasser und eine Literkaraffe mit Rotwein vor dem Bauch. Halten es ohne hier wahrscheinlich nicht aus. Soll ich auch? Lieber nicht. Mir fällt ein Plakat ein, das sie damals in Perth/Westaustralien quer über zwei Häuserwände gespannt hatten: „If you drink and drive, you're a bloody idiot." Nichts grundlegend Neues. Keine 3 500 Kilometer entfernt, irgendwo in Queenslands Outback, hatten sie ein ähnliches Plakat gespannt: „Don't drink while you drive. You might spill some." Trink nicht während des Fahrens. Du könntest was verschütten.

13.14 Uhr. Sitze immer noch mitten im Geschnatter. Salat weggeputzt. Mein gebratenes Kaninchen kommt. Oder besser das, was davon noch übrig ist. Nachdem es bereits bei jemand anderem auf dem Teller lag? Kollektives Auf-meinen-Teller-blicken. Kopfschütteln. Anschwellendes Geschnatter. Nein, das möchte der Japaner nicht. Mehr Öl als Soße. Mehr Knochen als Fleisch. Mehr Zwiebeln als Gemüse. Doch es schmeckt überraschend lecker.

Spanien. Hab' übrigens mal gelesen, Oliven würden dick machen. Das Öl etwa auch? Im WC stinkt es bestialisch. Jemand hat das Becken verfehlt. Beschließe, irgendwo draußen den Busch aufzusuchen, und breche auf. Mehr als ein Dutzend Schatten folgen mir. Kameras klicken, Blitze zucken. Ein Deutscher mit amerikanischem Kurzhaarschnitt und vorsintflutlichem Gepäck auf einem britischen Motorrad. Tolle Story für daheim. Wenn ich mal nach Japan komme, revanchier ich mich. Versprochen.

Abschiedstränen

Der Begriff Autoput ist serbokroatisch und bedeutet Autobahn. Könnte aber auch die kindliche Bezeichnung für „Auto defekt" sein.

Wir waren bei Skopje auf diese teils zweispurige Straße gebogen, die das griechische Thessaloniki mit dem österreichischen Graz verbindet. Die Asphaltoberfläche hatte große Ähnlichkeit mit dem Inneren eines Schweizer Käses: Löcher waren teils waschkesselgroß und ähnlich tief. Alle zehn Kilometer stand ein Auto oder Lkw am Straßenrand. Die Fahrer lagen entweder unter ihren Fahrzeugen und schraubten oder starrten frustriert unter geöffnete Motorhauben. Es war mittlerweile später Nachmittag, und in der Bundeswehrtasche an Jörgs Chopper befanden sich ein vorderer Blinker, die linke hintere Soziusfußraste sowie ein Schalldämpfer. Der BMW-Boxermotor brüllte aus einem seiner Zylinder ins Freie und machte höllischen Krach. Spät am Abend erreichten wir die Grenze zu Griechenland. Dunkelheit lag über den Zoll- und Polizeigebäuden, die Schlange der anstehenden Fahrzeuge war lang. Wir schlängelten uns zur Pole-Position vor. Ein Fehler.

Vor uns sprang ein jugoslawischer Polizist auf die Straße und riss den Arm hoch. Passend zu seiner dunklen Uniform trug er einen ebensolchen Schnauzbart und buschige Augenbrauen. Er sprach weder englisch noch deutsch. Nachdem er ein paarmal um Jörgs Motorrad gekreist war und sein Finger immer wieder auf den Platz zeigte, wo sich normalerweise der Schalldämpfer befand, war uns klar, was er wollte.

Er wollte Geld. Wenn wir ihn richtig verstanden, war es seiner Ansicht nach verboten, in Jugoslawien mit lärmenden Fahrzeugen zu fahren.

„Wie viele Dinar haben wir noch?" fragte ich Jörg.

„So in etwa für zehn Mark. Aber die kriegt der Typ nicht. Da hab' ich keinen Bock drauf. Lass uns lieber noch ein paar Bier davon kaufen."

„Und was willst du machen?"

„Ich schraub den Schalldämpfer gleich wieder dran!"

„Hier?"

„Ja, genau hier."

Direkt vor der Polizeibaracke. Dummerweise war das Werkzeug an jenem Tag irgendwo in den Packtaschen vergraben. Unter den zig Tüten Nudeln mit Tomatensoße. Und anderen Utensilien. Um dran zu kommen, packte Jörg alles vor die Füße der neugierig gewordenen Polizisten, die mittlerweile alle aus ihrem Kabuff geströmt waren und nun wissen wollten: Was hat ein reicher deutscher Motorradfahrer dabei, wenn er mit einer Art Harley in den Urlaub fährt?

Eine Rolle Blumendraht – unverzinkt. Fünf Schlauchschellen – angerostet. Ein Beutel Schrauben und Unterlegscheiben – stark gebraucht. Sieben Tüten Nudeln – spiralförmig. Sechs Pakete Nudeln – lang und gerade. Zwölf Tetrapacks Tomatensoße – Aufschrift unleserlich. Fünf Mullbinden und zwei Pakete Heftpflaster – neuwertig. Eine Gusseisenpfanne – ungeputzt. Zwei Liter Motoröl – 15W40. Eine Dose Bremsflüssigkeit – DOT3. Zwei Alu-Kochtöpfe – stark verwittert. Eine Luftpumpe – Armeeausführung. Fünf Paar alte Socken – Geruch widerwärtig. Eine Packung Kondome – Erdbeergeschmack.

Gegen Mitternacht saßen wir in Thessaloniki am Meer und aßen Calamari. Neben uns parkten die Bikes, Jörg hatte den Schalldämpfer provisorisch mit Blumendraht festgerödelt, weil er keine passende Schraube gefunden hatte. Wieder einmal war ich von seiner Lässigkeit überrascht. Egal, was für eine Situation – er behielt stets gute Laune und nichts war für ihn ein echtes Problem. Ich glaube, er hätte auch mitten auf der Autobahn den Motor zerlegt, wenn es notwendig gewesen wäre.

„Erdbeergeschmack?"

„Hast du was gegen Früchte?"

„Nee, natürlich nicht."

Ich betrachtete seinen Chopper.

„Sag mal, die Rückenlehne steht gar nicht mehr so steil wie zu Anfang unserer Reise. Kann es sein, dass sie sich verbiegt?"

„Kann nicht sein. Die hat mein Kumpel Udo konstruiert. Die hält."

Zum Beweis stand Jörg auf, ging zur Lehne und zog daran. Zwei Sekunden später lagen er, die Lehne und das gesamte Gepäck auf dem Boden.

Der Wirt der Taverne war zweiradbegeistert und bot uns an, hinter seinem Haus unter einer Art Vordach zu übernachten. Außerdem hatte sein Bruder eine Werkstatt, die auch Schweißarbeiten erledigte. Am nächsten Tag wollte er uns hinbringen. Wir schliefen vor Ort im Schlafsack neben unseren Motorrädern. Die Nacht war unruhig. Ständig fuhren Autos auf der Straße, man hörte Sirenen und oft auch Stimmen. Über uns jonglierte der Wind mit Wolkenbüscheln. Gegen drei Uhr morgens schreckte ich hoch, weil mich etwas am Bein berührt hatte. Es war ein Hund. Grau-braun-weiß, vielleicht vierzig Zentimeter Schultermaß. Er hatte traurige Augen, schlabbrige Ohren und wackelte mit dem Schwanz. Sein Fell war glatt und wirkte gepflegt, etwas Nahrung hätte ihm hingegen nicht schaden können.

„Mach, dass du verschwindest", giftete ich, „los, hau ab!"

Der Hund stand einfach da, schwanzwedelnd, und tat so, als ob er mich nicht verstehen würde. Klar, er war ja Grieche. Er trollte sich kurz, schlich dann aber wieder langsam heran. Ich beobachtete, wie er sich Jörg näherte, und schmiss meinen Turnschuh nach ihm. Dummerweise traf ich Jörg am Kopf.

„He, was soll das? Kannst du mich nicht freundlicher wecken? Und überhaupt: Hast du mal auf die Uhr geschaut?"

„Dieser Köter hier, der wollte irgendwas stehlen."

Jörg drehte sich um. Wenn es jemals Liebe auf den ersten Blick gegeben hat, dann in diesem Moment.

Der Hund senkte den Kopf und schaute Jörg mit großen, braunen Augen an.

„Der ist doch total süß. Na, komm mal her!"

Schwanzwedelnd kroch der Streuner näher. Jörg schloss ihn in seine Arme und knuddelte ihn.

„Das ist doch jetzt nicht wahr!", murrte ich, „am ersten Abend hast du Angst vor Heu-Mikroben, die eventuell in deinen Schlafsack kriechen könnten, und nun heiratest du einen Hund. Wer weiß, was der alles für Krankheiten hat! Oder wie viele Millionen Flöhe."

„Der Hund ist gesund. Das sieht man auf den ersten Blick."

Ich brummte mir irgendwas in den Bart, wand mich in meinem Schlafsack und dachte: So viel Dummheit und Gutmütigkeit wird bestimmt bestraft. Wahrscheinlich wartet der Köter, bis wir schlafen, frisst dann die gesamten Nudelvorräte, trocken sogar, und säuft den Weinkanister leer, den wir in einem Supermarkt gekauft hatten. Er lädt seine Flöhe in Jörgs Schlafsack und geht mit unserem Geld einkaufen. Frolic, genug für die nächsten fünf Jahre.

Am kommenden Morgen lockte mich ein merkwürdiger Ton aus dem Schlaf. Es regnete, und Jörg saß auf einem Stuhl unter einer Markise. Neben ihm ein Kaffee, vor ihm der Hund. Aus zwei an der Decke hängenden Lautsprechern quälte sich Pink Floyd, und der Hund jaulte dazu. Jörg drehte sich zu mir und grinste fröhlich:

„Weißt du was? Nennen wir ihn doch einfach Floyd."

Floyd entpuppte sich als treue Seele. Er beobachtete unser morgendliches Motorradpacken, folgte uns zur Werkstatt, wo Jörgs Lehne geschweißt wurde, und saß beim anschließenden Kaffeetrinken wachsam neben uns.

„Ich glaube, der Hund ist heimatlos. Unser Wirt kennt ihn auch nicht ", überlegte Jörg.

„Dann ist er wohl einer von Hunderttausenden, die hier in Griechenland umherstreunen", antwortete ich.

„Sag mal, ist in deinem Riesenrucksack noch etwas Platz?"

„Wofür?"

„Für ein paar Pakete Nudeln mit Tomatensoße."

So kam es, dass wir ab unserem 15. Reisetag zu dritt unterwegs waren. Jörg packte seine linke Ledersatteltasche aus, verteilte die Sachen in andere Stauräume, kaufte eine Taucherbrille mit Gummiband und legte sie Floyd um den Kopf. Floyd gefiel die Brille nicht. Vielleicht lag es an der Farbe – sie war rosa – oder am Druck, den sie ausübte. Doch er fand Gefallen am Motorradfahren. Stundenlang hockte er in der Satteltasche, stemmte seinen Schädel gegen den Fahrtwind, und immer wenn Jörgs Chopper irgendetwas verlor und es auf der Straße hinter uns klimperte, jaulte er fürchterlich. Die beiden gaben ein göttliches Bild ab. Nicht selten fragten Touristen, ob sie ein Foto von Jörg, Floyd und dem Chopper machen dürften. Drei Unikate auf einem Bild. Wann hat man dazu schon Gelegenheit?

Wir eierten auf Dreckpisten zum Olymp, campten vier Tage auf der Halbinsel Pilion, nahe Volos, und standen irgendwann am Hafen von Piräus, um nach Kreta überzusetzen. Zwischendurch hatten wir Jörgs Hinterrad zentriert, den Scheinwerfer mit Pflaster geflickt und die leckende Gabel mit einer Socke provisorisch abgedichtet. Floyd hörte mittlerweile auf seinen Namen und wusste mit den Begriffen „sitz" und „bei Fuß" etwas anzufangen. Er trank jeden Abend mit uns einen Becher Rotwein und jaulte fürchterlich zu jeder Art Rockmusik.

„Meinst du eigentlich, er singt mit? Oder mag er die Mucke nicht und schimpft?" fragte mich Jörg auf der Fähre. Die Überfahrt dauerte rund sechs Stunden, Zeit genug für randphilosophische Betrachtungen.

„Na sicher mag er die Musik. Er singt mit."

„Mich interessiert weniger sein Musikgeschmack, sondern was du nach der Reise mit ihm machst."

„Wieso? Floyd fährt mit mir heim. So einen Hund kann man immer gebrauchen."

„Mit heim? Ohne Hundemarke, ohne Papiere, ohne Stammbaum? Mit Taucherbrille, Kopf aus der Satteltasche? Über welchen Grenzübergang willst du denn damit fahren?"

„Bei den Grenzübergängen mach' ich die Tasche einfach zu. Fertig. Weiß doch niemand, was drin ist."

„Und wenn sie nachschauen?"

„Sag' ich einfach, er gehört zu mir, und die Hundemarke haben wir verloren."

Verloren. Ein Begriff, der gut zu Jörg und seinem Chopper passte. Floyd saß zwischen uns und verfolgte das Gespräch. Wenn einer von uns sprach, schaute er ihn fasziniert an. Es sah so aus, als würde er genau mithören, verstehen und angestrengt nachdenken.

Wir verbrachten vier Tage in Heraklion bei einem holländischen Ehepaar, das uns vor einem Supermarkt aufgegabelt hatte. Tom und Gesine sprachen uns aufgrund unserer deutschen Nummernschilder an und luden uns zum Abendessen ein. Die beiden waren Anfang 60 und vor 25 Jahren nach Kreta gekommen. Die ersten fünf davon hatten sie in den Höhlen von Matala in einer Art Hippie-Kommune gelebt, im Süden der Insel.

„Matala hat den wohl schönsten Strand der Insel, und eigentlich wird es dort nie kalt. In dieser Zeit waren wir mit die Ersten, die sich dort niederließen. Es war traumhaft. Wir fahren heute noch einmal im Monat hin und gucken, wie sich alles verändert", sagte Tom.

„Hippies? Freie Liebe, Haschisch, Musik und so?", wollte Jörg wissen.

„Ja. Alles, was du mit dem Begriff verbindest, war da. Und ein bisschen Spirit ist bis heute davon übrig."

Jörg schaute mich an. Ich wusste sofort, wohin uns die Räder als nächstes führen würden.

An diesem Abend lag ich mit meinem Schlafsack am Swimmingpool unserer Gastgeber. Bis auf wenige Ausnahmen hatten wir die Nächte immer im Schlafsack unter freiem Himmel verbracht. Eine gigantische Sternendecke breitete sich über mir aus. Aus der Hecke des Gartens zirpten Grillen. Neben mir plätscherte Frischwasser ein paar Kaskaden hinunter, bevor es in den Pool gelangte. Die Nacht war mild, um die 20 Grad, und ich hatte meine Arme hinter dem Kopf verschränkt und beobachtete das Glitzern über mir. Ab und zu rasten ein Flugzeug oder Satellit durch das Meer der Fixsterne. In diesem Augenblick fühlte ich mich zum ersten Mal überhaupt richtig frei. Plötzlich erschien mir mein Leben als endlose Straße, eine Schnur, die sich in den Horizont schnitt. Mit Tausenden von Abzweigungen, an denen ich jederzeit abbiegen konnte.

Niemand erwartete etwas von mir. Ich hatte keinerlei Verpflichtungen, nur die Verantwortung mir gegenüber. Das Beste aber war die Erkenntnis, dass Leben niemals eintönig und gleichförmig sein muss. Vor vier Wochen noch hatte ich stets im selben Bett gelegen, täglich die nahezu gleichen Stories der Menschen gehört, und ich hatte gefroren. Jetzt war alles anders. Alles.

Wie leicht vergessen wir, dass es noch etwas anderes gibt als den Alltag, der uns gefangen nimmt. Ein Trott, in den wir schon als Kinder hineinwachsen. Ich verglich die vergangenen 23 Jahre mit einem schwarzen Würfel, in dessen Inneren ich gelebt hatte. Woher soll man auch wissen, wie es draußen aussieht, wenn man nie aufbricht? Der große Unterschied zwischen meinen früheren Reisen und diesem Trip hier bestand darin, kein Zeitlimit zu haben. Ich hatte das geilste Motorrad der Welt, etwas Geld, keinen Job und niemanden, wegen dem ich zurück wollte. Dieses Treibenlassen in den Tag war derart fantastisch und großartig, dass ich beschloss, mein Leben so weiterzuführen. Okay, ich wollte irgendwann mal mein geografisches Ziel erreichen und an der Westküste Afrikas ins Meer spucken. Aber wann ich dort ankommen würde, war mir in diesem Moment egal. Ich war verliebt in mein Leben und all die Zufälle, die als Reiseführer meinen Weg bestimmten. Verliebt über beiden Ohren. Schwerelos und frei.

„Und der Hund hat keine Angst, auch wenn du in Schräglage gehst?" Floyd war wie immer vor uns abreisebereit und kauerte startklar in der Ledertasche. Gesine stand davor und schüttelte ihren blonden Lockenkopf.

„Was heißt Schräglage? Bevor Jörg schräg fährt, setzt irgendetwas auf oder er verliert etwas", flachste ich.

„Na trotzdem. Ein Hund als Beifahrer ist für beide nicht normal. Für Mensch und Tier. Passt bloß auf, dass er keine Bindehautentzündung bekommt..."

Wir lachten und umarmten uns. Jörg und ich versprachen, spätestens nach drei Monaten eine Karte zu schicken. Jeder aus der Ecke der Welt, in die es ihn verschlagen haben würde.

An der nächsten Tankstelle füllten wir auf. Ohne dass wir drüber gesprochen hatten, war mir klar, dass wir nicht nach Osten Richtung Vai, sondern eher Richtung Süden fahren würden.

„Ähh, was hältst du davon, wenn wir einfach mal quer über die Berge fahren. So'n bisschen Kurven könnten doch nicht schaden, oder?"

„Über die Berge, wie? Ich dachte, wir wollten der Küstenstraße bis nach Vai folgen, damit du ans Ziel kommst und endlich unter Palmen schläfst..."

Jörg fummelte an seiner Windscheibe herum, die sich wieder einmal gelöst hatte, und grinste: „Will ich auch. Aber ich wollte auch immer schon mal sehen, ob das Leben in einer Hippie-Kommune nicht besser ist..." Wir waren der Teerschlange kaum 50 Kilometer gefolgt, da hielt Jörg plötzlich an.

„Siehst du den Berg da hinten? Sieht aus, als würde diese Straße da hinführen."

Ein Schotterweg schlängelte sich in Richtung Ida-Gebirge, direkt auf den 2 456 Meter hohen Gipfel des Psiloritis zu. Ich fand die Idee zu einem Offroad-Abenteuer super. Für so was war ich als alter Gelände-Hase immer zu begeistern.

„Traust du dir das überhaupt zu? Mit diesem Ding da?"

„Hey, vergiss nicht, über welch schlechte Wege wir in Jugoslawien gefahren sind."

„Vergiss du lieber nicht, was dein Motorrad auf diesen Wegen alles verloren hat."

„Komm, man lebt nur einmal. Wer weiß, wann wir wieder hier sind..."

Ehe ich meine Einwände richtig anbringen konnte, bog Jörg mit seinem Chopper schon in den Weg ein. Ich folgte ihm und überholte

auf einer Bergab-Passage, die sich steil nach unten wand. Die Kehren hier hatten es in sich. Je weiter man nach unten kam, desto schwieriger war der Weg befahrbar, denn die Regenfälle des Winters hatte schroffe Schneisen in den Boden gespült. Oft war kaum noch Erde da, die Räder hoppelten über grobe Steine. Im Tal angekommen, sah ich, dass der Anstieg auf der anderen Seite noch schwieriger werden würde und dachte: Scheibenkleister! Mit seinem Chopper schafft der das nie da hoch! Am besten, ich drehe um und warne ihn. Als ich Jörg auf halbem Weg immer noch nicht getroffen hatte, wusste ich, es war was passiert. Ich gab Vollgas, fuhr so schnell ich konnte und fand ihn knapp 100 Meter hinter der Stelle, an der ich ihn bergab überholt hatte. Er war in der ersten Kehre geradeaus gefahren und just dabei, sein Motorrad aus dem Gebüsch zu zerren.

„Scheiße, der Bremssattel ist einfach abgefallen", schrie er mir entgegen.

Abgefallen war wohl der falsche Begriff, denn er baumelte noch an der Bremsleitung neben dem Rad. Ich stellte die Ténéré ab und half ihm, seine Kiste wieder hochzuziehen. Mit vollem Gepäck war das gar nicht so einfach. Wir wuchteten und zerrten, es fühlte sich an, als müsse man ein Auto aus dem Graben schieben.

„Ist euch irgendwas passiert?"

„Nö. Unkraut vergeht nicht. Weißt du doch. Floyd ist vorher abgesprungen. So, als hätte er was geahnt. Aber hier tropft Öl aus dem Motor."

Ein Stein hatte ein winziges Loch in die Ölwanne geschlagen.

„Hast du was zum Flicken dabei?"

„Nee, aber wenn das so langsam wie jetzt tropft, dann füll' ich halt nach. Bei jedem Tanken einen Liter. Das reicht bis zu mir heim."

Das kleine Loch in der Ölwanne war nicht unser Hauptproblem auf den kommenden Kilometern. Es waren eher die fehlenden Feingewinde-Schrauben, mit denen der Bremssattel befestigt werden müsste. Die hatte Jörg verloren. Wir hatten den Sattel mit Rödeldraht provisorisch fixiert, doch auf einer kurvigen Bergstrecke wie dieser hier glich das einer tickenden Zeitbombe. Selbst Floyd schaute verängstigt. Vielleicht hatte er aber auch nur das Vertrauen in Jörgs Fahrkünste verloren. Gegen Abend erreichten wir den Strand von Matala, rollten unsere Schlafsäcke auf einem Campingplatz aus und Jörg schob los, um Floyd was zu fressen zu besorgen. Nach 15 Minuten kam er aufgeregt angerannt. Floyd keuchte nebenher.

„Du hast den alten Feuerwehrwagen gesehen, gleich neben dem Eingang zum Camping, oder?"

„Klar. Ein MAN aus den Sechzigern, deutsches Kennzeichen. Typ mit langer Matte."

„Genau", keuchte Jörg, „und der hat Feingewindeschrauben und flüssiges Metall. Morgen ist mein Bock wieder voll einsatzbereit."

Jörgs Motorrad war in der Tat am Folgetag wieder fahrbereit. Wir dagegen weniger. Ein Lagerfeuer hatte uns spätabends noch an den Strand gelockt. Im Kreis von Aussteigern wie Big Gerd aus Hannover, Patrick, der Pianist, aus Köln und Käpt'n Chaos aus Berlin gingen die Flammen erst aus, als die Sonne aufging. Dieser Ablauf sollte sich tagelang wiederholen.

Wir blieben eine Woche in Matala und lernten eine Menge über das Aussteigen, und dass in einer Hippie-Kommune nahezu dieselben zwischenmenschlichen Probleme herrschen wie im Rest der Gesellschaft. Vielleicht sogar noch ein bisschen verschärfter. Denn der Mensch bleibt Mensch. Egal, wo und wie er wohnt. Und wir schafften es schließlich bis Vai, wo Jörg dasselbe Palmen-Motiv schoss wie auf seiner Postkarte. Nur, dass auf seinem Foto ein Hund neben einem Chopper unter den Palmen sitzt. Unsere Überfahrt von Heraklion nach Piräus dauerte fast zwei Tage, denn das Schiff hatte Motorschaden und musste ab der Hälfte des Weges geschleppt werden. Direkt auf der Brücke, die den Kanal von Korinth überspannt, hatte Jörg dann einen Plattfuß. Kurz vor Patras verlor er während der Fahrt das Windschild, über das ein Lkw fuhr, und auf der Halbinsel Levkas brach in der Nacht der Seitenständer ab. Der Chopper landete auf einem Zylinder und beschädigte einen Kerzenstecker.

Auf all meinen Reisen habe ich nie wieder jemanden getroffen, der so viel Pech mit seinem Motorrad hatte. Über alle diese Pannen hat Jörg jedoch nie geflucht. Manch einer wäre wahnsinnig geworden, hätte die Maschine vermutlich über die Klippen ins Meer geschoben und wäre heimgetrampt. Für meinen Freund waren diese Zwischenfälle Bestandteil der Reise, quasi das Salz in der Suppe. Ohne sie hätten wir nicht an den verrücktesten Orten gestoppt oder so viele nette Menschen kennengelernt. Man muss einen bestimmten Reifegrad erlangen, um das Leben mit einer derartigen Lässigkeit zu meistern. Viele von uns werden es nie lernen, selbst aus Pannen noch Profit und Lebenserfahrung zu gewinnen. Und wenn ich ehrlich darüber nachdenke, bin auch ich noch ein kleines Stück davon entfernt.

Wir verloren Floyd in der Studentenstadt Ioannina. Er war uns bis zu einer Disco gefolgt und durfte natürlich nicht mit hinein. Die Situation, dass er draußen warten musste, hatten wir schon ein paarmal auf der Reise, für Floyd war sie also nicht neu. Entweder hat er in jener Nacht ein neues Herrchen gefunden, oder ein Hundefänger hat ihn erwischt. Beide Versionen sind bestürzend. Wir haben ihn die ganze Nacht gesucht. Und standen zwei Tage später morgens um sechs am Hafen von Igoumenitsa. Der Moment des Abschieds. Jörgs Fähre ging nach Ancona, meine nach Brindisi.

Fünf Wochen lagen hinter uns. Wir hatten unzählige Abenteuer bestanden und den anderen in Situationen erlebt, in die man daheim nur selten gerät. Es war ein unbeschreibliches Gefühl, als ich ihn zum letzten Mal umarmte. Trauer und Freude vermischten sich. Dieser Trennungsschmerz war mir bis dato unbekannt. Sicher, ich hatte mich von Kumpels verabschiedet, die ich wochen-, ja monatelang nicht sehen würde. Dieses Goodbye hier aber war neu. So traurig. Und gleichzeitig so freudig.

„Mensch, das war klasse! Schade, dass die Zeit schon vorbei ist. Fünf Wochen vergingen wie eine", sagte Jörg.

In der Ferne dröhnten Schiffshörner, Nebel umschlich die Kähne, ein warmer Wind trieb feine Salzkristalle vor sich her. Allmählich sickerte Morgenröte aus dem Boden und vertrieb die Nacht. Ich wusste nicht so recht, was ich sagen sollte und drückte Jörg fest an mich. Tränen kullerten mir aus den Augen.

„Ja. Klasse war's. Versprich mir, dass du auf dem Heimweg bei meinen Eltern vorbeifährst und ihnen von unserer Tour berichtest, ja?", schniefte ich.

„Und du willst wirklich weiter nach Afrika? So ganz allein?"

Nein. Wollte ich nicht. Nicht allein. Nicht jetzt, nachdem ich einen solchen Freund als Reisepartner gefunden hatte. Am liebsten wäre ich mit ihm heimgefahren.

„Kein Problem. Macht mir nichts aus. Alles easy", log ich.

„Na, wenn du meinst... Melde dich, wenn du wieder da bist, ja? Ich lebe bestimmt noch irgendwo in der Nähe von Hildesheim."

Er gab mir die Adresse seiner Eltern. Ich sollte noch viele elterliche Adressen auf dieser Tour sammeln, denn die meisten Traveller, die ich traf, waren ebenso vom Reisevirus infiziert wie ich und wussten nie, wann sie wieder daheim sein würden. Wir drückten uns noch mal fest. Dann drehte ich mich um, stülpte mir den Helm über, kickte die Téréré an und fuhr los, zu meinem Terminal. In einer Stunde würde die Fähre ablegen. Kurz vor dem Gate drehte ich mich ein letztes Mal um und hob die Hand. Jörg war mittlerweile klein wie eine Ameise. Er hatte mich beobachtet und winkte zurück.

Irgendjemand hat mal gesagt, dass die Erinnerung das einzige Paradies ist, aus dem wir nicht vertrieben werden können.

It's Teatime

Das Wetter ist super. 22 Grad, wolkenfreier Himmel. Der Tank ist voll, der Darm leer. Auf dem Weg Richtung Lleida wächst hinter jeder Kurve eine Burg oder Ruine aus dem Boden, bei jedem Stopp stinkt es fürchterlich. Gefühlt gibt es hier mehr Schweinezuchten als Orte. Und Milliarden von Fliegen, die sich sofort auf einen stürzen, sobald man mal anhält. Das Land ist flach, Ackerbau überwiegt, es gibt kaum Bäume. Schade. Dafür sind die Straßen der Bikertraum. Megabreit, super Asphalt mit tollem Grip und kaum Verkehr. Warum haben wir nicht solche Straßen in Deutschland? Und warum hat sie der Spanier? Hat die EU sie bezahlt oder steht Spanien deshalb am Rand der Pleite? Falls ja, dann hat es sich gelohnt. Zumindest für uns Biker.

Apropos Biker. Eben gerade hat mich eine Horde BMW-Fahrer überholt. Zwei K 1600 GT, zwei R 1200 RT und zwei R 1200 GS. Volle Ausstattung. Jeweils mit Beifahrer. 100 km/h sind erlaubt. Sie hatten mindestens 150 drauf. War schwierig, überhaupt zu erkennen, was da auf dieser langen Geraden vorbeigerauscht ist. Seit wann hat Reisen etwas mit Rasen zu tun? Ich frage mich, was diese Jungs in ihrem Überschallflug von Land und Leuten mitbekommen. Überhaupt ist jene Art meditativen Reisens, die mir der Scrambler ermöglicht, genau das, was ich brauche: Niedrige Drehzahlen – man meint, jeden Kolbenhub mitzählen zu können. Keine Sitzheizung, keine gigantische Verkleidung. Ich spüre die Bewegung, jede Windböe und lausche dem Sound des Twins. Dieses Stoische, einem Sekundenzeiger gleich, beruhigt mich unendlich. Ist wie ein Ruhepuls und trotzdem ein Fels in der Brandung.

Um Lleida führt eine neue, gut ausgebaute Straße. Gut, denn die Stadt sieht alles andere als einladend aus. Müllberge drum herum, Betonsilos, charmelose Wohnwaben. Was mich hier überrascht, ist der Bau-Boom. Gewaltige Straßen, doch kaum Verkehr. Viele neue Häuser, doch nur wenige scheinen bewohnt. Und angeblich hat der Spanier kein Geld mehr. Höchstwahrscheinlich alles in Beton und Asphalt investiert.

Zwischen Flix und Asco säumen große Olivenhaine die bergigen Hänge. Dazwischen haben sie eine Straße gebaut, auf der man notfalls auch MotoGP-Rennen austragen könnte, so kurvig wie sie ist. Gedanklich kommen mir Jorge Lorenzo, Dani Pedrosa und Márc Marquez auf ihren Maschinen entgegen. 52 Grad Schräglage, Knie am Boden, Ellenbogen auch. Kein Wunder, dass die Spanier solche Ausnahmekönner haben, bei diesen grandiosen Kurvenverläufen...

Auch mein erklärtes Ziel lautet, auf Strecken wie diesen der Ideallinie mit maximaler Geschwindigkeit zu folgen. Sanft neigt sich der Scrambler. Anpeilen, einlenken, aufrichten und hart wieder ans Gas. Korrekturen in Schräglage sind erwünscht, und das Salz in der Suppe. Anflug auf die nächste Kehre. Erfahrungen von Millionen Kurven bestimmen meine nachfolgenden Handgriffe, lassen sie zu einer einzigen Bewegung verschmelzen. Erfahrungen, die ein Gefühl für den richtigen Kurvenspeed erzeugen. Auge an Hirn: Objekt nicht einsehbar, mittlerer Radius, Strecke breit, ohne Mittellinie, geschätzter Speed: 50-60 km/h. Diese Geschwindigkeit wird nicht vom Tacho abgelesen, sondern gefühlt. Wir fliegen heran. Hirn an Finger: Bremsen, gleichzeitig Gas reduzieren. Hirn an integrierten Schräglagensensor: 45 Grad sollten möglich sein. Befehl an Hand: Einlenken. Körper bitte senken. Augen auf: Steine? Öl- oder Wasserflecken? Bitte sofort melden!

Ich bremse, nehme den Schwung von der Geraden mit hinein in die Schräglage und denke an zwei Lebensregeln, die mir der Fahrlehrer ständig durch den Lautsprecher zugebrüllt hat: „Nach fest kommt ab – Nach schräg kommt flach. Merk dir das!"

Ich verzögere genau auf den idealen Kurvenspeed. Und dann

kommt der Moment, auf den ich mich insgeheim jedesmal freue: Wenn mir der Übergang von Bremshebel loslassen und Gasgriff aufdrehen quasi verzögerungsfrei am Scheitelpunkt gelingt. Und zu einem einzigen Vorgang, einer flüssigen Bewegung verschmilzt, ich die ganze Fuhre ohne harte Lastwechselreaktionen oder Brutalverzögerung geschmeidig über die Ideallinie treibe. Motorradfahren als Droge. Jede perfekt genommene Kurve ist ein neuer Trip. Öl ins Feuer der Begierde. Am Ende derartiger Passagen bin ich high vor Glück. In diesem Moment ist Motorradfahren für mich die absolut schönste Sache der Welt.

Das Renn-Feeling bleibt mir an diesem Tag erhalten, denn ich übernachte in Alcañiz. Die neue Rennstrecke Motorland Aragón ist in Steinwurfweite. Unter bedrohlich tiefer Bewölkung. In der Nachrichtensendung habe ich gestern ein mächtiges Tiefdruckgebiet bestaunt, das sich vom Atlantik her über Südspanien schiebt. Es gibt drei Hotels am Wegesrand: Das erste zu teuer, das zweite ohne Garage. Das dritte okay: 35 Euro pro Nacht inklusive einem Garagenplatz. Man weist mir ein Zimmer, das von der Form her einem Flur ähnelt. Ein schmales Bett passt gerade so hinein. Ein Bett, bei dem die Matratze bis zum Boden reicht. Mist. Auch die Decke – ein Milbenparadies. Das Kopfkissen riecht nach Hund. Nach nassem Hund. Blick in den Hof. Das Fenster ist grob vergittert. Ich denke zurück an damals, als ich, wann immer es ging, unter freiem Himmel geschlafen habe.

Kurzer Spaziergang durch die Stadt. Dann endet der Abend an der kleinen Hotelbar meines Etablissements. Nach zwei kleinen Bieren ist Schluss, und ich lege mich ins Bett. Lärm um 22 Uhr. Die Menschen scheinen direkt vor meiner Tür zu debattieren. Ich öffne. Richtig. Mein Zimmer und drei andere markieren das Ende eines langen Ganges. Drei Türen sind geöffnet. Zwei Männer und eine Frau diskutieren über etwas. Wohin sie noch gehen sollen? Warum sie schon heimgekommen sind? Mein Spanisch reicht nicht aus.

Doch bitte, werdet euch einig. Ich ziehe die Tür zu. Das Gespräch geht weiter. Noch lauter. Schon mal was von Schamgefühl gehört? Schließlich ist Ruhezeit.

Denkste. Der Spanier an sich isst ja auch spät. Die Restaurants öffnen abends erst gegen 20 Uhr. Dann schlägt man sich die Wampe voll, kann deshalb wahrscheinlich nicht schlafen und beginnt zu diskutieren.

23 Uhr. Glaube, sie werden sich langsam einig. Worum geht es eigentlich? Wer die Frau abschleppt? Dass die Zimmer zu klein sind? Oder die Kopfkissen riechen?

Mitternacht: Schmeiße das Kopfkissen aus dem Fenster und lege mich auf die Motorradjacke plus zwei T-Shirts. Gar nicht so unbequem.

00.14 Uhr. Kann nicht schlafen. Dieser Bau hier ist komplett aus Beton. Und Beton leitet. Ich bekomme hautnah mit, wenn jemand ein paar Zimmer weiter duscht. Oder auch einen dicken Furz lässt. Gezeter nebenan. Verdammt, dieses Hotel hier hat 35 Zimmer, habe beim Einchecken gefragt. Müssen die einem immer das Zimmer neben irgendwelchen Idioten geben? Ich meine, da ist doch Platz genug. Warum pfercht man die Gäste immer dicht nebeneinander? Damit die Putzfrau am nächsten Morgen nicht so weite Wege hat? Damit sich Alleinreisende nicht einsam fühlen? Es ist auf der ganzen Welt so – hab's hundertfach erlebt.

00.21 Uhr. Mich juckt es überall. Sollte die Decke vielleicht auch noch rausschmeißen und ganz in der Kombi schlafen. Die ist wenigstens bequem.

00.27 Uhr. Jemand hat Sex im Zimmer über, unter oder neben mir.

00.29 Uhr. Er ist anscheinend gekommen. Oder sie. Ihr/ihm reicht das nicht. Debatte.

00.37 Uhr. Die Dusche rauscht. Hört sich an, als plätschere es in meinem Raum.

00.46 Uhr. Im Zimmer neben mir hört jemand Musik. Es ist der falsche Sender.

00.53 Uhr. Schaue auf den Wecker. Nebenan debattiert man. Ein Glas geht zu Bruch.

00.59 Uhr. Wenn ich nicht bald einschlafe, gehe ich zu denen rüber. Vielleicht haben die noch Alkohol und geben was ab.

01.12 Uhr. Schlafe immer noch nicht. Nebenan ist zwar Ruhe, aber dafür tanzt jetzt über mir jemand Foxtrott. Denke drüber nach, wann ich das letzte Mal in der Disco war. Habe mich ewig nicht mehr zur Musik bewegt.

01.36 Uhr. War fast eingenickt. Jetzt ist jemand direkt vor meiner Tür hingefallen. Er flucht. Ich auch.

01.49 Uhr. Draußen ist jemand mit dem Auto irgendwo gegen gerauscht. Geschrei.

02.14 Uhr. Das Pärchen hat noch einmal Sex.

02.28 Uhr. Durchsuche meinen Raum nach Ohrenpröppeln, die ich normalerweise beim Fahren trage. Sind leider im Tankrucksack.

02.57 Uhr. Schleiche die Treppe runter, um die Pröppel zu holen. Der Hund hält mich für einen Einbrecher. Riesengebell. Ich flüchte ohne Pröppel und stolpere. Blaues Knie.

03.11 Uhr. Liege ausgelaugt im Bett. Die Flucht vor dem Köter hat mich völlig wach gemacht. Mein Knie schmerzt. Morgen werde ich die Pröppel im Gepäck haben. Für alle Fälle.

Nächster Morgen: Der Wetterbericht hatte recht. Das Tiefdruckgebiet ist über Südspanien angekommen. Es dreht sich in einem gigantischen Wirbel und verstreut seine Regenladung.

Hat eigentlich schon jemand mal beschrieben, wie viel Überwindung es einen Motorradfahrer kostet, sich morgens aus dem Bett zu drehen, wenn er weiß, dass ihn Dauerregen erwartet? Es ist die Hölle. Wieder einmal wälze ich mich von einer Seite auf die andere. Ziehe mir die Decke nochmals über den Kopf. Linse mit einem Auge aus dem Fensterspalt. Der Regen ist schlimmer geworden. Augen wieder zu. Zwei Minuten dösen. Es hilft nichts. Ich muss raus, mich dem Wetter stellen. Das Gute daran: Wenn man sich vom ersten Meter an auf diese Bedingungen einstellt, kann es eigentlich nicht schlimmer kommen.

Und das kommt es auch nicht. Denn der Regen hört vorerst auf. Die Landschaft hier oben auf der Sierra de Saint Just hat nahezu australische Weite. Tiefhängende Wolken büscheln über hügelige Ebenen, die zu 95 Prozent für den Ackerbau genutzt werden. Vereinzelte Bäume, vom Wind auf Ost gekämmt, stoßen aus dem Boden, wirken wie Rasierpinsel. Diese Einsamkeit ist fantastisch. Man kann sie riechen, atmen, leben. Hier, in dieser scheinbar endlosen Weite, wachsen wir zusammen, das Motorrad und ich. Ich mag das Bollern, den Fahrtwind und freue mich über jede Kurve. Die Räder rollen über einen Feldweg zu einer Ruine. Wind peitscht die Wolken über mir auseinander, fast sieht es so aus, als ob er die Decke aufreißen und die Sonne freigeben möchte. Die Straße N 420 ist zirka 600 Meter von mir entfernt. In der Ferne ist ein Motorrad zu erkennen. Es kräht auf der Straße vorbei. Ein Zweitakter? Das wäre eine Überraschung. Während meiner Rast passieren noch zwei andere Bikes die Straße, jeweils im Abstand von rund fünf Minuten. Ich kann ihre Nummernschilder nicht erkennen, weiß also weder, ob die drei zusammengehören, noch, ob es Spanier sind.

Das Rätsel löst sich im nächsten Ort. Am Ausgang von Alfambra stehen die drei Bikes zusammen. Die Boys stammen aus England, gelbe Nummernschilder und Unionjacks prangen am Heck. Diese Reisegruppe hat was Verrücktes. Als ich vorbeituckere und winke, erkenne ich eine 250er-MZ, eine KTM 990 Adventure im vollen Reiseornat und eine nicht gleich zu identifizierende weitere Enduro, die vierfarbig aus diversen Maschinen zusammengestückelt zu sein scheint. Erinnert sich jemand an den VW Polo Harlekin? Diese Enduro wirkt ebenso zerfarbt. Die dazugehörigen Fahrer winken kurz zurück, drehen sich jedoch gleich um und scheinen zu debattieren. Ich überlege, auf ein Hallo anzuhalten, fahre aber weiter. Irgendwie scheinen die Drei ein Problem zu diskutieren. Da will ich nicht stören.

Noch ein Foto-Stopp: Erneut fahren die Jungs in Fünf-Minuten-Abständen an mir vorbei. Reisen sie eigentlich zusammen? Auf der Weiterfahrt überhole ich den Harlekin-Enduristen. Er steht telefonierend an der Seite und winkt. Die beiden anderen sehe ich nicht. Kurze Rast, Trinkwasserflasche kaufen. Harlekin fährt winkend an mir vorbei. Zehn Minuten später überhole ich ihn, er steht an einer Tankstelle, telefoniert und gestikuliert heftig. Um Teruel lotst mich das Navi herum. Unwetterwolken drohen, eine pechschwarze Wand mit hellen Flecken schwebt heran. Ich treffe die anderen beiden Engländer aus der Gruppe direkt an der Hauptstraße. Ihre Motorräder parken in einer Geröllbucht. Zwischen ein paar Dutzend brakigen Pfützen steht ein Kocher und erhitzt Teewasser. Ach, siehste, Engländer! It's Teatime. Ich bin neugierig und stoppe. Herzliche Begrüßung.

Vor mir steht ein etwas beleibter Mann mit braunen langen Haaren. Er trägt Wildwuchs im Gesicht und Wanderstiefel. Seine Hose und der Fleece-Pulli sind ihm eigentlich viel zu groß.

„Hi there, it's Mark", sagt er und reicht mir seine Pranke. Ich sehe eine dick bepackte MZ ETZ 250 mit selbst gebasteltem Topcase und Windscheibe. Und ich sehe eine KTM 990 Adventure, die mit allem ausgerüstet ist, was der Zubehörmarkt hergibt.

„My other mate is in the bush", sagt Mark, zeigt auf seinen Allerwertesten und entschuldigt das Fehlen seines Kumpels.

Der kehrt alsbald offensichtlich erleichtert aus dem Busch zurück, stellt sich als Mick vor und bietet mir Tee an. Sein anderer Kumpel, John, der Endurofahrer, sei noch verschollen. Und während der den Weg sucht, solle ich derweil ruhig aus seinem Becher trinken. Ich berichte kurz, dass ich ihn zweimal telefonierend gesehen habe. Die beiden schauen sich an und nicken unmerklich. Sie sind auf eigentümliche Art unglaublich nett. Dass sie als Gruppe nicht zusammenreisen, sondern in Abständen hintereinander herfahren, erklären sie mit der vollkommen unterschiedlichen Leistung ihrer Bikes.

„Weißt du", sagt Mark und wischt sich die Krümel ab, die sein Viertagebart eingefangen hat, „diese MZ, ein deutsches Produkt übrigens, die schafft Spitze gerade mal 120 km/h." Aber nur mit Rückenwind und bei leichtem Gefälle, fügt er hinzu. In der Ebene würde er maximal auf 90 km/h kommen. Ich muss schmunzeln. Wohlwollend geschätzt kommt Mark garantiert auf 130 Kilogramm, was für den Speed der MZ nicht gerade vorteilhaft ist.

Die beiden stehen vor meinem Scrambler. Mick, dessen Blick immer zwischen seiner KTM und meiner Triumph hin und her huscht, und Mark, der seine MZ gar nicht anschaut, finden die Triumph wunderschön. Ob's daran liegt, dass sie aus ihrem Heimatland stammt und die beiden patriotisch sind, ist nicht festzustellen. Fast, so meint man, schwören sie, sich nach ihrer Rückkehr dasselbe Bike zuzulegen. Ich schaue auf ihre beiden Motorräder, die unterschiedlicher nicht sein können. Die KTM, perfekt vorbereitet für die Weltreise. Und die MZ, zusammengestückelt, fährt, irgendwie. Topfahrwerk links, wackelt und zuckt rechts. 116 und 17 PS. Meine Folgerung: Es müssen echte Freunde sein. Doch was ist mit dem Dritten im Bunde? Dem, den sie John nennen?

Wolkenbänke drohen, Nieselregen setzt ein. Wir stehen mit den Stiefeln in braunen Pfützen oder tiefem Schlamm, die Hände umspannen blaue Plastik-Teebecher, die daheim gerade noch so als Zahnputzbecher in der Wohnung geduldet würden. Wind peitscht kleine Tropfen in unsere Gesichter. Das Trio will ebenfalls nach Marokko. Und mal ausgiebig durch das Atlasgebirge cruisen, ein paar Tage in die Sahara spucken und dann irgendwie zurück. John hat dafür vier Wochen Zeit. Mark, mit 60 der Älteste, ist bereits Rentner, und Mick, der KTM-Fahrer, wollte ursprünglich mal auf Weltreise gehen. Er hat ein Jahr frei.

Im weiteren Gespräch klärt sich, wie die Tour der Drei zustande kam. Mick, der schon immer von einer Weltreise träumte, hat sich eine KTM gegönnt. Zusammen mit einem Kumpel namens George

habe man die Tour geplant, doch als es soweit war, sei George abgesprungen. So saß Mick eines Abends enttäuscht und desillusioniert in seinem Stamm-Pub. Mark sowie sein anderer Kumpel John meinten: „Hey Mick, egal! Wenn's schon keine Weltreise sein soll, dann begleiten wir dich. Fahren wir doch einfach mal nach Afrika."

Nach Afrika. Einfach mal so. Aha. Mark kaufte seinem Nachbarn eine 250er-MZ für 100 Pfund ab, baute Holz-Topcase und Windschild dran, und John ersteigerte bei Ebay für 80 Pfund eine Suzuki DR 370, die auch schon bessere Zeiten erlebt hatte. Typisch britisch. Man schmiedete dreimal wöchentlich im Stamm-Pub Pläne und fuhr einfach drauflos.

Ich liebe die Engländer. Die Drei zelten stets irgendwo an der Straße. Obwohl, ein wenig Luxus haben sie sich schon gegönnt: Sie haben DREI Zelte dabei. Als ich ihnen beichte, gar keins mitzuführen, schaut Mark stirnrunzelnd auf meinen Gepäckberg.

Ich verlasse die Jungs ungern. Aber die Gruppe ist in sich nicht homogen. Sie sind gerade mal seit vier Tagen unterwegs, und ständig gibt es Ärger mit John, der das fünfte Rad am Wagen zu sein scheint. In diesem Streit will ich nicht mit drinhängen. Ich denke zurück an früher. Es war schon immer schwierig, sich Gruppen anzuschließen, in denen sich jeder kannte. Man war immer fremd und oftmals auch störend.

Zwei Stunden später. Die Kreuzung ist klein. Einsam. Kaum erwähnenswert. Ein Mückenschiss auf der spanischen Landkarte. Ich komme aus dem Norden von der einsamen CM 3123 und möchte die etwas größere N 430 überqueren, will einfach meinen Weg nach Süden, Richtung Granada, fortsetzen. Es ist der direkteste Weg. An der Kreuzung parkt ein Polizei-Geländewagen, ein Nissan Terrano. Drei Polizisten stoppen alle Fahrzeuge, die diese Kreuzung passieren. Es sind junge Cops, Mitte, Ende 20. Viel zu tun haben sie nicht, bei der Verkehrsdichte. Ich halte kurz, nicke freundlich, und schicke mich an, die Kreuzung zu passieren. Einer von ihnen stoppt mich und fragt, wo es hingehen soll. Ich frage, ob er englisch spricht. Klar doch, poco, also wenig, aber immerhin. Er fragt nach meinem Ziel. Ich sei auf dem Weg nach Granada, sage ich. Stirnrunzeln.

„Das ist aber noch ziemlich weit", meint er. „Das schaffst du heute nicht mehr." Blick aufs Navi: 323 Kilometer. Recht hat er.

Der zweite Polizist gesellt sich dazu. Der erste erklärt ihm meine Absicht. Der zweite schüttelt den Kopf.

„Da geht's nicht nach Granada. Hier geht's lang!", sagt er, und zeigt mit dem Finger auf die N430, besser ausgebaut, nach Westen führend.

Ich deute auf mein Navi.

„Nein", widerspreche ich, „dieses Ding hier zeigt mir die Richtung. Es sagt geradeaus."

Der erste erklärt dem zweiten, was ich grad gesagt habe. Nummer zwei schüttelt energisch den Kopf. Das sei die falsche Richtung.

Ich tippe auf das Navi und zoome die Karte ein. Eine pinkfarbene Linie markiert meinen Weg. Er endet in Granada. „Hier bitte", sage ich und präsentiere den Bildschirm. Die beiden glotzen auf das Display.

Der dritte Polizist, mittlerweile auch neugierig, gesellt sich dazu. Was es denn gebe, will er wissen.

„Dieser Typ hier will nach Granada", sagt der erste und deutet in die Richtung, die ich einzuschlagen versuche.

„Völlig falsch", grunzt Nummer zwei und deutet nach Westen. „Er muss die N 430 fahren."

„Wenn er aber doch nach Navi fährt..." wirft Nummer drei richtig ein.

„Ich fahre schon seit Deutschland nach Navi", sage ich leicht vorwurfsvoll, „und habe bislang 2 500 Kilometer abgespult, ohne mich groß zu verfahren." Ich weiß, es ist dick aufgetragen. Aber wer will das schon überprüfen? Ich meine hier, vor Ort?

Nummer eins zeigt auf mein Navi, übersetzt meine Rede und meint: „Lassen wir ihn doch fahren. Das Ding wird schon Recht haben. Schließlich ist er bis hierher gekommen."

„Keinesfalls", knurrt Nummer zwei und deutet mit dem Finger nach Westen: „Da geht's nach Granada!"

Was für ein Unsinn, denke ich, hoffe insgeheim auf neue Kundschaft, die sie kontrollieren müssen, stülpe meinen Helm über den Kopf, und zeige in die Richtung, in die mein Navi will. Im Nu gerät die Lage außer Kontrolle.

„Mein Vater wohnt in Granada", brüllt Nummer zwei. Seine Hand zuckt, berührt das Pistolenhalfter, ein eingeübter Reflex. Oh Shit, denke ich, das hatten wir doch alles schon mal. Den Typ kann ich überhaupt nicht ab, schießt es mir durch den Schädel. Besserwisser. Nichtsneuesausprobierer. Sturkopf. Wichtigtuer.

„Ich fahre einmal im Monat nach Granada", brüllt er weiter und zeigt wieder westwärts. „Der richtige Weg führt über Valdepeñas!

Also da lang!" Er will, dass ich meinen Helm absetze, und ihm meinen Pass zeige. Kein Auto weit und breit. Rosette vom Arsch der Welt. Situation ausweglos: Einer, der nichts zu melden hat, und drei Blödiane mit Zierstreifen auf der Schulter. Situationen, wie ich sie in Afrika mindestens einmal pro Woche durchlebt hatte. Ich denke: besser absteigen, Pass zeigen und letztlich in die falsche Richtung fahren. Andernfalls kann das böse enden. Kann ja später, wenn sie weg sind, noch mal herfahren und die richtige Richtung einschlagen. Es hätte viel schlimmer kommen können. So wie damals, an der Grenze zu Algerien.

Grenzgänge

Irgendjemand hat mal gesagt: Wenn du eine Tür zuschlägst, geht irgendwo eine andere auf. Die Trennung von Jörg, der ein echter Freund geworden war, setzte mir hart zu. Aber ich wusste: Irgendwo da vorn, auf meinem weiteren Weg, wird mir wieder jemand begegnen, mit dem ich reisen kann – Gesetz des positiven Denkens.

Während der Überfahrt nach Brindisi legte die Fähre kurz auf Korfu an. Leichter Wellengang und schönes Wetter machten die Passage zu einer Schiffs-Traumreise. Auch Italien empfing mich mit dem zarten Rosa der untergehenden Sonne. Es war 18.30 Uhr. Auf meiner Tagesliste standen nur noch Tanken und Schlafplatzsuche. An der ersten Tankstelle machte sich Ernüchterung breit: Mit 1,97 Mark/Liter war Benzin fast doppelt so teuer wie in Deutschland. Ich breitete die Landkarte aus und dachte über den weiteren Reiseverlauf nach. In sechs Tagen musste ich die Grenze zu Algerien überquert haben, sonst wäre mein Visum abgelaufen.

An jenem Abend lernte ich einen französischen Fremdenlegionär kennen, der mir von dem Örtchen Pestum an der Westküste Italiens vorschwärmte. Wir führten die Unterhaltung in gebrochenem Englisch, denn ich konnte fast überhaupt kein Französisch. Vielleicht haben wir uns auch deshalb falsch verstanden. Am nächsten Tag erreichte ich den vielbeschriebenen Ort. Was auf meiner kostenlosen ADAC-Karte wie ein Katzensprung aussah, stellte sich als 350 Kilometer lange Kurvenetappe heraus, auf der es nahezu keine Gerade gab. Klasse! Was für ein Spaß!

Pestum hingegen enttäuschte. Der Ort bestand aus Ferienhäusern, die zu dieser Jahreszeit unbewohnt waren. Die Gegend wirkte trostlos. Abends lauschte ich den Ausführungen einer älteren Dame, die mir erlaubte, in ihrem Garten zu schlafen. Sie war Deutschlehrerin und schwärmte von Pompeji und dem traumhaften Golf von Neapel. Am nächsten Tag stand ich dort. Und zwar in einem traumhaften Stau. Das Kurvenfieber hatte mich vorher einen Schlenker um die Halbinsel machen lassen, von Salerno über Sorrento Richtung Pompeji, und mich anschließend in den späten Abendstunden in einen Riesenstau gelockt. In Pompeji entschied ich mich nach einer Flasche Rotwein dafür, am nächsten Tag lieber zum Ätna weiterzufahren.

Und stand zwei Tage und lächerliche 700 Kilometer später am Fuß des Vulkans. Mir blieben noch zwei Tage, um die algerische Grenze zu überqueren, aber ich sagte mir: Wenn du schon mal hier bist, musst du wenigstens hochfahren. Eine dicke Wolkendecke verhinderte die Sicht auf die Vulkanspitze. Ich schlängelte mich den Berg entlang und durchstieß die Wolken. Ein Panorama der Extraklasse empfing mich. Unter königsblauen Himmel rauchte der Vulkan an vier Stellen. Die Straße endete an einem Parkplatz. Ich genoss die Fernsicht über die Wolken und dachte: Wäre doch doof, nicht auf dem Gipfel zu stehen, oder? Hinter einem Schlagbaum führte eine Schotterstrecke weiter empor. Auf dem Parkplatz standen zwei verlassene Autos. Wo kein Kläger, da kein Richter. Die Strecke war mit einer Planierraupe geschoben worden, man fuhr auf schwarzbraunem Vulkangestein. Ich kam bis zum ersten rauchenden Schlot, stellte meine Maschine ab und nestelte die Kamera raus. Plötzlich hörte ich ein Brummen, das sich schnell näherte.

Italienisches Militär. Zwei Jeeps mit rotierendem Orangelicht auf dem Dach. Sie rasten den Berg hoch und stoppten vor mir. Drei Typen in Kampfuniform und Waffen (!) in den Händen sprangen heraus und überschütteten mich mit einem Schwall italienischer Hasstiraden. Meine Versuche, die Jungs mit Zeichensprache, italienischen Begrüßungsfloskeln und nettem Unschuldsgesicht zu beruhigen, scheiterten. Sie zwangen mich mitzukommen und eskortieren mich bis zu ihrer Baracke, die aus drei tarnfarbenen Containern bestand. Ich war geflüchtet aus meinem Gefängnis, das ich Alltag nannte, und wollte was erleben. Mein Wunsch sollte in den kommenden Tagen in Erfüllung gehen.

„Passaporte!", brüllte mich der kleinste der Drei an. Er hatte die meisten Abzeichen auf seiner Uniform. Ich sah mich um. Kein Radio. Keine Fotos. Kein Lächeln. Nur drei Typen, die den ganzen Tag am Fuß des Ätna in einer unbeheizten Baracke saßen, Karten spielten, den rauchenden Berg beobachteten, weder Fernsehen noch Alkohol hatten und vielleicht alle sieben Tage von ihrer Mahnwache abgelöst wurden – ich musste für sie eine willkommene Abwechslung sein. Mein Reisepass war damals noch sehr jungfräulich. Außer einem Stempel von Andorra befanden sich nur algerische Visa darin. Zwei davon abgelaufen. Während die Sonne unter der Wolkendecke versank und sich langsam ins Tal herabarbeitete, diskutierte man am Sockel des sizilianischen Vulkans wahrscheinlich darüber, ob ich vielleicht ein Spion, Dieb, Kinderschänder oder gar noch etwas Schlimmeres sei. Spion für was eigentlich? Für Magma? Letztlich hatten die Drei wahrscheinlich nur Langeweile. Nachdem man mir fünf Stunden plausibel gemacht hatte, dass ich in Italien auf KEINEN Fall noch mal einen Schlagbaum umfahren darf (da denke ich sogar heute noch dran), ließen sie mich fahren. Einer von ihnen sagte sogar so etwas wie „bella moto" zum Abschied.

Doch ich kam vom Regen in die Traufe. Die vor mir liegenden 72 Stunden sollten zu den heftigsten der gesamten 19-Monats-Tour werden.

Es begann mit der Überfahrt von Trapani nach Tunis am nächsten Tag. Um 22 Uhr sollte die Fähre in See stechen, über Nacht fahren, und morgens gegen acht im Hafen der tunesischen Hauptstadt anlegen. Gegen 16 Uhr stand ich auf dem Parkplatz des Hafens, auf dem sich allmählich Fahrzeuge jeder Art einfanden. Alle waren voll besetzt und über die Beladungsgrenze hinaus bepackt. Ich entdeckte Ziegen auf provisorisch befestigten Dachgepäckträgern, Ersatzmotoren im Kofferraum und tonnenschwere Stoffballen, die die Federn der Fahrzeuge völlig zusammenstauchten. Das Schlimmste jedoch war der Sturm, der die Mützen von den Köpfen und den Menschen die Worte vom Mund wegriss. Er peitschte die Wellen vor sich her und türmte sie meterhoch auf. Ständig explodierten sie am Kai, und die Wasserfontänen verteilten sich wie ein Platzregen über die Wartenden. Ich stand mit zwei italienischen Bikern unter dem Vordach eines geschlossenen Cafés und beobachtete das Chaos. Immer mehr Wagen zwängten sich auf den Parkplatz, immer mehr Menschen zwirbelten durcheinander. Es wurde gebrüllt, geflucht und geschimpft. Ich schaute zu den Italienern. Ihnen war ebenfalls mulmig, so viel war klar.

„Bei dem Wetter werden die garantiert nicht ablegen, oder?" brüllte ich auf Englisch.

„Das ist 'ne französische Fähre. Denen ist das egal," brüllte der Dickere der beiden zurück.

„Ich hab' vorhin einen Typen gefragt, der die Strecke öfter fährt. Sie fahren bis Windstärke 10", brüllte der Dünnere.

Windstärke 10. Was bedeutete das für mich als Flachlandtiroler?

Offensichtlich das Mitführen einer großen Plastiktüte. Und wahrscheinlich den Daueraufenthalt auf einem WC. Mit jeder verstreichenden Minute wurde der Sturm stärker und meine Angst größer. Ich war in der Zwickmühle. Wenn dieser Kahn nicht fuhr, würde ich zu spät an der algerischen Grenze ankommen, und mein Visum wäre abgelaufen. Ich würde wieder zurück nach Bonn fahren und mir ein neues ausstellen lassen müssen. Wenn ich den Kahn nahm – und wie es aussah, würde er garantiert untergehen – wäre das wohl mein letztes Abenteuer hier. Es begann zu regnen.

„Wie viel Windstärke ist das jetzt, was meint ihr?" brüllte ich den Italienern zu.

„Och", brüllten die zurück, „vielleicht sieben. Vielleicht neun. Vielleicht auch elf." Italiener!

Gegen 17 Uhr öffnete das Kabuff der Fährgesellschaft, was ungefähr dieselbe Wirkung hatte, als wenn man einen Magneten in Eisenspäne schmeißt. Kein Mensch mehr auf dem Parkplatz. Alle vor dem vergitterten Fenster des Häuschens. Scheibenkleister. Ich dachte damals, dass jeder sein Ticket schon im Voraus gelöst hätte, und fand mich im hinteren Viertel der Masse wieder.

Kurz nach 19 Uhr hatte ich ein Ticket in der Tasche und die Angst im Nacken. Der Sturm war noch stärker geworden. Trotzdem begann die Mannschaft gegen 20 Uhr mit dem Verladen. Man wies mich an, direkt an der Schiffswand zu parken und warf mir ein paar Seile zu, mit denen ich die Ténéré so gut es ging verzurrte. Ich machte sieben, acht Knoten, wickelte die Seile um Tank, Sitzbank, Kofferträger, Bootswand und dachte nur: Wenn dieser Kahn nicht untergeht, dann müssen sie meine Maschine drüben in Tunesien wahrscheinlich mit einem scharfen Messer von der Bordwand schneiden. Die Knoten bekommt niemand mehr auf.

Ich hatte eine Deckspassage gelöst, die günstigste Variante der Überfahrt. Normalerweise rollt man dann irgendwo den Schlafsack aus und schläft dort. Doch an Schlaf war nicht zu denken. Gegen 23 Uhr legte das Schiff ab. Und der Horror begann. Noch bevor wir aus dem Hafen ausgelaufen waren, gab es folgende Durchsage: „Aufgrund des schweren Sturms bleibt das Bordrestaurant heute geschlossen." Oha! Mordshunger und nichts dabei. Was macht man in solch einem Fall? Trinken, genau! Nach dem Motto: „Wenn wir schon untergehen, dann wenigstens betrunken, das ist weniger schlimm", suchte ich die Bordbar der ersten Klasse aus. Auf dem Schiff herrschte völliges Chaos. Viele liefen wie aufgestachelt durch die Gänge und schrien wild durcheinander, niemand kontrollierte, ob ich ein Ticket für die erste Klasse hatte. Meine Jacke war schmutzig, die Hose sowieso. In meinem Gesicht spross ein dichter Bart, denn ich hatte mich vor sieben Wochen zuletzt rasiert. Zudem trug ich Jörgs verlebte Jeans-Mütze, ein Abschiedsgeschenk, das meine beginnende Glatze vor der afrikanischen Sonne schützen sollte. Die Mütze trug den Staub und die Erfahrung von zwölf Jahren in ihrem Gewebe. Der Barkeeper gab mir trotzdem ein Bier.

Ich kannte mich nicht aus in der Seefahrt. Doch falls es eine Art TÜV für Fähren gab, hätte er diesem Kahn garantiert keine Plakette aufgeklebt. Und damit meine ich nicht die ASU. Die Treppen schief, die Reling marode, die Fenster gerissen und – es reimt sich leider – die Toiletten beschissen. Kurz nach Mitternacht herrschte auf dem Dampfer ein Zustand wie im Krieg. Und zwar, wenn man bei einem Bombenangriff Zuflucht in einem Bunker sucht. In diesem Fall war der Bunker das Schiff hier, und die Angriffe, oder sagen wir Einschläge kamen von den enormen Wellen, die der Sturm auftürmte. Jedes Mal, wenn wir aus den Amplituden der Wellen ausbrachen, was alle zwei bis vier Minuten geschah, krachte das Schiff mit voller Wucht gegen eine Mörderwelle und umgekehrt. Es war immer wie eine Explosion, die das gesamte Boot erzittern ließ. Das Zittern hielt ein paar Sekunden an. In Gedanken sah man Schweißnähte reißen und dicke Eisenplatten bersten. Barkeeper, bitte noch ein Bier.

Die Bar schloss gegen zwei Uhr. Außer mir waren nur noch wenige Menschen in dem riesigen runden Raum. Ich fand keine Toilette mehr, in die man hätte gehen können, ohne bis zu den Knöcheln in Erbrochenem zu stehen. Aus allen Ecken stank es, und an Deck hielten sich Kotzende verkrampft an der Reling fest. Der starke Sturm tat ein Übriges, den Bauchinhalt der Leidenden in alle Richtungen zu verteilen. Ich hatte dem Barkeeper meine letzten Lire gegeben und mich insgeheim verflucht, meine Dollarreserven im Koffer zurückgelassen zu haben. Mit zwei Bier Notration legte ich mich gegen drei Uhr nachts auf eine Sitzbank der Erste-Klasse-Bar. Ich war zu betrunken, um zu sterben.

Gegen neun Uhr morgens legte die Fähre in Tunis an. Allen Passagieren standen die Schrecken der Nacht ins Gesicht geschrieben.

Viele hatten nur gezittert, gebetet oder geheult. Die Einreise nach Tunesien klappte reibungslos. Und das, obwohl ein Zollbeamter seinen Blick in einen meiner Koffer warf und eine 0,75-Liter-Flasche Wodka sah. Die andere steckte im Boden meines Tramper-Rucksacks. Ich hatte in Sizilien vorsichtshalber zwei gekauft, um meinen Geburtstag Anfang Juni mit potentiellen Gratulanten gebührend feiern zu können. Mir blieb noch ein Tag, danach wäre mein Visum ungültig, und so fuhr ich zügig Richtung Tabarka, der algerisch-tunesischen Grenzstation, die rund 180 Kilometer von Tunis entfernt lag. Es war ein wolkenverhangener Tag. Der Wind roch nach Regen, und ich dachte mit Freude an mein letztjähriges Algerien-Abenteuer. In nahezu jeder Oase zwischen Algier und Tamanrasset hatte ich nette Reisende getroffen und eine tolle Zeit mit ihnen verbracht. Die Vorfreude darüber, dieses Erlebnis wiederholen zu dürfen, ließ mich ganz vergessen, dass in Algerien ein schärferer Wind weht als im relativ touristenfreundlichen Tunesien.

Grenzstation Tabarka. 14 Uhr mittags. 100 Meter lange Autoschlangen. Im ersten Gang pötterte ich an den Wagen vorbei auf die Poleposition. Kardinalfehler. Die Jungs auf tunesischer Seite ließen mich nach lascher Kontrolle zwar passieren, doch die Algerier hatten schlecht gefrühstückt.

Ein mies gelaunter Zollbeamter wies mich an, das Motorrad in die Ecke zu stellen. Er verlangte meinen Pass mit einer Aber-dalli-dalli-Bewegung. Ich dachte mir: Na super, das flutscht ja wie am Schnürchen. Doch als der Kollege nach 30 Minuten nicht wieder aus seiner Baracke aufgetaucht war und in dieser Zeit über 20 Autos die Grenze passiert hatten, wurde ich ungeduldig und strolchte in sein „Büro". Man brüllte mich zusammen. Ich solle gefälligst draußen warten. Drinnen hockten drei Beamte beim Tee, mein Pass lag wie eine unliebsame Postwurfsendung auf einem der Tische. 45 Minuten vergingen. Dann kam der Kerl wieder raus und brummte sich was in seinen Schnauzbart. Mein Französisch war mehr als bescheiden, gebrummt verstand ich erst recht nicht, was Schnäuzelchen von mir wollte. Er wurde immer lauter und zeigte auf mein Motorrad. Da wurde mir klar, dass er die Papiere sehen wollte. Ich nestelte die grüne Versicherungskarte, mein Carnet de passage sowie den Fahrzeugschein aus einer wasserdichten Hülle und übergab die Dokumente. Mit einem Her-damit-Blick riss er sie mir aus der Hand und verschwand wieder in der Baracke. Über mein Gesicht huschte ein Lächeln. Ich hielt mich für unwahrscheinlich schlau und gewieft.

Am oberen Rand der Versicherungskarte waren alle Länder Europas sowie die Mittelmeer-Anrainerstaaten aufgelistet. Die Länder, in denen die Karte nicht galt – sehr wenige, Algerien gehörte beispielsweise dazu –, waren durchgestrichen. Auf meiner letzten Tour hatte ich mir von einem Holländer, der es so rund ums Mittelmeer geschafft hatte, folgenden Trick abgeschaut: Man kreuzt einfach fast alle Länder bis auf wenige an und erklärt an der Grenze, dass die Versicherung in den angekreuzten Ländern gilt. Damals hielt ich mich für ausgebufft, über die Auswirkungen bei einem Unfall hatte ich mir überhaupt keine Gedanken gemacht. Heute denke ich: Was steht eigentlich in Algerien auf Versicherungsbetrug?

Doch dazu kam es nicht. Schnäuzelchen kam mit einem Gehilfen aus seinem Kabuff, und dieser erklärte mir, dass ich nur einreisen könne, wenn ich eine Motorrad-Versicherung bei ihm abschließen würde. 60 Mark. Gültig drei Monate. Aha! Abzocke. Alles klar. Nee, nicht mit mir! Unsere Konversation war stümperhaft, vor allen Dingen von meiner Seite. Ich machte ihm verständlich, dass ich kein Bargeld hätte, nur Traveller-Schecks. Das ging ein paar Minuten hin und her, jeder wurde lauter. Und dann sagte er etwas, das sich im Nachhinein als größter Verhörer auf all meinen Reisen entpuppte: „Blablabla... endaksi."

Schnäuzelchen machte dabei eine Handbewegung, als würde man Fliegen verscheuchen.

Vier Wochen in Griechenland mit all seinen landesüblichen Begrüßungsfloskeln lagen hinter mir, und endaksi (griechisch) bedeutet: „Alles gut."

Freudestrahlend schwang ich mich auf mein Motorrad und kickte es an. Na bitte, alles gut! Sie würden mir wahrscheinlich gleich die abgestempelten Papiere überreichen, dem Holländer sei Dank. Wenn ich den nochmals träfe, gäb's Bier. Und nicht zu wenig.

Dann ging alles blitzschnell. Drei Beamte, Waffenhalfter offen, Pistole in der Hand, einer sprang sogar noch mit einer größeren Waffe aus dem Gebäude. Riesengeschrei. Völliges Durcheinander. Im Nu hatte ich einen blauen Arm und saß am Tisch im Zollgebäude. Fünf Minuten später wusste ich warum.

Ich solle gefälligst mein Motorrad hier abstellen, mir ein Taxi nehmen (französich: un taxi), damit in die nächstgelegene Stadt zu einer Bank fahren, dort meine Traveller-Schecks tauschen und hierher zurückkommen, um die Versicherung zu bezahlen. Ohne Versicherung keine Fahrt. Keine Einreise. Kein Stempel. Visum morgen abgelaufen. Grenze schließt um 22 Uhr. Noch sechs Stunden Zeit.

Angstschweiß. Schlechtes Gewissen. Harndrang. Ich saß auf einem wackligen Stahlstuhl mit zerfleddertem Plastikrücken und blickte zu Boden. So, als wenn dort geschrieben stünde, wie es weitergeht. Es roch nach schlechtem Deo und Ärger. Auf dem Tisch vor mir stand eine helle Büroleuchte, die gottlob nicht mich, sondern den Tisch, genauer gesagt meinen Pass und meine Papiere anstrahlte.

Sie riefen ein Taxi, und zusammen mit mir bestieg auch ein Gehilfe von Schnäuzelchen den ausrangierten Peugeot, den ein gelbes Schild als offiziellen Personentransporter auswies. Fahrer und Gehilfe sprachen Arabisch. Danach hatte der Taxifahrer ein überdimensionales Grinsen im Gesicht, das bis zu unserer Rückkehr nicht weichen wollte. Ich kann mich nicht erinnern, ob, wie oft und wo wir im Kreis gefahren sind, aber bis ich den Gegenwert eines 100-Dollar-Traveller-Schecks in den Taschen hatte und wieder vor der Zollbaracke stand, waren drei Stunden vergangen. Der Taxifahrer verlangte umgerechnet 60 Mark, sein Jahresverdienst wahrscheinlich, aber was willst du machen? Den Gehilfen hatten wir nebenbei zum Barbier, auf den Markt, zu einem offensichtlichen Verwandten und zum Metzger chauffiert. Zwischen mir und ihm lag ein toter Hammel und stierte mich mit fahlen weißen Augen an.

Natürlich war die Versicherungssumme in der Zwischenzeit gestiegen. Gegen die Zahlung von rund 90 Mark bekam ich drei Monate algerischen Versicherungsschutz. Und nachdem man den Pass rund hundertmal gedreht, mit ihm ein Dutzend Fliegen erschlagen und zwischendurch als Fächer benutzt hatte, stempelten sie mir das Visum ab. 18 Uhr. Ich atmete auf. Doch es war noch lange nicht vorbei. Draußen kroch die Dämmerung aus ihrem Versteck, und Nieselregen setzte ein. Ein dicker Zollbeamter, der sich das Versicherungstheater gemütlich sitzend aus erster Reihe angesehen hatte, rollte auf mich zu. Seine Daumen steckten im Pistolengürtel. Er zog die Mütze tief ins Gesicht, tat so, als würde er kauen und tippte auf den Tank.

„Aufmachen!", säuselte er.

Ich war perplex und schaute ihn fragend an.

„Na, aufmachen!"

Mit dem Öffnen des Tanks begann ein Schauspiel, das mir immer in Erinnerung bleiben wird. Er steckte einen Eisendraht in den Tank und kratzte drin herum. Mittlerweile war es dunkel geworden, und ein paar Grenzbeamte hatten es sich mit Stühlen unter einem Vordach gegenüber bequem gemacht. Drei Scheinwerfer hüllten mich, meine Maschine und den Zollbeamten in gespenstisches Licht. Er ließ mich auspacken. Und zwar alles. Seine Kollegen kamen auf immer neue Ideen, wo und wie ich noch was versteckt haben könnte. Sie riefen es ihm zu, er zeigte drauf, und ich musste präsentieren. Nach einer Stunde lag mein gesamtes Reisegepäck Teil für Teil sorgsam drapiert auf einer Länge von zehn Metern nebeneinander. Er hatte mich sogar mein Nähzeug auspacken lassen, das aus ein paar Nadeln und Garn bestand und in einem handtellergroßen Samtumschlag steckte. Die Nadeln glitzerten auf dem groben Asphalt im Regen. Ein Regen, der unablässig fiel. Und nicht nur mich, sondern auch den letzten Winkel meiner Ausrüstung durchnässte.

Ich spürte, dass sie auf den Alkohol scharf waren. Aber ich habe den Dickkopf meiner Mutter geerbt und dachte mir: Sie haben mich gedemütigt. Sie haben mir gezeigt, wie lang ihr Hebel ist, den sie jederzeit drücken können. Und sie haben mich mit der Versicherung abgezockt. Aber mehr ist nicht. Ich habe einen Stempel im Pass. Und ich bin deutscher Staatsbürger. Der Dicke schlich nebenbei immer wieder an den beiden Flaschen Wodka vorbei, nahm eine in die Hand, schaute prüfend auf das Label und mich dann an. Ich stand da. Einfach da. Und schaute teilnahmslos zurück.

Gegen 22 Uhr war die Vorstellung beendet. Die Jungs trollten sich. Man händigte mir alle Dokumente aus, und ich raffte meine nasse Ausrüstung zusammen, stopfte alles, so gut es ging, in Rucksack und Boxen. Ich war durchnässt bis auf die Haut. Zelt und Schlafsack waren klitschnass und ich mordshungrig. Nix wie weg hier. Mein Scheinwerfer durchschnitt die Nacht, in seinem Kegel suchte ich ein paar Kilometer weiter einen geeigneten Schlafplatz. Ich folgte einem schlammigen Weg, der immer steiler wurde, und kippte dann um. Die Maschine lag bergab, das Bergen kostete mich immens viel Energie. Kaum saß ich wieder oben, da lag ich auch schon wieder. Es war glitschig, regnete unaufhörlich, die Reifen setzten sich zu, und die Sohlen meiner Wanderschuhe waren mit dem Glitsch ebenfalls überfordert.

Hier, im algerischen Schlamm, ging dieser Tag zu Ende. Ich kam keinen Meter mehr voran. In der Ferne glommen Lampen, viel-

leicht waren es auch Feuer. Man würde den Lichtstrahl meines
Scheinwerfers sehen, schoss es mir durch den Kopf, doch es war
mir egal. Ich war völlig ausgelaugt, demotiviert, fertig. Mir gelang
es, im strömenden Regen in einer Art hohem Gras mein Zelt zu er-
richten. An einem steilen Hang, inmitten von kleinen Rinnsalen, die
sich überall auf dem Boden schlängelten. Ich zog mich nicht aus,
sondern rollte mich, so wie ich war, in den nassen Schlafsack. Der
Regen auf meiner Maschine und dem Zelt war wie ein Trommelwir-
bel, ein Countdown. Willkommen in Algerien, willkommen in Afrika. Alle meine Hoffnungen waren am ersten Tag, in den ersten
Stunden zerstört worden. Keine Sonne. Keine angenehmen 25
Grad. Keine netten Reisepartner. Ich war einsam und desillusioniert. Starrte in die Dunkelheit, lauschte dem Regenrauschen und
schwor mir eins: Französisch zu lernen.

Endaksi.

Endstation Abfahrt

Langeweile. Ja, genau. Die drei spanischen Polizisten hatten garantiert Langeweile, und aus diesem Grund fahr' ich nun auf der falschen Straße. Wobei: So ganz falsch ist sie nicht, denn die N 430 mündet kurz vor Valdepeñas auf eine Autobahn, die nach Granada führt. Trotzdem: Es ist nicht mein Weg, denn ich vertraue dem Navi, das mir die kürzeste Route anzeigt. Ist jetzt aber auch egal, denn es regnet heftig, ist 17 Uhr, und ich werde im nächsten kleinen Ort einen Unterschlupf suchen.

Keine zwanzig Minuten später rollen meine Räder auf den Innenhof einer kleinen Pension. Der Wirt ist Engländer und mit einer Spanierin verheiratet. Als ich eintrete, schaut er mich nur den Bruchteil einer Sekunde an, greift an den Zapfhahn, und ein paar Augenblicke später habe ich ein Glas vor meiner Nase.

„Du brauchst ein Bier", brummt er, „Zimmer haben wir übrigens auch."

Ich trinke aus. Ansetzen, schlucken, abstellen. Ex und hopp. Das gefällt dem Engländer. Während er ein weiteres Bier zapft und sich als Robin vorstellt, erzähle ich ihm von seinen drei Landsmännern, mit denen ich ein paar Stunden zuvor im Schlamm neben der Straße Tee getrunken habe, und die jetzt wahrscheinlich irgendwo im Regen ihr Zelt aufstellen.

„Das waren keine Briten. Das müssen Schotten sein, ehrlich", meint Robin und gibt mir einen Zimmerschlüssel. Nicht ohne den Hinweis, dass er mich gleich wieder an der Bar erwartet, um weitere Biere mit mir zu trinken.

Das Zimmer hat, wenn überhaupt, nur einen Stern verdient. Vielleicht sogar nur einen halben. Durch den Fensterrahmen pfeift der Wind, die Kloschüssel bekommt man nur noch mit einer Schlagbohrmaschine sauber, und das Bett wackelt bereits bedrohlich, als ich meinen Tankrucksack und die Kombi drauflege. Egal, denke ich, draußen regnet es Bindfäden, da kommt das Angebot des Wirtes gerade recht.

„Essen? Das bisschen, was man isst, kann man auch trinken", antwortet Robin auf meine Frage nach der Karte, und ruck, zuck habe ich wieder ein Pils vor der Nase. Außerdem sei die Küche geschlossen, heute, am Freitagabend. Seine Frau, die Kinder und Angestellten seien zu einer Beerdigung gefahren und erst morgen zurück. Die sturmfreie Bude müsse genutzt werden. Aus diesem Grund kämen gleich ein paar Freunde vorbei. Zum Fußball schauen und Bier trinken. Viel Bier.

„Übrigens", sagt er und mustert mich von Kopf bis Fuß, „ihr Deutschen seid doch Meister im Biertrinken. Alles, was du über 17 Bier trinkst, geht auf Rechnung des Hauses."

„Wieso gerade 17?"

„Meine Frau und ich sind 17 Jahre verheiratet."

„Gab es dieses Angebot auch schon, als ihr nur zwei Jahre verheiratet wart?"

„Rede nicht, trink!"

Es ist mehr Kampfansage als Rat. Als seine Freunde eine Stunde später in die Bar stolpern, habe ich schon acht Pils intus, sind ja kleine Gläser. Großes Hallo. Man klopft sich heftig auf Rücken und Schulter, knipst den Fernseher an und schenkt mir misstrauische Blicke.

„Der Deutsche ist okay", sagt Robin, „der hat heute drei Schotten abgeledert und fährt eine Triumph. Darauf müssen wir einen trinken!"

Gläser klirren. Ex und hopp.

„Für wen bist du? Barcelona oder Chelsea?", will ein Bursche wissen, dessen Hals genauso dick wie sein Kopf ist. Seine Arme haben meinen Oberschenkeldurchmesser. Auf dem Unterarm hat er einen Fußball tätowiert, aus dem Flammen züngeln.

„Ich mache mir nichts aus Fußball", sage ich zögerlich.

Stille im Raum. Niemand bewegt sich. Augen tasten umher, schnaufendes Luftholen. Sekundenlang. Wie auf Kommando brüllen alle los. Der Stiernacken haut mir zünftig auf den Rücken und schreit: „Witz gemacht! Komm, trinken wir Brüderschaft!"

Dieses Angebot ist der Startschuss für einen Saufmarathon, wie ich ihn noch nie zuvor erlebt habe. Man trinkt auf alles. Auf die Brüderschaft, den Job, den verlorenen Job, die Ehefrauen, Frauen im Allgemeinen, Frauen im Besondern, das Ende der Eurokrise, das Leben als solches und darauf, dass es wegen der Trockenheit möglichst viel regnet (habe da eine Runde ausgesetzt). Eine innere Uhr zwingt die Engländer scheinbar zum Schnelltrinken, bevor die imaginäre Sperrstunde alle Zapfhähne versiegelt. 90 Minuten nach ihrer Ankunft sind Robins Kumpels schon in dem Bereich angekommen, in dem alles Weitere auf Kosten des Hauses geht. Könnte teuer werden für Robin, denn es sind sieben Freunde gekommen, die allesamt guten Gewissens das Prädikat Kampftrinker erhalten würden. Zwei Engländer und fünf Spanier. Nun, man muss Feste feiern, wie sie fallen.

Als ich am nächsten Morgen aufwache, liege ich mit der Matratze auf blankem Boden. Vom Bett sind drei Beine abgebrochen. Das Fenster ist weit offen, es regnet herein. Stürmischer Wind spielt mit der Gardine. Meine Erinnerung ist noch intakt. Als die Jungs von Bier auf Whiskey umstellten, bin ich hochgegangen. Und ja, ich konnte noch gehen. Aufrecht, nicht strauchelnd. Eine weise Entscheidung.

Ich packe und schleppe mein Gepäck zum Scrambler, der trocken unter einem Vordach parkt. In dem Restaurant sieht es grausig aus. Zwei Tische sind zerstört, Gläser zerborsten, Kartoffelchips verstreut, vom Zustand des Fußbodens mal ganz abgesehen. Denn der ist typisch spanisch belegt: In Bars schmeißt jeder alles auf den Boden. Von den sieben Freunden ist keiner heimgelaufen. Sie liegen verstreut im Raum, verrenkte Glieder, sägendes Geschnarche. Auch Robin hat es nicht bis ins Bett geschafft. Seine rechte Hand umklammert ein halbvolles Bierglas, sein Kopf liegt in einer Pfütze aus irgendeiner Flüssigkeit.

„Hey, Robin", sage ich zuerst zaghaft, dann recht laut. Keine Regung. Es ist 10 Uhr, dieser Rausch hier wird allem Anschein nach erst gegen Mittag ausgeschlafen sein. Eine Karte der Bar, auf der auch die Übernachtungskosten angegeben sind, hängt draußen neben der Eingangstür. Ich lege Robin 45 Euro für das Zimmer plus 20 Euro fürs Bett und 34 Euro für 17 Bier auf den Tresen. Keine Ahnung, ob ich es bis 17 geschafft habe. Aber sicher ist sicher.

Es ist ein für die Jahreszeit viel zu kalter Samstagmorgen, das Grau tiefhängender Wolken dominiert. Es regnet, keine Menschenseele auf der Straße. Ich habe leichtes Schädelbrummen, selber Schuld. Es sind noch 340 Kilometer bis Granada, wenn man dem Navi Glauben schenkt. Doch Granada ist nur ein grober Anhaltspunkt. Im Grunde genommen muss ich mich Richtung Gibraltar orientieren, dann weiter nach Algeciras oder auch Tarifa. Von dort aus starten Fähren nach Afrika.

Die Tropfen sind dick, wirken wie Salven aus einem Maschinengewehr. Der Asphalt ist aufgebrochen, vernarbt, wellig. Viel Splitt und wenig Grip. Trotz Sturm und Regen: Ich habe Spaß. Es ist und bleibt für mich das wunderbarste Gefühl, mit dem Motorrad zu reisen. Mir gefällt die Einsamkeit unter dem Helm und auf der Straße. Und der Sound des englischen Twins. Die dynamischen Bewegungsabläufe – einlenken, bremsen, schräglegen, beschleunigen –, die Motorradfahren so einzigartig machen. Das Zirkeln über die Ideallinie. Dann fühle ich mich frei. Fast so frei wie vor 23 Jahren, als es für mich kein Zeitlimit gab und ich einfach drauflosgefahren bin.

Tiefhängende Wolken, riesige Pfützen und ein eiskalter Wind begleiten mich in der ersten Stunde. Als ich das Hinweisschild

„Welcome to Andalucia" passiere, wird der Asphalt schlagartig besser. Der Rio Guadalén wälzt sich als dreckige, braune Masse Richtung Meer, und die Landschaft verändert ihr Gesicht. Keine abgeernteten Felder und trostlose Weite mehr. Stattdessen Olivenbäume satt. So weit das Auge reicht, haben die Bäume sämtliche Hänge überzogen. Dicke Wolken begleiten mich, dicht, drängend, über, neben mir. Regen peitscht von allen Seiten. Der Scrambler bleibt mein einziger Freund. Sein Herzschlag gibt mir Mut. Freundschaft. Zuversicht. In Situationen wie diesen erklärt sich, warum ein Motorrad Sound haben muss. Und es wird klar, warum man eins aussuchen sollte, das man gern ansehen mag. Bei jedem Stopp genieße ich nicht nur die Zeit, die ich ganz für mich habe, sondern ich stehe vor dem Bike und finde es sexy. Egal, ob der Wind mir den Regen an die Kombi klatscht oder mir fast den Helm aus der Hand reißt. Es dauert an diesem Morgen fast zwei Stunden, ehe ich die erste offene Bar entdecke, denn die Gegend ist verlassen, Orte wie ausgestorben. Ich brauche dringend einen Kaffee.

In der Bar sitzen drei trostlose Gestalten vor ihrem Carachillo und grinsen hämisch, als ich einen normalen Kaffee ordere. Spanischer Carachillo ist weiter nichts als Kaffee, in den je nach Region oder persönlicher Vorliebe Weinbrand, Brandy oder Rum gemixt wird. Darüber hinaus so etwas wie ein spanisches Nationalgetränk. Wer bei so einer Eiseskälte Motorrad fährt, braucht einen Carachillo, sagen sie feixend. Ein Thermometer hängt draußen vor der Tür. 14 Grad. Für spanische Verhältnisse tiefster Winter.

Mit dem Kaffee in der Hand lehne ich am Scrambler und schaue auf die verlassene Straße des Ortes. Alle fünf Minuten schleicht ein Auto vorbei, nie schneller als 20 km/h. Keine Musik, keine Anrufe. Kein Hamsterrad aus Verpflichtungen. Niemand, der etwas von mir will. Nur Zeit, Freiheit und ein fahrtüchtiges Motorrad. So habe ich es mir gewünscht. Das ist es, was mir jahrelang gefehlt hat. Ich fühle mich unbedarft und offen für alle Abenteuer. Und ich sehe

diesen Mann in der Jever-Werbung, der seine Arme ausbreitet und sich rückwärts in die Dünen fallen lässt. Ich weiß genau, wie er sich fühlt. Er fühlt sich so wie ich. Mein Jubelschrei donnert die leeren Straßen hinunter und lockt die drei Spanier mit ihrem Drink aus der Bar.

„Das Leben ist großartig", sage ich ihnen auf Englisch und grinse dabei übers ganze Gesicht. Die Drei schauen die leere Straße hinunter, werfen einen Blick in den wolkenverhangenen Himmel, aufs Thermometer, mein Motorrad, schütteln den Kopf und verschwinden wieder an der Bar – noch einen Carachillo bitte.

Zwei Stunden später: Mein Navi spinnt, schickt mich in Úbeda im Kreis herum und berechnet den Weg nach Granada nach jeder Abzweigung im Ort neu. Mal sind es angeblich 75 Kilometer bis Granada, eine Straße weiter sogar 90 Kilometer, zwei Minuten später sogar nur 60 Kilometer. Es führt mich über befestigte Trampelpfade hinauf in die Weite der Sierra Magina, durch Orte, in denen schwarz gekleidete Alte trotz Nieselregens auf Holzbänken hocken und die Wände weiß getünchter Häuser anstarren. Mit glimmender Reserveleuchte rolle ich auf eine einsame Tankstelle inmitten der Einöde. Olivenbäume rundherum. In der Ferne brüllen Esel, gleich neben dem Tankstellengebäude ist ein Zwinger mit sieben Hunden, die mit Schlamm paniert sind. Dahinter steht ein Gehege, in dem sich vier dunkelhäutige Schweine suhlen. Im Schutz eines eingefallenen alten Daches türmt sich ein Berg aus Holz, Meterstücke, knorrig, astübersät. Die perfekte Kulisse für einen Film, der in den 1950er-Jahren spielt.

Eine mürrisch blickende alte Wachtel wälzt sich aus ihrem Schuppen, es wirkt, als hätte ich sie durch meine Ankunft aus der Siesta geschreckt. Als meine Hand zur Zapfpistole greift, fuchtelt sie mit dem Finger in der Luft herum und murmelt etwas auf Spanisch. Ich soll nicht tanken. Das will sie selbst machen.

Und sie macht es hochmotiviert. Benzin schwappt über den Tank, nahezu ein ganzer Liter, auf den Rucksack, über meine Schuhe, und letztlich spuckt der Scrambler den obligatorischen halben Liter wieder aus dem Überlauf. Ich frage höflich nach einer Faktura, der Rechnung. Eine Frage, die ihr hier, in der Einöde dieser entlegenen Sierra, wahrscheinlich noch nie jemand gestellt hat.

Eine Frage, die sie auch gar nicht verstehen will, denn sie hat weder Kasse noch Block und Stift. Da stehen wir nun. Wissen beide, was unser Gegenüber will und sind dennoch ratlos. Ich zerre einen Zettel plus Stift aus den Taschen meiner Kombi und denke: Es ist schon verrückt. Spanien ist EU-Mitglied und wir schreiben das Jahr 2012. Irgendwie muss der Sprit ja auch hierher geliefert werden. Aber wie, bitte schön, funktioniert die Buchhaltung dieses Unternehmens? Wie erstellt diese Frau eine Bilanz? Bin ich etwa spießig? Oder bin ich einfach nur typisch deutsch, und die Spanier gehen mit diesen Dingen anders um? Ich halte ihr Zettel und Kugelschreiber hin.

„No Señor", sagt sie, schüttelt den Kopf und zuckt mit den Schultern.

Keine Kasse.

Keine Ahnung.

Keine Rechnung. Also fahre ich weiter. Über winzige Wege zwischen Ölivenhainen, wohin das Auge sieht. Wenn es überhaupt was sieht. Denn wieder einmal setzt Starkregen ein. So habe ich mir Andalusien nicht vorgestellt. Doch meine gute Laune bleibt gewahrt. Das Unterwegssein ist für mich nicht nur äußerlich ein Vollwaschgang, sondern auch ein Brainwash. Daheim funktionierte ich jahrelang wie eine Maschine. Die Tagesabläufe waren aufgebaut wie ein Getriebe. Jede Bewegung, jede Tat, jede Aktion entsprach dem Zahn eines Zahnrads, das in ein anderes griff. Hier dagegen fühlt sich sogar mein Atmen befreit an.

Zwanzig Minuten später ist der Starkregen passé, und der geteerte kleine Pfad endet auf einer Art Piste, die sich als der Neubau einer Straße entpuppt, der sich wohl schon ewig hinzieht. Die Oberfläche des Erdreiches ist völlig aufgebrochen und mit Pfützen in allen Variationen gespickt. Vor und nach den Kurven ist Wellblech entstanden. Mein Offroad-Gen bricht durch, ich gebe ordentlich Gas.

Bereits die erste Kurve erteilt mir einen Denkzettel: Wellblech, zwei große Löcher im Boden. Hart schlagen die Federbeine durch. Fast so, als wären sie gar nicht vorhanden. Meine Wirbelsäule muss kurze, steife Schläge kompensieren. Die Reifen sind ebenfalls nur eingeschränkt offroad-tauglich, ruck, zuck ist das Profil zugesetzt. Und ich bin zu schnell, das Wellblech schüttelt mich aus der Kurve, trägt mich fast in den Graben. Zurückschalten. Zweiter Gang, höchstens 60 km/h. Wahnsinn, denke ich, meine alte Yamaha hätte diesen paar Unebenheiten perfekt Paroli geboten. Auf ihr hätte ich sie kaum wahrgenommen. Ein Grund mehr, dem Scrambler daheim neue Stoßdämpfer und ordentliche Reifen zu spendieren.

Drei Stunden später ist der Regen zurück. Und wie! Die Wolken hängen so tief, dass die runden Wipfel der Olivenbäume sie beinahe aufschlitzen, ein Nebel mit Dusch-Funktion, Sicht nicht weiter als 40 Meter. Mittlerweile habe ich Algeciras als Ziel ins Navi eingegeben und fahre auf einer kleinen Straße etwas nordwestlich von Granada. Heute ist Samstag, Wochenend-Ausflügler überall, die Straße ist überfüllt damit. In drei Hotels, in denen ich bereits wegen einer Unterkunft gefragt habe, war alles belegt. Im nächsten kleinen Ort ist mir das Glück jedoch hold. Zimmer frei, vier Sterne, opulente Empfangshalle, 69 Euro pro Nacht. Das Gebäude ist im Kolonial-Stil erbaut und erinnert an eine Hazienda. Mit runden Tor- und Türbögen, einem schmuckvollen Innenhof und viel geschmiedetem Eisen auf dunklem Eichenholz. Mein Zimmer ist ebenfalls eine Augenweide, die Matratzenhärte nahezu optimal. Ich freue mich auf die Nachtruhe.

Die Regenfahrt hat mich ausgelaugt, und so sitze ich abends an der Hotelbar bei einem heißen Tee. Im Zentrum der U-förmig aufgebauten Bar hängen Gläser an der Decke, die von einem bläulichen Licht angestrahlt werden. Neben mir ein Notizblock mit ein paar Zeilen, vor mir ein gelangweilter Barkeeper mit müdem Lächeln. Obwohl das Hotel nahezu ausgebucht ist, sitzt neben mir nur noch ein deutsches Paar. Er ist etwa 50, sie vielleicht Anfang 30. Man spürt, dass die Chemie zwischen den beiden stimmt. Sie berührt ihn absichtlich oft, beide schenken sich tiefe Blicke und lächeln verliebt. Als er ein weiteres Bier ordert, rafft sie Jacke und Handtasche zusammen, gibt ihm einen Kuss und stöckelt davon. Er bleibt zurück und prostet mir mit dem Bier zu, als ich an meinem Teeglas nippe.

„Entschuldigung, aber Sie sind doch vorhin mit dem Motorrad gekommen, wenn ich mich recht erinnere. Blöde Sache, das mit dem Wetter, oder?"

„Kann man wohl sagen."

„Wohin soll's denn noch gehen?"

„Nach Essaouira."

„Ah, Marokko. Na, da haben Sie ja noch ein gutes Stück vor sich. Ist 'ne schöne Stadt, ich war da vor ein paar Jahren mal. Kann man ja nur wünschen, dass der Regen bald aufhört."

Ich erzähle ihm von den letzten elf Tagen, an denen es ebenfalls oft geregnet hat. Mein Gesprächspartner rückt näher und stellt sich als Achim aus Hamburg vor. Er sei im mittleren Management eines großen Unternehmens tätig. Übers Wetter, das Motorradfahren und meine Route kommen wir letztlich auch auf den Grund meiner Reise. Ich deute an, dass es mir nicht so gut ging, ich überarbeitet war und mich quasi selbst auf Kur geschickt habe. Es ist ein Outing. Und ein Thema, das man im Grunde genommen nur mit guten Freunden bespricht. Doch die Art und Weise, wie Achim mir zuhört, zustimmend nickt und meinen Worten Aufmerksamkeit schenkt, baut eine seltene Vertrautheit auf. Schon nach wenigen Minuten sind wir beim Du.

„Was du da erzählst, kann ich sehr gut verstehen", sagt Achim und schaut dabei beschwörend auf sein Bierglas. „Im Grunde genommen hast du sogar großes Glück gehabt, weil du noch selbst reagieren konntest."

Achim seufzt, nippt an seinem Bier, schaut betroffen nach unten und meint: „Bei mir war das anders. Ich bin letztes Jahr im Sommer heimgekommen, habe mich auf die Couch gesetzt, und das war's dann. Hab' nur noch gezittert, konnte nichts essen, wollte nicht mit meiner Frau Marietta sprechen und wusste nicht weiter. Ich habe meine Umgebung nicht mehr wahrgenommen, nur noch geheult und sah keinen Ausweg. Am liebsten wäre ich dort einfach sitzen geblieben, auf dem Sofa. Für immer."

„Kein Ausweg mehr?"

„Nein, kein Ausweg mehr. Wenn ich mein Büro betrat, sah ich nur noch Aktenberge, die immer größer wurden und meinen Terminkalender, der immer voller wurde. Dazu kam, dass mein Unternehmen Dependancen in China und Amerika hat. Wegen der Zeitverschiebung hatte ich oft nachts noch Videokonferenzen, ich war praktisch rund um die Uhr im Einsatz. Jeder hat an mir gezerrt, wollte was. Und das über fünf Jahre."

Ich höre Achim aufmerksam zu, will noch fragen, warum er nicht die Notbremse gezogen hat, als er sich dieser misslichen Lage bewusst wurde. Doch ich halte inne. Man merkt es nicht, denn es passiert schleichend. Auch mir war meine Lage erst hinterher klar.

„Und du bist einfach im Flieger zusammengesackt?"

„Einfach so. Der Steward meinte, es sei die Höhenluft, kommt vor, oft sogar. Aber ich fliege sehr viel. Mir ist nie so etwas passiert."

„Ein Schwächeanfall also, ausgelöst durch Stress. Da hat dein Körper die Notbremse gezogen... Gab es keine Anzeichen?"

„Im Nachhinein schon. Aber wenn du im Trott bist... dann nimmst du sie nicht wahr. Oder hast du vorher was bemerkt?"

„Klar", sagt Achim und nickt dem Barkeeper zu, ein weiteres Bier bitte, „klar gab es Anzeichen. Zuerst habe ich mich abgekapselt. Von Marietta, von meinen Arbeitskollegen, von meinen Freunden. Ich wollte meine Jobs gut erledigen. Nicht mehr oder weniger. In dieser Zeit war ich überaus leicht aus der Fassung zu bringen, habe meine Kollegen und auch meine Frau oft angeschnauzt und konnte über zwei Jahre lang nur wenig, wenn überhaupt schlafen. Marietta sagte immer: Man, bist du aber wieder gereizt! Und meine Kollegen dachten: Wahrscheinlich hat der Eheprobleme."

„Und wie lange hast du an jenem Tag auf deinem Sofa gesessen?"

„An diesem Tag bin ich bereits mittags heimgegangen, habe einfach alles stehen- und liegengelassen, es war mir egal. Ich dachte: Ich geh' nur kurz Luft schnappen, Sauerstoff tanken und bin gleich zurück. Doch dann gab es in meinem Schädel eine Art Kurzschluss, anders kann ich's nicht ausdrücken. Ich bin die vier Kilometer vom Büro zur Wohnung im Regen zu Fuß gelaufen, hab' den Weg gar nicht wahrgenommen und habe mich aufs Sofa gesetzt. Als meine Frau abends um elf heimkam, hat sie mich dort zitternd gefunden."

Achims weitere Story ist Mitleid erregend. Seine Seele war nicht erreichbar, er hat nicht auf seine Frau reagiert, die auf ihn einsprach. Achim war in einer Art Trance, aus der ihn nur die Ärzte mit aufmerksamen Zuhören und allerlei sportlichen Übungen zurückholen konnten. Diese Trance ist eine Art Eigenschutz-Maßnahme, die der Körper initiiert. Am Tag nach seinem Kollaps hat seine Frau erst den Hausarzt, dann den Notarzt angerufen. Die ersten beiden Wochen verbrachte er auf der Notstation einer Spezialklinik für Depressionserkrankungen, die anschließenden sechs Monate in einer Rehaklinik.

Wir schauen uns an. Achim ist 42, fünf Jahre jünger als ich. Im fahlen blauen Licht der Bar wirkt er locker wie 50.

„Ich bewundere dich", sagt er. „Ich bewundere deinen Mut, einfach drauofzufahren. Hast du keine Angst davor, dass die alten Geister dich wieder heimsuchen und du mitten auf der Strecke stehen bleibst, weil dir alles zu anstrengend wird? Oder noch schlimmer: dir wieder die Sicherung rausfliegt?"

Ich denke nach. Natürlich fährt auch etwas Furcht mit, Furcht vorm Scheitern dieser Mission. Angst davor, mir könnte was zustoßen und ich dann nicht mehr für Paul da sein.

„Nein, davor, dass mir alles zu anstrengend wird, habe ich keine Angst. Ich genieße diese Reise. Denn ich mache von morgens bis abends nur Dinge, die mir guttun, die ich liebe. Motorradfahren, Fotografieren, ein bisschen Sport und Pausen mit tollem Essen." Das letzte ist gelogen, ich geb's zu.

„Du weißt gar nicht, wie viel Glück du gehabt hast", sagt Achim, nippt an seinem Bier und schaut wieder betroffen auf den Boden. „Ich habe ein halbes Jahr gebraucht, um mit Hilfe von Ärzten überhaupt zu erkennen, dass es da noch etwas gibt, was mir Spaß machen könnte. Etwas, wofür es sich zu leben lohnt. Und du setzt dich einfach aufs Motorrad, fährst drauflos, und es geht dir besser... einfach beneidenswert. In der Klinik habe ich einen Begriff gelernt, der das gut beschreibt: Resilienz. Das ist die Fähigkeit, auf alle Anforderungen und Veränderungen die richtige Antwort parat zu haben. Die Kunst eines Stehaufmännchens, sich aus jeder beliebigen Lage wieder aufzurichten."

Na ja, ganz so einfach war es nun auch wieder nicht, denke ich, schließlich lagen fast zehn Monate zwischen Zusammen- und Aufbruch. Auch ich habe lange, wenn auch ohne ärztliche Unterstützung, gebraucht, um wieder einen Weg zurück auf die Straße des Lachens zu finden.

„Was tust du, damit es dir weiterhin gut geht?", will ich wissen.

„Ich habe die Abteilung gewechselt, bin nicht mehr fürs Ausland zuständig, habe meine Arbeitszeit reduziert, fahre jeden zweiten Tag Rennrad und spiele seit Mai diesen Jahres Golf. So oft ich kann, wohlgemerkt. Ein Mordsspaß!"

Wir sitzen an der Bar, schauen vor uns, Tee- und Bierglas sind leer. Es ist 23 Uhr, die Bar ist mittlerweile gut gefüllt und der Barkeeper in Hektik. „Hey, ihr! Das Leben ist zu kurz, um in leere Gläser zu schauen. Noch einen Drink?", lacht er.

„Klar doch", sagt Achim.

„Ich dachte es heißt: Das Leben ist zu kurz, um schlechten Wein zu trinken."

„Das Leben ist generell zu kurz, um ständig was zu tun, was einem nicht gefällt."

Wir müssen lachen.

„Was ist das für ein Block?", fragt Achim.

„Ich mache mir Notizen über diesen Trip. Von jeder Reise, die ich gemacht habe, existiert ein Tagebuch. Mein altes Afrika-Reisebuch ist so dick", sage ich und halte ihm die Hand hin. Zwischen Zeigefinger und Daumen sind fünfzig Millimeter Platz.

„Wenn du über diesen Trip hier jemals eine Reportage schreibst, dann schick sie mir zu. Würde mich interessieren."

„Und, wie soll die heißen? Etwa Endstation Abfahrt?"

„Super Idee."

„Meinst du das ernst?"

„Ja. Endstation Abfahrt klingt geheimnisvoll und trifft bei dir ja auch ins Schwarze."

„Abgemacht!", sage ich. „Wenn ich je etwas über die Reise schreibe, steht der Titel fest", verspreche ich, ohne zu wissen, wohin mich meine Aufzeichnungen letztlich führen werden.

„Eins will ich aber noch wissen", meint Achim, „warum gerade Essaouira?"

Ich erzähle ihm die lang vergessene Geschichte, die sich vor etwas mehr als 23 Jahren in den algerischen Dünen zugetragen hat, und warum Essaouira deshalb mein Ziel wurde.

„Eine unglaubliche Story. Würdest du mich anrufen, wenn du wieder zurück bist? Ich bin neugierig, wie dein Abenteuer ausgeht."

„Versprochen! Aber musst du nicht langsam mal zu deiner Marietta? Die wartet doch bestimmt sehnsüchtig im Zimmer auf dich..."

„Sehnsüchtig? Nee, Marietta sucht Kleider und Schuhe für morgen raus. Es sind 24 Grad und Sonne satt angesagt..."

Verdammt, habe meine Sonnenbrille daheim vergessen. Heute, am Morgen meines zwölften Reisetages, könnte ich sie gut gebrauchen. Der Himmel ist wolkenlos. Gleißendes Licht blendet mich, als ich den Scrambler bepacke. Es ist 10 Uhr, die Hamburger sind vor ein paar Minuten zum Golfspielen aufgebrochen, und Achim hat mir seine Adresse gegeben. Wenn alles planmäßig verläuft, bin ich heute Abend in Algeciras und setzte morgen früh nach Afrika über.

Meine ersten 100 Kilometer an diesem Morgen werden von einem euphorischen Gefühl begleitet. Sonne. Das weiche Licht nimmt mich gefangen und bettet mich wie in Watte. Die kurvenrei-

che Strecke zwischen Antequera und Ronda lässt ebenfalls ein Hochgefühl aufkommen. Dazu satter Sound, Asphalt mit Grip, Landschaft wie gemalt und ein näherkommendes Ziel – wenn ich singen könnte, würde ich's tun. Leider hört sich das so grausig an, dass der Motor wahrscheinlich beleidigt seinen Dienst quittieren würde. Also summe ich still in mich hinein und umfahre die abertausend Radfahrer, die an diesem Morgen ihre Tour abstrampeln.

Mein stiller Gesang und die Euphorie verebben kurz vor Ronda. Die 723 Meter über dem Meeresspiegel thronende Stadt ist maurischen Ursprungs und berühmt durch ihre vielen weißen, für Andalusien so typischen Häuser. Von hier aus führt die kurvige A 397 bis zur Costa del Sol. Eine Straße, die man als Motorradfahrer unbedingt mal gefahren sein sollte: breit, mit tollem Belag, gut einsehbaren Kurven und gigantischer Aussicht. Nicht ohne Grund finden hier jährlich dutzende Motorradpräsentationen statt. Heute jedoch drückt der Wind eine gigantische Wolkenbank von Süden über die Sierras. Blitze zucken in der Ferne, Donner grollt. Die Berge sind nicht zu erkennen, verhangen vom düsteren Schiefergrau einer starken Gewitterfront. In einer Bushaltestelle suche ich Schutz vor dem immer heftiger anschwellenden Sturm, den Vorboten des Unwetters. Ich breite die Karte aus, sinniere, ob es einen anderen Weg gibt, man das schlechte Wetter umfahren kann, und entscheide mich für die A 405, die zwischen Algeciras und Gibraltar endet. Eine Straße, die ich bislang noch nie gefahren bin. Eine Straße, die man jedoch unbedingt mal bei schönem Wetter fahren sollte.

Denn sie führt, wie von Geisterhand in die Felsen geritzt, an den Bergen entlang und belohnt mit formidablen Aussichten. Immer wieder reißt der Himmel kurz auf, bricht die Sonne durch und bemalt die Luft mit Regenbögen. Am Ende verlässt man die Sierra über ein korkenzieherartig geschlungenes Asphaltband, das in einer hügeligen Landschaft endet, die ans schottische Hochland erinnert.

Nur noch 30 Kilometer bis Algeciras.

Nur noch 30 Kilometer Europa.

Ein Europa, das sich zum Abschied von seiner hässlichsten Seite zeigt: Nieselregen, grauer Himmel, starker Wind. Und eine Stadt, die sich auf den ersten Blick nicht für mich schön gemacht hat. Es ist 17 Uhr, als meine Räder über die zweispurige Verkehrsader der letzten spanischen Bastion rollen. Hässliche Wohnsilos rechts und links, Industriebaracken, abertausend Hinweisschilder für Fähren nach Afrika.

Ich fühle mich einsam: Große, fremde Stadt, kleiner Mensch, keine Ahnung, wohin er soll. Fern der Heimat und Familie. Nichts hier sieht einladend aus. Und so folge ich meinem Gefühl, das mir sagt, ich solle weiterfahren. Weiter bis zum Surf-Mekka Tarifa. Sind ja nur noch 30 Kilometer.

Irgendwo kurz vor Tarifa: Der Scrambler steht tickernd neben mir, ich sitze auf der Steinmauer eines Parkplatzes. Cola in der Hand, Herz in der Hose. Ich schaue auf Leon, das Stoffkänguru, und denke an Paul. Wie gern ich ihn jetzt umarmen würde. Der Wind ist gnadenlos. Peitscht düstere Wolken über die Meeresenge und zerrt an meiner Kleidung. Immer wieder zerreißt er Wolkenbänke und gibt die Sicht frei auf den Schwarzen Kontinent. Mir ist mulmig zumute, auf der einen Seite freue ich mich riesig, dass bis hierher alles geklappt hat: Zeitplan eingehalten, kein Sturz, keine Krankheit. Auf der anderen Seite ist nun Schluss mit lustig. Denn Afrika wird immer Afrika bleiben. Ein Menschenleben ist da nur noch die Hälfte wert, sagt man, wenn überhaupt. Hinzu kommen Korruption, religiöser Fanatismus und eine hohe Kriminalitätsrate. Ein düsteres Szenario baut sich vor mir auf. Wolken wie Fontänen, diffuses Licht, das Meer von Schaumkronen übersät, in der Ferne ein dunkler Fleck – der Schwarze Kontinent. Der Kinofilm „Herr der Ringe" fällt mir dazu ein: Das da vorn ist kein Urlaubsparadies. Es ist die dunkle Seite, das imaginäre Böse. Ein Vergleich, den das garstige Wetter aufdrängt. Sorry Marokko.

Im Verhältnis zu Algeciras wirkt Tarifa nahezu familiär und sehr charmant. Wenig Verkehr, übersichtliche Straßen, dutzende Bars und Surf-Shops. Viele junge Freaks überwintern hier, denn so richtig kalt wird es nie. Tarifa bildet den südlichsten Punkt des europäischen Festlands. Afrika ist nur 14 Kilometer entfernt. Es gibt nicht nur unverschämt tolle Wellen zum Surfen, sondern auch unzählige kleine Hostels, Gasthäuser und Hotels. Doch die sind nicht auf Motorradfahrer wie mich vorbereitet: Ich suche eine Garage für meine Triumph, will sie nicht draußen stehen lassen, in Reichweite von Langfingern. Die einzige Garage, die ich finde, gibt's nur mit Kompromissen ans Zimmer. Egal. Während der Scrambler sicher neben dem VW Touareg des Gasthof-Besitzers parkt, muss ich mit einer Fünf-Quadratmeter-Zelle auskommen. Das Bett? Rostige

Spiralfedern ersetzen den Lattenrost, die Matratze besteht aus zwei Bettlaken. Egal, eine gute Einstimmung auf Afrika. Sterne gibt's dort nicht im Hotel, sondern am Himmel.

Es wird mein vorerst letzter Abend in Europa. Ein launischer Wind fegt durch die Gassen von Tarifas überschaubarer Innenstadt. Ich sitze in einer Bar, die mit Seeleuten und Surffreaks gefüllt ist, und genieße das Beobachten. Jetzt wird mir auch klar, warum ich auf meinem Weg durch Spanien so wenig attraktive Frauen gesehen habe: Die sind alle in Tarifa. Sportlich, langhaarig, verwegen, tätowiert, jugendlich. Dasselbe gilt übrigens auch für ihre Partner.

Meine Nacht wird lang. Sie wird hart, unruhig, aufreibend. Die Angst, mit diesem Trip einen Fehler zu begehen, reibt mich auf. Wenn mir was passiert, bin ich nicht mehr für Paul da, schießt es mir permanent durch den Kopf. Eine Endlosschleife. Hinzu kommt: Jenes Ziel, das mir meine Zuversicht zurückgeben sollte, bewirkt nun genau das Gegenteil: Die letzten 900 Kilometer bis Essaouira erscheinen mir wie der Gang zum Kreuz. In einem unruhigen Halbschlaf pinselt mein Unterbewusstsein unablässig Warnungen auf meine geistige Leinwand: vor Kidnapping, Bombenattentaten, Mördern und Geisterfahrern. Mein innerer Schweinehund will unbedingt, dass ich umkehre. Heim zu meinem Sohn. Zurück ins sichere Bett, in die Gewissheit eines planbaren Alltags. Zurück in die vermeintliche Sicherheit einer vermeintlich kalkulierbaren Zivilisation. Ich schwitze, wälze mich, die Geister der Vergangenheit sind plötzlich zurück, nehmen mich gefangen im Hamsterrad der Was-passiert-wenn-Überlegungen.

Ich bin vorsichtig geworden. Nachdenklicher, handele überlegter als vor 23 Jahren. Während meines 19-Monate-Trips durch Afrika saß ich dreimal kurz im Gefängnis, weil man Bakschisch von mir wollte. Ich sah fünfmal in die Mündung entsicherter Waffen, hatte Malaria und Amöbenruhr und wurde fast von einem Krokodil zum Frühstück verspeist. Ich habe zwei Leichen gesehen, schlimme Ver-

letzungen und blutige Demonstrationen in Südafrika. Nie wusste ich, was die nächste Stunde bringt – Party oder Tod. Es war mir egal. Und den meisten Mitreisenden, die ich unterwegs traf, auch. Wir haben gefeiert und sind gefahren, als gälte es, die Enduro-Weltmeisterschaft zu gewinnen.

23 Jahre sind vergangen. Ich weiß, wie viel Glück ich damals oft hatte. Und ich weiß, dass man Glück nicht bestellen kann und ich heute nicht nur für mich allein verantwortlich bin.

Als das Tageslicht die Nacht langsam verdrängt, wälze ich mich immer noch im Bett. Träumend sehe ich einen Fleischmarkt in Nigeria unter sengender Sonne. Tonnen brennen, dunkle Rauchschwaden tanzen wie Geister, züngelnde, gierige Flammen kohlen die Haare von den Kadavern. Es riecht nach Tod und Verwesung. Marktschreier preisen Fleischstücke an, frisch aus den Tieren herausgeschnitten, muskelbepackte Schwarze zerren Tiere hinter sich her. Ziegen, Kühe, Schafe, Hunde, Hühner. Sie werden dem

Schlachter zugeführt, einem heiligen Mann, der mit zwei scharfen langen Messern Tierkehlen durchtrennt, als wären es Kohlköpfe. Tiere brüllen um ihr Leben, Menschen grölen, ein Propellerflugzeug donnert im Tiefflug über alle hinweg. Inmitten dieses apokalyptischen Szenarios verharre ich abwartend, staunend und schwitzend. Plötzlich steht ein Alter vor mir: weiße, krause Haare, die Nase beulig, die Augenbrauen buschig. Er grinst schief und brummt: „Weißt du eigentlich, dass man anhand der Zahnabnutzung die Lebenserwartung eines Menschen bestimmen kann?"

Er feixt debil und nickt unmerklich. Hinter ihm schärft der Schlachter seine beiden riesigen Messer mit gekonntem Streifen über Wetzsteine. Dann öffnet der Alte seinen Mund. Seine Zähne sind abgescheuert vom Zähneknirschen, gelbe Stumpen, weniger als ein Viertel ist noch übrig.

„Drei Jahre noch", grinst der Alte und deutet mit seinem Finger in seinen Mund. „In drei Jahren bin ich tot."

Schweißgebadet schrecke ich auf. Die Sonne bricht mit Macht durch die schlierigen Scheiben meines Zimmers, mein Kiefer schmerzt vom Zähneknirschen. 9.15 Uhr. Nur noch drei Stunden, dann hat mich Afrika zurück.

Das Gesetz der Wüste

Kälte. Nässe. Gliederschmerzen. Die Schlafmatte war platt, sie musste ein Loch haben. Ich hatte auf meinem linken Arm gelegen und spürte ihn kaum noch. Alles roch stockig, muffig und traurig. Doch nicht die Ungemütlichkeit lockte mich aus dem Schlaf, sondern Stimmen. Irgendjemand schlich um meine Maschine und mein Zelt, es waren mindestens zwei Personen. Eine Stimme wisperte leise, fast schon beschwichtigend, eine andere lauter und zorniger. Die Personen umkreisten meinen Lagerplatz. Der geringen Helligkeit nach zu urteilen musste es frühmorgens sein. Die einzige Uhr, die ich dabei hatte, war an meinem Lenker befestigt. Leichter Regen prasselte auf mein Zelt. Die Erinnerung an den gestrigen Abend kam wie ein Schlag. Umgefallen, alles nass, hohes Gras. Ich streifte den feuchten Schlafsack ab und schlüpfte in meine Wanderstiefel. Der Reißverschluss des Zeltes machte beim Öffnen ein kratzendes Geräusch. Mein Herz pochte wild. Angst! Schweiß trotz Kälte.

Unter verwilderten Wolkenbüscheln, die aussahen wie die Unterseite eines schlechten Traums, standen zwei Männer. Die Entfernung bis zu meinem Zelteingang schätzte ich auf fünf Meter. Beide hatten einen Stock in der Hand, den sie zur Verteidigung sogleich erhoben. Sie trugen einen Pullover mit weiter Kapuze und Sandalen aus Leder. Ihre Hosen bestanden aus einer Ansammlung von Fetzen, die man aneinander genäht hatte. Vor ihnen krabbelte ein Fremder unter einer grünen Plane hervor. Und er sah gewiss nicht so aus, als würde es ihm Freude machen, sie zu sehen und hier, im Schlamm, genächtigt zu haben.

Es begann eine Diskussion, der ich nicht folgen konnte. Arabische und französische Ausdrücke vermischten sich zu einem ungenießbaren Cocktail. Soweit ich die Lage einschätzen konnte, waren es Bauern, die mich beschimpften, weil ich in ihrem Kornfeld genächtigt hatte. Zehn Quadratmeter des Getreides waren im nächtlichen Kampf mit Bike und Zelt plattgewalzt worden. Es war mir gestern Abend weder leichtgefallen, die Heringe in den Boden zu keilen, noch mein Zelt überhaupt aufzubauen. Mein Kopf schmerzte. Blick auf die Uhr: 6.50 Uhr an einem vernebelten Regentag mit düster drohenden Wolken und Kopfschmerzen. Ich verneigte mich vor den beiden, klaubte aus den Taschen ein paar Dinar, zeigte auf das plattgewalzte Getreide, und drückte sie dem Lauteren der beiden in die Hand. Daraufhin verneigten auch sie sich, drehten sich um und verschwanden in Richtung einer Siedlung, die ich am Vorabend als Lichteransammlung wahrgenommen hatte. Aus meinen Haaren tropfte Feuchtigkeit in die Augen, leichter Wind blies die Tropfen fort. Die Yamaha lag am Hang, der Seitenständer war auf dem feuchten Boden einfach eingesunken. Danke Afrika, welch ein Empfang!

Eine Stunde verging, bis ich auf der Straße stand, von der ich am Vorabend auf den Feldweg gebogen war. Meine gesamte Ausrüstung war nass und schlammig. Ich hatte mir die Regenkombi übergestreift und stand verloren auf dem Asphaltband. Rechts ging es zurück nach Tunesien und an die Küste, links in die Wüste. Ich dachte an Jörg, unsere gemeinsamen Erlebnisse, und was es bedeuten würde, in Augenblicken wie diesen einen Freund an meiner Seite zu haben. Zermürbt von der Nacht, schikaniert durch die Polizei und einsam frierend stand ich an meinem ersten richtigen Reisetag auf afrikanischem Boden. Unter mir pochte der Einzylinder, und sein stoischer Kolbenhub machte mich zuversichtlich. Er war wie ein Herz, das für mich schlug. In Augenblicken wie diesen ist die Maschine der einzige Freund, den man hat. Und das einzige, auf das man sich verlassen kann.

Ich beschloss, so schnell wie nur möglich wärmere Gefilde aufzusuchen. Nieselregen blieb mein ständiger Begleiter, bis es in Batna trocken wurde. Ein warmer, frischer Wind kam von Süden und trieb den Regen zur Küste. Gegen 14 Uhr erreichte ich die Stadt Biskra. Das Atlasgebirge lag hinter mir, die Landschaft wurde flacher. Gedanklich war ich fortwährend bei den vielen Begegnungen mit allerlei netten Reisenden, die ich in den Oasen auf dem Weg Richtung Tamanrasset in den vergangenen Jahren gehabt hatte. Diese Erinnerung köderte mich, stachelte mich an. Ich dachte: Warum soll es nicht möglich sein, an nur einem Tag 1000 Kilometer abzuspulen? Um 15 Uhr lag die Oasenstadt Ghardaia laut Michelin-Karte nur noch 450 Kilometer entfernt. Der dort existierende Campingplatz übte eine fast magnetische Anziehungskraft auf alle Reisenden aus, denn er war wunderschön. Bewässerungsgräben zogen sich durch liebevoll angelegte Palmenhaine und die Parzellen zum Campen waren mit Pflanzen voneinander getrennt. Ein Paradies inmitten der Wüste. Ein Paradies, das ich an diesem Tag noch erreichen wollte. Ghardaia war die Mohrrübe. Ich der Esel.

Für Afrika hatte ich die Standartübersetzung der 600er geändert. Hinten war ein 46er- statt eines 44er-Kettenrads montiert. Für ganz schwierige Schlammetappen lag ein 14er-Rizel in meiner Alu-Box bereit. Meine Reisegeschwindigkeit auf diesen endlosen grauen Asphaltschneisen, die sich durch die karge Landschaft bahnten, betrug 100 km/h. Dabei drehte der Einzylinder rund 4000/min im fünften Gang. Wenn alles glatt lief.

Doch wie immer lief es nicht glatt. Der Wind aus dem Süden stemmte sich immer mächtiger gegen mein Motorrad und mich. Er wuchs zum Sturm, der hin und wieder auch von der Seite blies. Um überhaupt einigermaßen vorwärts zu kommen, musste ich in den vierten Gang zurückschalten und kämpfte mich geduckt mit 90 km/h bei 5 000/min Richtung Süden. Es war ein Weltuntergangs-

Szenario. Man fuhr in Schräglage auf schnurgerader Straße, über die der Sturm Sand und Grasbüschel peitschte. Reifen und Felgen wurden dabei blitzsauber gestrahlt. Ich hockte geduckt und verkrampfte mich völlig am Lenker, stets bereit, auf schnelle Windwechsel zu reagieren und die Maschine abzufangen. 450 Kilometer Sturm. 450000 Meter Fahrt, die alles andere als erholsam oder interessant sind. Sie geraten zum Kampf gegen dein weiches Ich, das irgendwo da im Hinterkopf sitzt, dir einen langen, wohl gedeckten Tisch und kühle Pils vorgaukelt und nebenbei ständig was vom Umkehren ins Ohr flüstert. Sicherlich würden meine Kumpels daheim jetzt bald von der Arbeit kommen, sich treffen und gekühlte Getränke genießen. Man würde lachen und feixen. Es wären Mädels da. Und sie würden Urlaubspläne schmieden. Angesichts derartiger Situationen, in denen Motorradfahren wahrlich keinen Spaß macht, frage ich mich oft, warum es mich mit dem Motorrad immer wieder fort zieht. Vermutlich liebe ich diese Herausforderungen, auch wenn ich mir dessen nicht so recht bewusst bin.

450 stumpfsinnige Kilometer, verkrampfte Haltung, Sand zwischen den Zähnen, in den Augen, in der Nase. Und sehr wahrscheinlich auch im Luftfilter. Das hier war so geil wie etwa Snowboard fahren auf Geröll ohne Hang und Schnee. Ein Freund von mir hat das mal mit dem „Pitbull-Gen" erklärt. Er sagte, ich würde mich festbeißen und nicht loslassen. Egal was kommt. Denn die Welt gehört denen, die lieber zu weit gehen, statt zurück.

Um 22 Uhr an jenem Abend war die Versuchung groß, eine der beiden Wodka-Flaschen zu öffnen und auf die Yamaha anzustoßen. 1027 Kilometer an nur einem Tag! Landstraße, wohlgemerkt. Ich stand in einer Parzelle auf dem Campingplatz in Ghardaia. Es war warm, trocken, die Luft roch nach Minze. Nebenan hockte ein illustrer Kreis abenteuerlicher Gestalten um eine Teekanne und lachte vergnügt.

Harald, genannt „Hunter", war ein Autoschieber aus der Nähe von Darmstadt. Ein Rauschebart umspann das ledrige Gesicht des 50-Jährigen, auf dessen Oberkörper ein ölverschmiertes Unterhemd klebte, das aussah, als würde er es seit zwei Jahrzehnten ununterbrochen tragen. Mittlerweile schien es festgewachsen zu sein. Hunter fuhr einen verbeulten, rostroten Peugeot 504, auf dessen Dachgepäckträger sich, der Beladung nach zu urteilen, der Hausstand einer siebenköpfigen Familie befand. Der Peugeot hing arg in den Federn. Neben Hunter stand Piet, ein 31jähriger Holländer, der über Marokko hierher gekommen war. Er pilotierte eine 500er-Yamaha, auf die ein 32-Liter-Alu-Tank geschraubt war. Piet hatte an alles gedacht. Allein seine Ansammlung von Medizin und Verbandszeug hätte ausgereicht, um sich als Arzt in der Dritten Welt niederzulassen. Dummerweise hatte er vor Abreise einen Kettensatz mit Alu-Kettenrad montiert. Billigware aus Fernost. Das Teil hatte nur noch Andeutungen von Zähnen, es war nahezu rund.

„Gut, dass die XT nur 30 PS hat", brummte er. „Sonst würde die Kette bei jedem Gasgeben über das Zahnrad rutschen."

„Willst du damit etwa weiterfahren?" Ich war neugierig.

„Klar, das Kettenrad sieht schon seit Agadir so aus. Und ich bin bis hierher gekommen."

„Du musst die Kette nur extrem spannen", sagte Hunter, „dann rutscht sie nicht über. Damit kommst du garantiert heim. Ich kannte mal einen, der ist mit so einer Kette von Kapstadt bis Kairo gefahren."

Hunters Sätze endeten oder begannen oft mit „ich kannte mal einen". Überhaupt schien der Hesse die Hälfte seines Lebens in Afrika verbracht zu haben. Seinen Schilderungen nach mussten 90 Prozent aller hier rumfahrenden Autos von ihm stammen.

„Wenn du die Kette tatsächlich so extrem spannst, damit sie nicht über die Kettenblatt-Leiche rutscht, kann das Abtriebslager platzen", sagte ich.

Hunter schüttelte den Kopf: „Ach was! Wenn er von Agadir bis hierher gekommen ist, kommt er auch heim nach Amsterdam. Sind doch nur 3 000 Kilometer. Ich bin mal mit Motorschaden 1500 Kilometer weit gefahren."

Was soll man auf so was erwidern? Wir sprachen englisch. Denn außer uns dreien stand noch ein Pärchen aus Bristol mit im Kreis um die Teekanne. Sarah und Neil fuhren einen Land Rover und wollten in drei Monaten bis Kenia kommen, den Rover per Schiff heimschicken und selbst den Flieger nehmen. Sarah war die schönste Frau, der ich je auf einer Reise begegnet war. Schlank, groß, blondgelockte Haare, Sommersprossen. Selbst an diesem Abend trug sie ein auffälliges Make-up, das ihre Gesichtszüge engelhaft wirken ließ, wischte sich mit ausladenden Gesten ihre Mähne aus dem Antlitz und verschenkte ein Lächeln, das Tresore öffnen konnte. Ihr Freund Neil war ein schmalbrüstiger Typ mit Hornbrille. Er schaute stets verzagt und schüchtern in die Runde und gab sich äußerst mundfaul. Neil steckte in einem beigen Tropenanzug, den ein teurer Designer wahrscheinlich ausschließlich für den Catwalk entworfen hatte. Im Unterschied zu uns Dreien hatten sie ihr Fahrzeug nicht selbst vorbereitet. Außerdem klebte an dem britischen Pärchen nicht der Hauch von Schmutz. Obwohl sie nach eigenen Angaben vor sechs Wochen gestartet waren, wirkten sie wie gerade aus der Waschmaschine geklettert.

„1 000 Meilen mit Motorschaden! Siehst du, Sarah, du brauchst keine Angst haben. Selbst wenn der Motor in der Wüste kaputtgeht, bringt er uns wahrscheinlich noch bis zur nächsten Oase", säuselte Neil.

„Du solltest den Engländern nicht solche Märchen erzählen", sagte ich auf Deutsch zu Hunter. „Die glauben den Unsinn nämlich."

„Das ist kein Unsinn. Ich kannte mal Einen, der ist von Flensburg bis Barcelona mit einer defekten Achsaufhängung gefahren."

Wir tranken den Tee aus, und ich legte mich in meinen Schlafsack. Für morgen war gutes Wetter angesagt. Höchste Zeit, meine Ausrüstung zu trocknen.

Eine Scheißnacht. Ich hatte mein Zelt im Dunkeln neben einen Ameisenhaufen gestellt. Die Viecher krabbelten auf mir herum und sonst wohin. Als ich am Morgen aus dem Halbschlaf erwachte, sah ich Hunter nur zwei Meter weiter auf einer Luftmatratze schnarchen. Ihn schienen die Ameisen nicht zu stören. Mit dem Benzinkocher brühte ich Kaffee auf, der Geruch lockte Hunter unter seiner Decke hervor.

„Ahh, hab' geschlafen wie ein Bär", brummte er und hielt mir seine verlebte Tasse hin.

„Und die Ameisen? Sind sie dir nicht auf den Wecker gegangen?"

„Ameisen? Kleiner, du kennst die Gesetze der Wüste noch nicht, oder?"

„Gesetze der Wüste?"

„Ja. In Bezug auf Ameisen bedeutet das: Bloß nicht totschlagen, wenn sie dich nerven! Weißt du, ich schnippe sie nur von meiner Matratze. Dann fallen sie runter und erzählen den anderen, dass man da nicht rauf darf. Sonst wird man runtergeschnippt. Wenn du sie jedoch totschlägst, können sie ihren Kumpels nichts erzählen. Und die rücken dann einfach nach. Neugierig wie sie sind."

Ich wartete, ob er nicht noch einen kennen würde, der ihm das erzählt hatte, aber Hunter schlürfte seelenruhig den Kaffee und kratzte sich die Haare.

Tagsüber schlenderte ich mit Piet durch die Gassen der Oase. Ich hatte ihn überredet, das Kettenrad auszubauen. Wir schleppten es im Rucksack mit. Nach zwei Touren durch den schwarzen Kontinent wusste ich eins: Was die Jungs hier nicht auf Lager hatten, konnten sie garantiert irgendwo besorgen, oder sie machten es kurzerhand selbst. Nachdem wir zwei Stunden herumgefragt hatten, fanden wir schließlich einen Mechaniker, der sich das Ding von allen Seiten ansah und meinte, so etwas könne er feilen.

„Der will das feilen?" Piet war außer sich. Er hatte BWL studiert und konnte mit viel Glück einen Hammer von einem Schraubendreher unterscheiden.

„Klar, das bekommt der hin. Wir befinden uns schließlich auf der Route der Autoschieber. Die Jungs hier können mit der Feile genauso gut umgehen wie Musketiere mit dem Degen."

Wir trafen Hunter zufällig in einem Restaurant und bestellten Kuskus mit Hammelfleisch.

„So, so, und du willst nach Westafrika, hast du gesagt", brummte er zu mir. „Warst du schon mal da?"

„Nee, bin nur zweimal bis Tam gekommen."

„Da unten weht ein scharfer Wind, Junge. Wenn in Lagos einer angefahren wird, dann zerren sie ihn nicht von der Straße. Der wird plattgewalzt wie bei uns die Igel. Irgendwann haben ihn die Geier weggepickt, der Staubrest wird vom Wind verweht. So spart man den Beerdigungsaufwand."

Hunter hatte beim Sprechen gar nicht aufgesehen, sondern sich sein Kuskus wie ein Halbverhungerter in den Mund gestopft. Jetzt sah er mir auffordernd in die Augen.

„Darfst dich halt nicht anfahren lassen", entgegnete ich, „außerdem will ich gar nicht nach Lagos."

„Ist auch besser so", schmatzte Hunter.

In dieser Nacht schlief ich schlecht. Nicht nur, dass die Ameisen sich nicht davon beeindrucken ließen, runtergeschnippt zu werden, und mich weiterhin belästigten, nein, ich hatte Alpträume. Mein Vater stand in Lagos, aus seiner Hand rann Staub. Er schüttelte den Kopf, schaute zum Horizont und sagte: „Wenigstens sparen wir die Beerdigungskosten."

Schweißgebadet schreckte ich hoch. Stille ringsherum. Nur Hunters knarziges Schnarchen schwebte in der Nacht. Ein Hund jaulte, und ich dachte daran, was daheim jetzt wohl meine Freunde machen würden. Heute war Samstag, und während ich hier im Zelt lag, ameisengepisackt, angstschweißgebadet, und die Einsamkeit auf meine Seele drückte, waren sie wahrscheinlich in der Outpost, meiner Lieblingsdisko, in der nur Rock gespielt wurde. Ich zog meine Schlafmatte vors Zelt, legte mich darauf und beobachtete das Sternenmeer. Die Nacht war klar und wolkenfrei, Lampen waren längst erloschen. Stockfinstere Nacht ließ die Sterne noch intensiver funkeln.

Das glitzernde Firmament machte schläfrig. Als ich die Augen aufschlug, war es früh am Morgen. Fast alle Reisenden schnarchten noch. Keine einzige Ameise auf meinem Schlafsack. Aber alle in meinem Zelt. Darin lag also das Geheimnis, dachte ich. Es sind bestimmt Camp-Ameisen, die auf Zelte stehen, weil sie hier keine haben. Mein Blick fiel auf Hunters Peugeot, genauer gesagt neben sein Hinterrad. Irgendetwas tropfte aus dem Chassis. Wieder wirkte mein frisch gebrühter Kaffee wie ein Weckruf auf den zauseligen Darmstädter. Kaum eingegossen, wischte Hunter sich den Schlaf aus den Augen, krabbelte aus seinem Schlafsack und gesellte sich mit der Tasse in der Hand zu mir. Wortlos goss ich ein, und wir saßen schweigend im Sand. Seit meiner Ankunft hatte Hunter sich weder gekämmt noch sein verdrecktes Unterhemd gewechselt. Die verwaschene Jeans klebte wie eine zweite Haut an seinen spinnenartigen Beinen, und von den Ledersandalen, die er trug, war kaum mehr als ein paar Fransen und die Sohle übrig. Ich dachte: Der Typ ist so alt wie mein Vater. Aber viel, viel lässiger. Geht keiner geregelten Arbeit nach, macht, was er will, und verdient sein Geld mit Abenteuern.

Hunter war 50, unglaubliche 27 Jahre älter als ich. Er kiffte, feierte, wo immer es was zu feiern gab, sprach vier Sprachen und hatte immense Lebenserfahrung. Ich konnte gar nicht anders, als zu ihm aufblicken. Er schien eine Art Idol für mich zu werden. Ich dachte nur: Wenn ich jemals so steinalt werde wie dieser Bursche, dann möchte ich auch so cool sein, so frei, so lässig und nicht jeden Tag einen stupiden Job machen. Hunter hatte mir erzählt, dass er daheim in Deutschland davon lebte, alte Möbel aufzuspüren, sie zu richten und mit viel Gewinn wieder zu verkaufen. In den Monaten zwischen September bis Mai lieferte er Autos in alle Länder Westafrikas. Er machte diesen Job seit Mitte der 70er-Jahre und bekam die Bestellung per Brief von irgendeinem Fürsten, Klan-Chef oder Dorfoberhaupt, kaufte die Wagen daraufhin in Deutschland und fuhr sie bis zum Auftraggeber. Dabei musste er stets in Vorleistung gehen. Geld gab es immer erst bei Übergabe. Und wehe, wenn das Fahrzeug nicht dem Wunsch des Kunden entsprach. Das Schwierigste an der Überführung waren die materialmordenden Pisten sowie die vielen gierigen Zöllner und Polizisten, die an jedem Grenzübergang Bakschisch forderten. Hunter trug das gesamte Risiko. Wenn der Wagen kollabierte, er einen Unfall hatte oder die Zöllner ihn nicht durchließen, war der Auftrag geplatzt, und er blieb auf den Kosten sitzen. Schlimmer noch: Bei seinem Auftraggeber galt er sofort als unglaub- und nicht vertrauenswürdig.

Wir schwiegen in den Morgen hinein, dann sagte ich: „Das mit dem auf der Straße plattfahren in Lagos hast du dir doch ausgedacht, oder?"

Hunter schaute mich an, als hätte ich ihn gerade um die Erlaubnis gefragt, seine Mutter heiraten zu dürfen.

„Kleiner, das hier ist Afrika! Merk dir das! Alles, was ich sage, ist wahr. Und wenn ich dir so etwas erzähle, dann will ich damit nur erreichen, dass du gut aufpasst, wenn du weiterfährst. Ich mag dich, könntest mein Sohn sein. Ich will nicht, dass du draufgehst. Der Tod lauert hier unten hinter jeder Düne. Hinter jeder! Ich weiß, wovon ich rede."

Wie konnte ein Menschenleben nur so wenig wert sein, dass man Angefahrene auf der Straße liegen ließ? Was mussten Nigerianer für Menschen sein? Ohne Werte, ohne Gewissen, ohne Mitgefühl…

„Übrigens, da tropft was aus deinem Wagen."

„Hää? Kann nicht sein!"

Ich zeigte Hunter die Tropfen, und es stellte sich heraus, dass der hintere linke Stoßdämpfer Öl verlor.

„Scheißegal", brummte Hunter abfällig, „dann pack ich halt um. Die schweren Sachen nach rechts. Müsste gehen. Darf bloß nicht liegenbleiben. Junge, kennst du das Gesetz der Wüste?"

„Eins? Ich dachte, es gibt mehrere."

„Klar. Aber das Wichtigste ist: Du darfst niemals dein Fahrzeug verlassen! Denn wenn du es verlässt, gehört es demjenigen, der es findet."

Er nahm einen großen Schluck Kaffee und sah mich dann an. Ich nickte ihm zu und dachte nicht im Traum daran, dass ich je in eine solche Situation kommen würde. Vor allem aber nicht so schnell.

Zwei Tage später war ich allein auf dem Campingplatz in Ghardaia. Hunter hatte die Sachen umgepackt und war aufgebrochen. Den Peugeot hatte ein gewisser El Hadschi aus Tamanrasset bestellt, und Hunter meinte, dass er die paar Kilometer bis zum Kunden „auf der linken Arschbacke abreiten würde". Von Ghardaia bis Tam waren es rund 1300 Kilometer, von denen damals noch rund 350 Kilometer auf Pisten zurückgelegt werden mussten, denn die Teerstraße befand sich zwar im Bau, doch sie war noch nicht fertig. Neil und Sarah waren schon tags zuvor aufgebrochen. Während Neil im klimatisierten Wagen wartete, hatte Sarah sich von allen mit Handschlag verabschiedet. Eine tolle Frau. Piet und ich hatten am Vorabend das Kettenrad vom Mechaniker geholt. Er hatte es nicht nur perfekt gefertigt, sondern auch gehärtet. Es unterschied sich optisch kaum von jenen, die man im Zubehörhandel kaufen konnte. Piet war früh am Morgen aufgebrochen und wollte mir postlagernd eine Karte schicken, sobald er daheim angekommen war. Als Adresse hatten wir Lomé in Togo ausgemacht. Sollte alles glatt gehen, würde ich dort in zwei Monaten ankommen. Zum Abschied hatte ich ihm meine Regenkombi geschenkt, weil er ja schließlich nordwärts fuhr. Für mich, der ich Richtung Süden reisen wollte, war das vollkommen selbstverständlich. Hätte ich gewusst, wie viel Regen der Schwarze Kontinent für mich und all die anderen Reisenden bereithielt – ich hätte die Regenpelle behalten. So stand ich mittags allein auf dem Platz, glücklich, ein wenig Ballast losgeworden zu sein. Ich beschloss, ein paar Karten zu schreiben, durch die Stadt zu bummeln und am nächsten Tag Richtung Süden aufzubrechen.

Die Wüste übte eine Faszination auf mich aus, die ich schwer erklären kann. Nennen wir es Ehrlichkeit. In meinem Reisetagebuch findet sich darüber folgender Eintrag: „Ich liebe die Wüste und ihre Einsamkeit. Sie ist so ehrlich. Sie fordert alles und gibt auf den ersten Blick nichts. Auf den zweiten formt sie Männer aus Memmen. Denn man ist immer für sich selbst verantwortlich. Jeder Fehler wird sofort bestraft. Das lehrt zu planen, zu improvisieren, das Richtige zu tun und für seine Taten geradezustehen. Denn wenn irgendwas schief läuft, kannst du keinem die Schuld zuweisen. Du kannst zwar toben, fluchen und wegrennen, doch die Wüste bestraft dich dafür gnadenlos. Diese Ecke der Welt lehrt Unabhängigkeit und kühlt Hitzköpfe ab. So oder so."

Am nächsten Tag stand ich gnadenlos fluchend morgens um 11.30 Uhr rund 80 Kilometer vor El Golea neben der Asphaltstraße. Eine dicke Schraube hatte sich quer durch meinen Reifen gebohrt. Ich hatte das Rad ausgebaut, den Reifen abgezogen und hielt ihn gegen die steil stehende Mittagssonne. Eintritts- und Austrittsloch waren so dick, dass ich meine Daumen durchschieben konnte. Der Reifen ist hin, dachte ich, der Schlauch ebenfalls. Kaum in Afrika, und ich muss meinen Ersatzreifen montieren. Das ist viel zu früh. In der Zeit, in der ich den Schlauch gewechselt und das Rad aus- und eingebaut hatte, war nicht ein Fahrzeug die Straße entlangge-

fahren, obwohl ich mich auf einer der Hauptschlagadern der Zivilisation befand. Es hatte viel damit mit zu tun, dass Einheimische sowie erfahrene Traveller stets frühmorgens starten, wenn die Hitze nicht so groß ist. Das tat man aus Gewohnheit auch im Frühling, so wie an diesem Tag, an dem die Temperaturen um erträgliche 25 Grad schwankten. Die Panne kostete mich wertvolle Zeit. Ich hatte den defekten Reifen einfach wieder draufgezogen. Irgendjemand würde ihn auf dem weiteren Weg reparieren können, hoffte ich. Gegen Mittag traf ich in El Golea ein, aß etwas Kuskus mit Datteln und spülte das Ganze mit einem halben Dutzend süßer Minztees den Rachen hinunter.

El Golea gefiel mir nicht. Vor meinem geistigen Auge sah ich immer wieder die Oase In Salah, rund 400 Kilometer südlich von El Golea gelegen. Im Jahr zuvor war ich dort in einem Sandsturm mit vielen anderen Reisenden für vier Tage eingeschlossen gewesen. Die Stimmung in der Gemeinschaft dort war unglaublich. Zwar hatte man ständig Sand im Mund, und selbst beim Toilettengang knirschte es in der Spalte, doch Gefahren verschweißen Menschen, es waren die vier intensivsten und schönsten Tage meiner Afrikareise gewesen. Ich dachte an all die Reisenden, was wir für einen Spaß gemeinsam hatten, und entschied mich zur Weiterfahrt. 400 Kilometer am Nachmittag, gerade Straßen, befestigt dazu – ein Witz. Dachte ich.

Doch die Angst vor einem weiteren Plattfuß saß mit auf der Ténéré, und wann immer so etwas wie ein Loch schemenhaft in der Asphalthaut aufblitzte, verzögerte ich. Für die ersten 100 Kilometer brauchte ich knapp zwei Stunden. Für die zweiten eine halbe Stunde länger. Um 17.30 Uhr kratze die Sonne am Horizont und ich musste noch 100 Kilometer fahren. Es ist immer etwas windig, wenn die Dämmerung einsetzt, deshalb dachte ich auch nicht darüber nach, dass es eventuell einen Sturm geben könnte. Der Sand schlich über die Straße wie betrunkene kleine Ameisen, und ich musste mich entscheiden. Entweder durchfahren oder Zelt in der Wüste aufschlagen. Dummerweise war es hier nahezu topfeben. Zudem hatte ich nichts für eine Übernachtung eingekauft. Mein Proviant bestand aus zwei Äpfeln, einem halben, furztrockenen Weißbrot und einem alten Stück Käse plus einem Liter Wasser. Es sind Momente, in denen die Wüste dir sagt, du sollst einen kühlen Kopf bewahren. Rasten, ruhen, überlegen und bei Helligkeit weiterfahren.

Ich meinte, es besser zu wissen. Es ist der alte Fehler der Menschen, die denken, man könne alles wiederholen. Doch ein superduper Urlaub ist nie reproduzierbar. Er ist meist das Resultat aus Zur-rechten-Zeit-am-rechten-Ort plus den richtigen Leuten. Hinzu kommen Wetter, Stimmung der Menschen und andere Zufälle. Ich sah nicht die Nacht und ihre Gefahren. Ich sah die vielen Traveller, mit denen ich in In Salah Spaß gehabt hatte, glaubte, es wiederholen zu können, und startete in die drohende Dunkelheit.

Die Straße besaß weder Leitpfähle oder -steine, noch markierten Linien die Mitte oder Seite. Sie war gespickt mit Löchern und teilweise gesperrt, da sie erneuert wurde. Es gab viele Umfahrungen, deren Hinweisschilder die Dunkelheit verschluckte. Ruck, zuck stand man im Nichts oder vor einer verlassenen Baracke der Bauarbeiter. Die Umfahrungen führten mich teilweise raus in die Wüste, gefühlsmäßig aber auch im Kreis herum. Es gab nichts, woran ich mich orientieren konnte. Der Scheinwerfer schnitt eine Schneise in die Nacht, in der Löcher, tiefe Lkw-Rillen oder teils eimergroße Steine auftauchten. Viele Offroad-Passagen waren steinig, felsig, und ab und zu gab es Fesch-Fesch, einen puderförmigen, hauchfeinen Staub, der entsteht, wenn viele Lkw den Erdboden zermürben. Gefährlich am Fesch-Fesch ist, dass man nie weiß, wie es unter ihm aussieht. Zudem planiert ihn der Wind, sodass er oft wie ein fester Belag wirkt. Mal ist er nur zwei Zentimeter tief, und es staubt hinter dir wie verrückt, aber er kann auch tiefe Lkw-Rillen völlig ausfüllen, einen halben Meter tief, kein Problem. Du fährst mit Speed rein, und es haut dich vom Motorrad.

Kaum hatte ich auf 60 km/h beschleunigt, zwang mich irgendwas schon zum Abbremsen. Es war mehr ein Straucheln als ein Fahren. Ein Stürzen ohne zu fallen. Es war schlicht eine dumme Idee, durch die Nacht zu fahren. Gegen 21 Uhr passierte ich ein Schild mit dem Hinweis „In Salah – 52 Kilometer". Ich fluchte innerlich, glaubte aber immer noch, die richtige Entscheidung getroffen zu haben. In Salah liegt von Norden her gesehen hinter dem Tademaid-Plateau, über das ich den ganzen Tag gefahren war. Plötzlich macht die topfebene Wüste einen Knick, es geht steil bergab. Auf den letzten Kilometern hatte es so gut wie keine Steine oder Löcher gegeben, zudem war der Asphalt nahezu wieder vollständig. Nachlässigkeit schlich sich ein, und ich gab Gas. In der Ferne funkelten und lockten die Lichter der Oase, mein Speed nahm zu. Mit 80 km/h fuhr ich meinem Ziel entgegen und beschleunigte hoch. Es schien zum Greifen nah. 90 km/h, 100 km/h – etwas ging immer noch, schließlich war ich mal Endurorennen gefahren. 110 km/h. Zuerst bemerkte ich die Mini-Sanddünen rechts und links der Straße, dann die leichten Verwehungen darüber. Ein paar Sekunden später schnellte sie mir aus der Dunkelheit entgegen wie eine verärgerte Schlange.

Der Wind hatte Sand zu einer Düne aufgetürmt, die sich quer über die Straße zog. Ihre Länge konnte ich nicht erkennen, aber ihre Höhe. Sie begann mit 20 Zentimetern und schlängelte sich im weiteren Verlauf fast zwei Meter hoch. Es waren Spuren erkennbar, einige Wagen hatten die Düne im Laufe des Tages schon passiert. Ich bremste, so stark es ging, mir war bewusst, dass ich zwar auf den letzten Metern Teer noch verzögern konnte, aber, sobald die Düne begann, sofort wieder Vollgas geben musste. Denn je langsamer man im Sand ist, desto gefährlicher wird er. Am besten man fährt mit Zug drüber, stellt sich auf die Fußrasten, nimmt das Gewicht nach hinten und gibt Vollgas. Dadurch wird das Vorderrad entlastet und kann AUF dem Sand fahren statt sich einzugraben. Soviel zur Theorie.

Die Praxis sah an jenem Abend leider anders aus. Mit voller Wucht nahm der Sand mir die Geschwindigkeit, ich knallte mit der Brust auf Tankrucksack und Lenker, und als ich mich gefangen hatte, war es fürs motocrossartige Fahren schon zu spät. Ich gab Vollgas. 44 PS, geschätzte 270 Kilogramm, Hinterreifen im Trennscheibenformat. Es gelang mir nicht, die Spur der Autos zu verlassen. Die Maschine fuhr nach links, ich lenkte nach rechts und im Nullkommanix überschlug ich mich. Die Yamaha landete auf meinem linken Fuß. Höllischer Schmerz. Vollkommene Stille. Motor aus. Scheinwerfer noch an. Sand war durch die Motocrossbrille in meine Augen gedrungen, ich blinzelte in den Himmel über mir. Die Sterne blinzelten zurück. Meine Maschine war noch voll intakt, ich war mit Schrecken und Bänderdehnung davongekommen.

Eine Stunde später stand ich auf dem Campingplatz in In Salah und humpelte zu einem verbeulten, rostroten Peugeot 504, dessen Fahrer im Schein einer Taschenlampe unter dem Wagen werkelte.

Ich sagte: „Wie es aussieht, hat das Umpacken wohl doch nichts gebracht, oder?"

Hunter kroch unter seiner Schabracke hervor und grinste breit durch den Bart. Wir setzten uns auf zwei Reservereifen und tauschten die Erlebnisse der vergangenen zwei Tage bei einem Minztee aus. In Steinwurfweite hockte ein anderer Motorradfahrer vor seinem Zelt, trank Tee und beobachtete die Flammen seines Benzinkochers. Er trug sein blondes Haar kurzgeschoren und eine Art Malerhose mit vielen Taschen. Neben seinem Zelt parkte eine BMW R 65 GS mit Berliner Kennzeichen. Aus den Augenwinkeln heraus sah ich, dass er nie zu uns rüberschaute. Und das, obwohl Hunter eine Anekdote nach der anderen hervorkramte und ich den Dünensturz wie einen Actionfilm beschrieb. Komischer Kauz, dieser Berliner, dachte ich, fährt nach Afrika und will allein bleiben.

Ich ahnte nicht im Geringsten, dass die Bekanntschaft mit ihm ein Höhepunkt meiner Reise werden sollte.

Sein Name war Titus.

Ruß-Land

Der Wind steht ungünstig. Es wird eine stürmische Überfahrt nach Afrika werden. Aber keine überfüllte. Nur 17 Autos rollen auf die Fast Ferry von Tarifa nach Tanger. Mal sehen, vielleicht ist sie ohne Ballast sogar noch schneller...

Dunkle Wolken spannen sich übers Meer, Afrikas Umrisse kann ich nur erahnen. Habe 66 Euro dafür gezahlt, dass man mich sicher und schnell rüberbringt. Und ja, mit der Sicherheit nehmen sie es hier sehr genau. Ein wahrscheinlich speziell für diese Zwecke ausgebildeter Verzurr-Meister spannt die Maschine vier Mal ab. Anschließend legt er noch ein paar Bremsklötze neben, hinter und vor die Räder. Was haben die vor? Überhaupt, die Bezeichnung: Fast Ferry! Wahrscheinlich geht das Ding beim Beschleunigen vorne hoch. Aber wie heißt das hier, auf See? Wheelie doch wohl kaum. Propellie?

Ich verlasse mein gut gesichertes Bike und steige über eine Treppe nach oben. Vom rundum verglasten Deck hat man gute Sicht. Anstellen in einer bereits 20 Meter langen Schlange. Man wartet darauf, zu einem Burschen mit PC und ein paar Stempeln zu gelangen, der auf einem Stuhl im Vorderteil des Bootes sitzt. Die polizeilichen Einreiseformalitäten nach Afrika werden anscheinend hier an Bord erledigt. Es dauert 15 Minuten, dann bin auch ich dran. Der Kerl schaut zweimal in meinen Pass, dann wieder in mein Gesicht. Ich weiß, ich sehe echt scheiße aus, hab mich jetzt schon zweieinhalb Wochen lang nicht mehr rasiert. Sein Blick sagt alles. Wirklich alles. Letztlich bin ich froh, dass ich überhaupt den begehrten Einreisestempel bekomme. So viel zu den polizeiermittlungstechnischen Kontrollen an Bord.

Neben mir sitzt ein älteres Ehepaar aus der Schweiz. Aus der deutschsprachigen Schweiz, wohlgemerkt. Obwohl, ist eigentlich egal. Französisch ist mir fast lieber, kann ich besser verstehen.

Er: „Können die nicht ein Mal pünktlich abfahren?"

Sie: „Beruhig' dich, schließlich bist du Rentner. Und wir haben jetzt sechs Monate Zeit."

Er: „Da zahlst du viel Geld, dass die fahren, und dann fahren sie zu spät. Fast Ferry! Dass ich nicht lache!"

Sie: „Denk doch einfach an das gute Wetter dort. Und dass wir die Kälte hinter uns lassen. Sei doch froh, dass die überhaupt fahren."

Er: „Aber sie könnten wenigstens EIN MAL pünktlich abfahren. Ist doch nicht zu viel verlangt, oder?"

Seine Frau schaut mich an, als wolle sie mir sagen: Oh, mein Gott, da fährt er alle 150 Jahre mal nach Afrika, was macht es da denn schon, wenn die Fähre Verspätung hat?

Dieses Gespräch wird noch 45 Minuten so weitergegangen sein, denn die Fast Ferry hat erst mit einer Dreiviertelstunde Verspätung abgelegt. Ich habe mich vorsichtshalber an einen anderen Tisch gesetzt. Und mit mir selbst gewettet, ob die Fähre ihrem Namen alle Ehre macht und die Zeit wieder reinholt.

Ich habe wieder mal ein mulmiges Gefühl. Zoll, Polizei – all das kommt noch auf der anderen Seite. Horrorszenario Grenzübergang Algerien! Und mal sehen, wenn nicht so viele Fahrzeuge vom Schiff rollen, nehmen sie sich vielleicht für jedes besonders viel Zeit. Die Überfahrt dauert statt der versprochenen 35 Minuten satte anderthalb Stunden. Also nix mit Fast Ferry. Wir haben hohe Wellen und Gegenwind. Wahrscheinlich haben sie die 35 bei optimalen Bedingungen gestoppt. Oder wenn die Fähre leer ist. Oder bei Rückenwind. Vielleicht hat man die Zeit auch nur geschätzt. Afrika halt.

Ja, Afrika. Als die Landebrücke runterfällt und das Licht den Bauch der Fähre flutet, atme ich tief durch. Nur noch wenige Sekunden, dann bewege ich mich wieder auf abenteuerträchtigem Boden. Dann bin ich zurück. Als letzter war ich auf die Fähre gefahren, aber auch hier gilt das biblische Gesetz: Ich wende den Scrambler und stehe als Erster vor dem Tor. Als auch der letzte Fußgänger hindurchgelaufen ist, gibt einer aus der Schiffsmannschaft das Zeichen zum Losfahren. Motoren heulen auf, Gänge schlüpfen in ihre Verzahnung. Raus aus dem Schiffsbauch. Blick nach vorn, aha, der Zoll ist gleich da drüben. Niemand da. Kurzer Spurt und wieder stehe ich auf Pole, diesmal im Zoll. Ein Uniformierter winkt mich bis nach vorn. Zwei Reihen bilden sich hinter mir. Ein Typ mit sehr schmalen Gesicht und vertrauenswürdigem Blick kommt auf mich zu. Er hat einen grünen Zettel in der Hand. Dieses Zolldokument gilt es auszufüllen. Das würde er gern für mich erledigen, meint er. Das nenn' ich mal Gastfreundschaft. Es dauert einige Momente, bis ich herausfinde, einem Schlepper auf den Leim gegangen zu sein. Denn er hat noch einen Gehilfen, einen schmerbäuchigen mit Warze auf der Glatze. Und dieser Gehilfe hat noch einen Gehilfen. Der Gehilfs-Gehilfe hat zwar dichtes Haar, dafür aber faulige Zähne und unglaublichen Mundgeruch. Er wird nicht müde zu beteuern, dass ich für diese Dienstleistung zu zahlen hätte. Mir stinkt's. Im Wortsinn.

„Mister, nur ein paar Dirham, für mich und meine Mannschaft. Nur ein paar. Wirklich nur ein paar."

Mittlerweile kommt der Schmalgesichtige ins Straucheln. Denn die Fahrgestellnummer des Scramblers ist ellenlang. Die Hieroglyphen von Gizeh sind nix dagegen. Man streitet sich, ob die Nummer zweigeteilt auch in die untere Zeile geschrieben werden darf. Sie können sich nicht einigen, daher fragen sie den Zollbeamten, der für meine Schlange zuständig ist. Der rollt sich genervt aus einem Toyota, dessen Sitz er gerade zerwühlt hat, und wird zum ersten Mal auf mich aufmerksam. Er zupft seine Hose zurecht, berührt kurz seine Waffe, hebt sein Kinn und bellt:

„Was ist in dem roten Sack?"

Aha, so weit sind wir also wieder. Na super! Hätte ich den Mist doch bloß selbst ausgefüllt. Aber so ist das nun mal, wenn du als gut erzogener Europäer nach Afrika kommst. Wenn dir ein vermeintlicher Beamter erklärt, was zu tun ist, fügst du dich.

„Kleidung, zum Anziehen."

„So viel?"

„So viel!"

„Aufmachen."

Scheibenkleister. Der Packsack ist das einzige Gepäckstück, an das ich nur gelange, wenn ich alle sechs Gummis abspanne und mein Stativ abnehme. Als ich den Packsack öffne, wirft er einen abfälligen Blick hinein und dreht sich um. Obenauf liegen gebrauchte Unterhosen und Socken. Mittlerweile hat der Schmalgesichtige das Okay vom Zöllner bekommen, die Scrambler-Nummer in zwei Zeilen zu schreiben. Meinen Nachnamen schreibt er mit nur einem N. Ich hoffe, es fällt niemandem auf. Aber da ist noch was! Völlig unruhig flitzen seine Augen zwischen Scrambler und der Zulassungsbescheinigung hin und her.

„Mister, hier, diese Zahl, 2012, die stimmt?"

„Wie, was, wo, 2012? Ja, ist das Zulassungsjahr der Maschine. Sie ist brandneu."

Der Mann schaut auf den Scrambler, man sieht förmlich, wie seine Augen die Rundungen des Tanks abtasten, an der Auspuffanlage entlangfahren und schließlich den kühlgerippten Motor mustern. 2012? Nun, ich bin wirklich nicht als Botschafter der Retrobikes von Triumph nach Afrika gereist. Er schaut mich noch mal an. Ich nicke. Er schreibt 2012.

Ich werde den Zahnfäuligen gleich dafür zahlen, dass er sein Maul hält. Seinen Mundgeruch hält ja keiner aus. Wahrscheinlich zielt das alles genau drauf ab. Während der Schmerbäuchige wie eine Fliege um mich schwirrt und ständig was von zahlen faselt, schaue ich in die Runde. Die beiden Schlangen haben sich fast aufgelöst. Nur noch ich und vier weitere Unwissende, eben alle, die sich den Schleppern anvertraut haben, sind noch im Zoll. Gemeinsam latschen wir zur Polizeibaracke. Hier wird eine Nummer in den Pass eingestempelt. Diese Nummer identifiziert bei der Ausreise das Fahrzeug, mit dem man eingereist ist. Ohne den Scrambler komme ich hier nie wieder raus. Wahrscheinlich werden sie ihn mir sogar in Teilen mit in den Sarg legen, falls ich hier sterben sollte. Andernfalls muss jemand den Einfuhrzoll zahlen.

Mit Pass, frischem Stempel und grünem Dokument stehe ich wieder vor meinem Zöllner. Die drei Schlepper umkreisen mich. Um sie loszuwerden, gebe ich ihnen drei Euro. Dirham habe ich noch nicht. Allgemeines Gejaule. Sie fuchteln und jammern. Haben alle mindestens vier Kinder, und die bräuchten neue Schuhe. Und neulich, als es geregnet hat, da hätts's auch durch's Dach getropft, jetzt hätten alle Schnupfen, bräuchten Medikamente... Was ich nicht weiß: Der echte Zöllner bekommt auch einen Anteil. Und drei Euro geteilt durch vier Komplizen macht 75 Cent pro Nase. Damit kommst du selbst in Afrika nicht weit.

Zwanzig Meter weiter. Die Dokumente habe ich alle, heiße jetzt Ralf Heniges, das Zolltor ist hinter mir zugefallen, und ich stehe direkt vor dem vergittertem Fenster einer amtlichen Wechselstube. 200 Euro Cash ergeben 2 888,87 Dirham. Ich muss zweimal nachzählen, kein Zweifel. Der junge Mann hat sich verzählt. Und nicht zu meinen Gunsten. Er lächelt. Ich lächele zurück. Es sind Mienenspiele, die so viel sagen wie: komm, rück's raus! Hast mich beschissen! Aber ich hab's gemerkt. Und: Mist! Aber na, ja, hättest du an meiner Stelle auch versucht, oder? Der Ertappte rückt die fehlenden 88 Dirham raus, und ich drehe mich um. Vor mir steht ein Typ, der die Hand aufhält. Ich will wissen wofür. Er sei hier der Guardian, sagt er, und habe auf mein Motorrad achtgegeben, als ich wechseln war.

Wechseln war? Ich bin mit dem Motorrad direkt vor die Stube gefahren und war nie weiter als drei Meter von meinem Fahrzeug weg. Kein Zaun, keine Wand dazwischen, nur Luft. Egal, sagt er, dies

hier sei Afrika. Man müsse stets aufpassen. Irgendwie hat er Recht.
Aber wahrscheinlich muss man eher auf Gauner wie ihn achtgeben,
als vor Dieben Angst zu haben.

Endlich zurück! Weit über 15 Jahre war ich schon nicht mehr in
Nordafrika. Und trotz aller Querelen: Ich liebe diesen Kontinent.
Denn die meisten Afrikaner sind wie kleine Kinder – stets lächelnd
und für einen Scherz gut. Allein der Kampf durch das Gewühl Tangers bereitet mir unglaubliche Freude. Gott, wie habe ich dieses
Chaos vermisst! Der Verkehr hier ist wie eine lebende Masse, ein
Organismus, der sich selbst pflegt und heilt. Die einzige Verkehrs-
regel ist, dass es keine gibt. Kreisverkehr: Alle fahren rein, man
hupt, winkt, schaut, brummt, macht irgendwas. Wahrscheinlich ist
es sogar Telepathie, aber es funktioniert. Es funktioniert aber auch
nur deshalb, weil sich alle irgendwie durchtasten und niemand wie
in Deutschland unbedingt auf seinem Recht beharrt. Allerdings:

Man muss wirklich tasten. Es gibt immer noch keinen TÜV. Aus diesem Grund fährt hier auch alles rum, was halt irgendwie noch fährt. Im Sinne von sich vorwärts bewegt. Die Gesamtproduktion der Mercedes-Benz-Typen W123 und W124 aus den 80er- und 90er-Jahren beispielsweise. Von vier Wagen, denen man in Nordmarokko begegnet, sind drei ein Mercedes.

Die andere Viertel stellen ausgelutschte Golf 1 und 2 sowie verlebte Jetta und Derbi. Auf meinem Weg durch die Stadt verfahre ich mich. Das Navi rettet mich nicht, denn es hat kein Kartenmaterial für Marokko gespeichert, sondern navigiert mich mit einer Art Kompasssystem. Ich sehe Autos mit einem halben Meter Spurversatz – ein Wunder, dass alle vier Räder nicht nur dran sind, sondern auch noch in etwa dieselbe Richtung laufen. Völlig überladene Fahrzeuge, aus denen alles raussteht. Stahlträger, Wasserrohre, Gasflaschen, Gartenzäune... Esel, Dreiräder, Ziegen – alles rennt mitten im Verkehrsgewühl umher. Jeder fährt ständig irgendwo an die Seite, bleibt mitten auf der Straße stehen oder biegt ohne zu blinken ab. Hier ist Intuition wichtiger als Versicherung. Eine Knautschzone wäre allerdings auch nicht schlecht.

Wussten Sie eigentlich schon, warum Afrika der Schwarze Kontinent genannt wird? Fahren sie mal hin. Nur eine Stunde in Tangers Verkehrsgewühl reicht, schon ist man völlig schwarz. Hier rußt alles. Nicht nur die alten Dieselfahrzeuge ohne irgendeinen Hauch von Partikelfilter oder Kat. Nein, scheinbar auch Benzinmotoren. Bohrmaschinen ebenso wie Esel, Hunde, Ziegen und wahrscheinlich sogar Kleinkinder. Es ist die Hölle. Vor allem, wenn das Überholen nicht einfach ist. Drakonische Strafen drohen beim Überfahren der durchgezogenen Mittellinie. Und weiße Farbe hatten sie hier genug. Aus Tanger raus Richtung Tetouan ist das noch kein Problem, denn die Straße ist eine Art Autobahn mit zwei Fahrspuren pro Richtung. Trotzdem wird hier mehr geschlichen als gefahren. Denn: Vorsicht ist allemal geboten mit den alten Kisten. Schließlich hat man sie in Europa ausgemustert. Dort sollten sie auf den Schrott, weil vieles nicht mehr so funktioniert, wie es sollte. Aber man hat sie stattdessen hierher geschafft und noch mal fleißig kassiert. Das hat mitunter etwas Nostalgisches. Eine Tour durch das marokkanische Atlasgebirge ist so ähnlich, als wenn man daheim zufällig in eine Oldtimer-Ausfahrt gerät. Nummern und Aufkleber haben die Jungs hier auch genug. Nur, dass die Karren leider nicht so mundpoliert aussehen, wie die Schmuckstücke in Deutschland. Erzähl den Fahrern dieser maroden Blechkisten mal, dass sie historisches Kulturgut bewegen. H-Kennzeichen? H steht hier in Marokko höchstens für haltbar.

Als ich von Tetouan Richtung Chefchaouen abbiege, passiere ich eine gewaltige Müllhalde. Heute ist extrem starker Wind, es hat mir schier den Tankrucksack seitlich verdrückt. Was der Wind allerdings auf, beziehungsweise mit der Müllkippe anrichtet, trotzt jeglicher Beschreibung. Habe so etwas noch nie gesehen: Im Umkreis von rund fünf Kilometern wirbeln Plastiktüten und -flaschen umher. Eine Riesensauerei. Dabei muss man wissen: Es ist besiedeltes Gebiet. Die Menschen hier haben den Mist in jeder Astgabel ihrer Gärten. Darüber dichte, dunkle Wolken, pulsierender Sturm, fliegender Müll, Endzeitstimmung. Hinzu kommen schleichende Autos. Natürlich hat man auch die alten Mercedes-Benz-Lieferwagen D207, D210 und ähnliche Standwerke hierher verbannt. Mit über zwei Tonnen Gewicht und maximal 60 PS sind die Dinger alles andere als metallische Bergziegen. Überholen ist zwar verboten – durchgezogene Linie – doch wer will hinter diesen Rußschwandenziehern herschleichen? Manchmal rußeln zehn Autos hintereinander her. Minutenlang. Stundenlang. Auch wenn der Vordermann nur knapp 25 km/h fährt und dabei Warnblinklicht eingeschaltet hat, traut sich niemand zu überholen. Fast niemand.

Beim Überholen sehe ich auch, warum er warnblinkt. In einem D207 sitzen, oder besser: stehen schätzungsweise 40 Menschen. Der kann wegen Überladung gar nicht schneller fahren. Überhaupt sind die meisten Wagen, die man unterwegs trifft, so was wie Taxis. Sie stoppen an den unmöglichsten Stellen, um Reisende aufzunehmen oder rauszulassen. Alle diese Umstände machen Motorradfahren hier nicht unbedingt spaßig. Zudem sind die Straßen so uneben, aufgeschlagen und wellig – der Scrambler ist fahrwerksseitig völlig überfordert. Dieser Zustand in Verbindung mit meinen mittlerweile zu über 50 Prozent abgefahrenen Reifen – das ist Fahren auf Eiern. Dazu kommt noch: Fast in jeder Kurve gibt es Öl- oder Dieselspuren. Von der Landschaft sieht man nicht viel, die Augen müssen die Straße lesen. Egal. Man verpasst nichts. Die Hügel unbewaldet, leicht vermüllt, vereinzelte Häuser, wie mit dem Pinsel an die Hänge getupft. Hatte ich etwas grandioser erwartet, bin jedoch vielleicht von den letzten 2500 Kilometern ein bisschen verwöhnt. Blöderweise haben sie für die nächsten Tage Regen vorhergesagt. Möchte gar nicht dran denken, wie wenig Grip die Straßen dann noch haben. Erwähnenswert: Es hat sich in den letzten 24 Jahren nicht viel geändert. Vor und nach jedem größeren Ort gibt es Polizeikontrollen. Meist sind es zwei Uniformierte, die mit ihrem Kennerblick die Fahrer und Passagiere scannen und nach irgendeinem Schema zur Kontrolle rausziehen.

Mein Nachtlager wird ein Hotelzimmer in Chefchaouen. Grauenvoll, sag' ich nur. Doch es gibt es nicht viele Alternativen, und ehe ich lange durch die Gegend cruise und vielleicht noch den einen oder anderen Esel umfahre, bleibe ich lieber hier. Ein netter Ort: Das Zimmer riecht muffig, Schimmel nistet an den Wänden, die Matratze verdient höchstens den Begriff Auflage, einen Lattenrost hat man sich gleich gespart, im Bad riecht es nach Fäkalien, Fliesen sind abgeplatzt, überall klebt es. Als ich die Motorradjacke (vier Kilo ohne Inhalt) an den Haken hänge, bricht der einfach aus der

Wand. Doch nicht etwa, dass hier der Dübel nicht hält. Nee. Ein faustgroßes Loch klafft im Gemäuer. Wahrscheinlich muss ich morgen noch spachteln, bevor ich fahre. Dazu kommt: Das Zimmer liegt an einer vielbefahrenen Straße, das Fenster schließt nicht, und irgendwie lässt sich die Tür nicht richtig absperren. Die vielen schwarzen Haare auf dem Kopfkissen und die Flecken in der Decke sprechen nicht gerade für frisches Bettzeug. Aber: Fernseher an der Wand, sechs Sender, Fernbedienung. 20 Euro die Nacht. Ich packe meinen Schlafsack aus und hake das Ganze unter Lehre ab. Man muss erst die Hölle gesehen haben, um den Himmel erkennen zu können.

Beschissen geschlafen. Man könnte auch bescheiden gelegen sagen. Richtig geschlafen hab' ich nicht. Zu groß ist die Furcht davor, in ein Desaster zu fahren. Überflutung, Kidnapping, Unfall. Packe meine Sachen, knebele alles aufs Motorrad und lasse den Blick über die Hänge schweifen. Chefchaouen ist wie eine Kelle Mörtel an die Felsen geklatscht worden. Hochnebel umwabert die Hügel, in der Ferne leuchtet sogar eine helle Stelle – Sonnenschein. Vielleicht haben sie sich bei der Vorhersage auch geirrt, und die Sonne kommt raus. Bin doch schließlich in Afrika, oder?

Pustekuchen. Keine zehn Kilometer weiter beginnt der Regen. Zuerst nieselt es, dann setzt heftiger Niederschlag ein. Ich rette mich in eine Bar, gleich neben einer Tanke, und ordere Kaffee. In das 0,1 Liter fassende Glas perlt die Plörre, die mit vier massigen Stücken Würfelzucker serviert wird. Zwei junge Männer sitzen hinter der Bar, sieben vor der Glotze. Die ist an. Fußball läuft. Manchester gegen Barcelona. Der Fußboden ist schachbrettartig mit Fliesen belegt. Da es draußen regnet und man auf den Fliesen schnell ausrutscht, haben sie einfach Sägespäne ausgestreut. Und damit wahrlich nicht gespart. Muss ein ganzer Baum gewesen sein, den man für das Streugut erlegt hat. Ich sitze gedankenversunken allein in der Ecke dieses Restaurants. Der Regen ist mittlerweile dicht wie eine Decke, die irgendjemand über den Scrambler wirft. Ich rieche muffig, mein Bart ist schrecklich nervig, und irgendwie kann ich mich nicht richtig verständigen mit diesen Leuten hier. Sie sprechen arabisch, französisch nur bruchstückhaft. In Situationen wie diesen, wenn alles eigentlich in Ordnung ist, ich den Spirit der Reise atme, das Lokalkolorit mich umschmeichelt, wird mir immer stärker bewusst, welche Schätze ich daheim habe: echte Freunde, einen wunderbaren Sohn und Familie. Allein um sich dieses Reichtums bewusst zu werden, lohnt der Aufbruch ins Ungewisse. Diese Erkenntnis geht in unserem Alltag aber allzu oft unter, oder wird durch kleine Nervigkeiten hinweggewaschen.

Apropos waschen: Ein Typ, der genauso aussieht wie Billy Bob Thornton in U-Turn (klasse Film, sehr empfehlenswert), kommt durch die Tür, schaut mich an, ordert einen Kaffee und setzt sich an meinen Tisch. Das heißt, er will. Zuerst meckert er über meinen Helm, der auf dem Tisch liegt. Als ich den runterlege, ist es mein Rucksack, der ihn stört. Ich blicke in die Runde. 20 Tische sind bestimmt noch frei. Jetzt wird er lauter. Ich verstehe nur Bahnhof. Und Mohammed. Aha. Da läuft der Hase also lang. Ich hebe beschwichtigend meine Hand, trinke meinen Kaffee in einem Zug aus und will mich erheben. Plötzlich geht das Gerangel los. Die beiden Männer, die eben noch hinter der Bar standen, stehen plötzlich neben mir und brüllen auf Billy Bob ein. Ich schlucke. Hoffentlich gibt es jetzt keine Toten hier. Besser, ich fahre weiter.

Regennasse Straßen. Gestern hatte ich noch gemutmaßt, wohin das führt. Und: Ich hatte Recht! Die Fahrt wird zum Abenteuer. Meine Offroad-Erfahrung hilft mir hier. Mehrmals rutsche ich über beide Räder, kann die Maschine gerade noch so abfangen. Doch nicht nur der Belag, sondern auch die beweglichen Hindernisse sind gefährlich. Denn man kann sich hier bei den Autos und deren

Fahrern auf nichts verlassen. Nicht aufs Bremslicht. Nicht aufs Blinken. Nicht auf logische Verkehrsabläufe. Ich überhole einen W124, bei dem sich drei Typen die beiden vorderen Sitze teilen. Der in der Mitte fuchtelt ständig mit einer Art Stab an der Scheibe herum. Überholvorgang vor einer Kurve. Seitenblick. Bei dem Wagen regnet es nach innen rein. Der mittlere Passagier arbeitet als Scheibenwischer. Im Fond zähle ich vier Köpfe. Vielleicht haben sich auch zwei noch schnell geduckt. Wer weiß das schon. Afrika.

Ja, Afrika. Mit Regen, der aussieht wie dicke Seile, die vom Himmel baumeln. An den Seitenrändern des schmierigen Asphaltbandes: Eselkarren, die bis zur Achse im Morast stecken, Ziegenhirten mit lustigen Plastikzipfelmützen, und Radfahrer, die mit Schirm fahren. Ein Vater läuft mit seinem kleinen Sohn neben Esel und Pferd her, die einen Pflug ziehen. Das Quartett versinkt förmlich im Morast. Pfützen und Schlamm, soweit das Auge reicht. Und Müll. Bei schlechtem Wetter wirkt der Kontinent noch dreckiger, als er ohnehin schon ist.

Vor Quezzane eine Riesenschlange: Polizeikontrolle trotz Dauerregens. In der Stadt trinke ich süßen Pfefferminztee in einem Café. Männer sitzen und debattieren, im Fernsehen fliegen drei Jagdbomber gerade Ziele in Syrien an. Explosionen in Nahaufnahme. Blicke umher: Wohlstand wird in dieser Stadt anscheinend durch das Tragen von schwarzen, sehr spitzen Lederschuhen demonstriert. Fliegen umschwirren mich, vielleicht hätte ich doch duschen sollen... Der Regen wird heftiger. Hätte nicht gedacht, dass so etwas überhaupt noch möglich ist. Entscheide, nicht weiter durch die Berge nach Essaouira zu fahren, sondern an der Küste entlang. In der Hoffnung, dort besseres Wetter vorzufinden.

Irgendwo bei Souk el Arba laufe ich vor einer Kuppe auf einen VW Passat aus den 80er-Jahren auf. Riesenaufkleber am Heck: Pioneer. Der Wagen hängt links böse. Wahrscheinlich ist die Radaufhängung gebrochen. Oder sie haben vergessen, den Stoßdämpfer einzubauen. Ich kann gerade noch so bremsen, denn der Passat fährt, oder besser: rollt mit nur 15 km/h auf die Kuppe zu. Nehme den Schwung mit und überhole gekonnt. Was soll schon passieren?

Diesmal winken und nicken sie nicht freundlich. Zum einen sind sie wahrscheinlich sauer, hier den ganzen Tag lang im Dauerregen in ihrer gewiss nicht wasserdichten Uniform zu stehen. Zum anderen hat ihnen nicht gefallen, was ich da gerade gemacht habe: Überholen im Überholverbot! Überfahren der durchgezogenen Linie. Der schmalere der beiden Polizisten springt sofort auf die Straße, fuchtelt wild mit den Armen, und winkt mich ran. Während ich gehorche, keucht der Passat vorbei und rußt alles ein. Französisch steht nicht auf dem Sprachprogramm der beiden Beamten. Na, das kann ja heiter werden

„Passaporte", brummt der Dickere und hält seine rechte Hand hin, seine linke steckt in einem weißen, wasserdichten Handschuh.

Ich pfriemele meinen Reisepass aus der Kombi. Dabei fällt der Übernachtungsbeleg von heute Morgen in den Schlamm. Blitzartig greift der Schmalere hinterher, dachte wohl, es sei Schmiergeld. Enttäuscht knüllt er die Rechnung zusammen und wirft sie hinter sich. So entstehen Müllberge. Der Dicke brabbelt was auf Arabisch. Ich stelle mich dumm. Kann ich gut. Mal sehen, was passiert. Als erstes hebt er die Stimme und wird lauter. Brüllt letztlich rum und nimmt einen Zettel, auf den er Folgendes malt: eine Art Straße mit Mittellinie, eine Art Auto und mich, eine Art Motorrad. Jetzt malt er eine Art nicht geduldeten Überholvorgang, der durch viele krumme Linien mit Pfeilen dargestellt wird, die um das Hindernis (Passat) führen. Zum Schluss malt er eine Zahl: 1 000 Dirham. Sein Finger deutet auf mich.

Bei einem Umrechnungskurs von grob eins zu zehn sind das 100 Euro. Wahnsinn, denke ich, diese Zeichnung muss ich unbedingt haben. Die kommt bei mir an die Wand. Dicker Rahmen rum. Vielleicht darf ich die Zwei auch noch fotografieren, wenn ich nett frage. Ich nehme meinen Helm ab. Regen tropft auf die Glatze, mein Lächeln ist gewinnend. Aber es wird nicht erwidert. Sie schauen wie zwei, denen ich gerade die Kunde überbracht habe, sie würden Preise für die kleinsten Penisse bekommen.

Wie immer gibt es in diesen Situation zwei Möglichkeiten: zahlen oder handeln. In 98 Prozent der Fälle wird in Afrika gehandelt. Aber dazu kommt es diesmal gar nicht. Denn ich wende das gestern Gelernte an. Fange theatralisch an zu jammern und greife in meine Hosentasche, in der mein Portemonnaie steckt, in das ich heute morgen nur gerade mal soviel Geld gesteckt habe, dass es fürs Tanken und Essen reicht. Es sind noch exakt 86 Dirham übrig, die ich jammernd rausklaube und mit beiden Händen präsentiere. Acht Euro, sechzig Cent. Ich jammere in den Himmel, meine Hände wippen dabei. Die beiden Polizisten schauen sich an. Der Dickere zerreißt die Zeichnung. Och nö! Dann grabscht er nach den 86 Dirham und macht mit der Hand eine Bewegung, mit der man gemeinhin Fliegen verscheucht. Unablässig trommelt der Regen. Auf Helm, Glatze, Straße. Auf ganz Marokko.

Festgepflockte Esel, die im Kreis fressen, bunt gekleidete Frauen, die Trinkwasser von den Brunnen holen. Gelbe statt blaue Taxen. Viel ändert sich nicht auf der Weiterfahrt. Kurz von Kénitra wird der Wahnsinn auf den Straßen allerdings heftiger. Ein Markt ist beendet. Dauerregen. Fußgänger, Eselkarren, Esel ohne Karren, Esel in Karren. Dreiräder. Taxifahrer. Alle im dichten Dauerregen auf einer schnurgeraden Straße. Wind hat sich hinzugesellt. Er bläst heftig, zerrt an der Kleidung der Menschen, bläst Wasserfontänen zur Seite. Irgendwie muss ich das in Tanger Erlebte revidieren. Lebensmüde – nie war eine Bezeichnung treffender. Jeder taumelt wie in Trance, umfährt oder umspringt Pfützen und Schlaglöcher in der Hoffnung, sein Gegner würde ausweichen. Jeder mit unterschiedlichem Speed, jeder meint, im Recht zu sein, und verfolgt seine eingeschlagene Richtung beharrlich. Anarchie statt Chaos. Zwischen alledem sehe ich Menschen, die sich im Schlamm zum Gebet Richtung Mekka neigen. Und Radfahrer, die vom Wind wie ein welkes Blatt getrieben über die Straße pendeln. Ich atme jedes Mal tief durch, wenn ich einen Radler im weiten Bogen umfahre. Ein Déjà vu blitzt auf.

Ich erinnere mich an eine Situation aus dem Februar 1990, als ich mit meinem damaligen Reisepartner Oliver durch ein Dorf in Uganda fahre: Jeder von uns pilotiert ein Motorrad. Vor uns fahren zwei Jungs auf einem Fahrrad. Einer sitzt auf dem Sattel, der andere im Damensitz auf der Stange. Ich überhole. Sie haben keinen Spiegel und biegen nach mir einfach ab, lenken auf die Gegenseite. Oli fährt hinter mir und hat keine Chance zum Ausweichen. Mit 50 km/h rammt er das Fahrrad mit dem Alu-Koffer seines Bikes, die beiden Burschen segeln durch die Luft. Ich höre Gescheppel, bremse, schaue in meinen Rückspiegel und sehe das Drama. Oli ist gestürzt. Versucht, seine Maschine hochzuheben. Die beiden Jungs liegen am Boden und winden sich. Das Fahrrad hat Totalschaden. Von überall rennen Menschen herbei. Es sind viele, viel zu viele, um sie zu zählen. Sie sind aufgebracht. Sie schreien, sind wütend, umzingeln Oli. Ein Lynchmob, mit Hass im Blick und Kraft in den Fäusten.

Hier zählt nicht die Tatsache, dass die beiden Jungs sich vorm Abbiegen nicht umgeschaut haben, sondern der Fakt, dass wir zur falschen Zeit am falschen Ort waren. Denn wären wir nicht vorbeigefahren, wäre das nicht passiert. Es ist eine dramatische Entscheidung: Ich bin weit genug vom Geschehen entfernt, der Motor meiner Yamaha läuft, ich muss einfach nur Gas geben und losfahren, weiterfahren. Weit weg. Und bin in Sicherheit. Oliver habe ich damals drei Wochen gekannt. Er war wie ich allein auf dem Weg durch Afrika. Jeder von uns wußte um die Gefahren des Alleinreisens. Entscheidungen wie diese fallen in Bruchteilen von Sekunden: Ich will Oli der Menge dort nicht ausgeliefert lassen. Will beschwichtigen, aufklären, für Recht sorgen. Also fahre ich zurück. Mein Mut wird belohnt.

In der aufgebrachten Menge ist auch eine Art Dorfoberhaupt, der irgendwelche Orden an seinem T-Shirt baumeln hat. Er schreit lauter als die anderen, beschimpft die beiden Jungs, die mit dem Fahrrad gestürzt sind. Sie haben nur Blessuren, nicht mal Brüche, gottlob. Und er rügt uns, weil wir angeblich zu schnell gefahren sind. Wir sollen das Fahrrad bezahlen. Es kostet umgerechnet zehn US-Dollar, damals 17 Mark. An diesem Abend sitzen Oli und ich in einer Bar. Wir feiern, den Tag überlebt zu haben. Denn wäre auch nur einer der beiden Radler ernsthaft verletzt worden, wäre diese Situation ganz anders ausgegangen. Danke, sagt er, dass du zurückgefahren bist. Ehrensache, klar, er hätte es bestimmt auch für mich getan, sage ich.

Der stundenlange Regen ist nicht ohne Wirkung geblieben. Meine Handschuhe sind völlig durchnässt, einmal ausgezogen, bekomme ich sie wahrscheinlich nicht mehr an. Als Motorradfahrer kennt man das. Meine Blase drückt. Los, aufhalten! sage ich mir immer wieder. Zumindest so lange, bis das Wetter sich bessert.

Doch der Sturm wird heftiger, der Regen ebenfalls. Ich biege auf die Autobahn Richtung Süden. Will den chaotischen Zuständen auf der Landstraße entfliehen. Kaum drauf, kommt auch schon eine Zahlstelle. Mit allem hätte ich gerechnet, nur damit nicht. Jetzt heißt es abpacken, denn das Geld ist regendicht im roten Packsack. Handschuhe aus (Herrje!), wühlen, fummeln, alles wieder verstauen, zahlen und Handschuhe an. Dauert eine Ewigkeit, aber geht irgendwie. Kurz vor Rabat fängt der Weltuntergang an. Extremer Sturm. Der Regen kommt waagerecht. Lkw zirkeln über die Doppelspur, ans Überholen ist nicht zu denken. Autos zucken, als seien

die Fahrer betrunken. Der Regen ist monsunartig, peitscht, wirkt wie eine Hand, die mich von meinem Ziel fernhalten soll. Jetzt muss die wasserdichte Kutte zeigen, was sie drauf hat. Keine 20 Meter Sicht. Die Furcht, von einer Böe umgeworfen zu werden, fährt mit.

16.06 Uhr – ich denke darüber nach, ein Hotel zu suchen. Blick auf die Karte. Casablanca geht noch! Mindestens. Wieder eine Zahlstelle. Ich reihe mich ein, fummele ewig mit den Handschuhen, will sie nicht ausziehen, komme mit ihnen nicht ans Geld. Genervtes Hupen hinter mir. Fummel, fummel. Der Zahlmeister hat Erbarmen, lehnt sich aus dem Fenster, klaubt mein Portemonnaie aus der Tasche, fischt einen braunen Schein raus und steckt einen blauen als Wechselgeld wieder rein. Im Nachhinein merkte ich, dass er mich um acht Euro beschissen hat. Die Gelegenheit war einfach zu verlockend.

Regen. Sturm. Vereinzelte Zündaussetzer. Kein Hotel. Ich halte angestrengt Ausschau. Falls das in diesem Wetterchaos überhaupt möglich ist. Der Wind behandelt mich wie seinen Todfeind, schüttelt mich durch, drückt mich weg, beschießt mich mit Regentropfen. Es müssen noch 400 Kilometer sein, bis zum Ende meines persönlichen Jakobswegs. 400 Kilometer bis zu ihm. Doch so sehr es mir das Wetter auch erschwert, meinen Weg fortzusetzen, ich zweifle nicht eine Minute an der Richtigkeit dieses Unternehmens.

Manche Dinge lassen sich nicht erklären. Wenn du keine schwierigen Situationen meisterst, wächst auch keine Zuversicht. Und Zuversicht ist die Wurzel positiven Denkens. Darauf baut sich Selbstbewusstsein auf. Ohne Zuversicht läuft man geknickt durch die Welt. Am 9. Dezember hat meine Zuversicht einen argen Riss bekommen. Der Kampf mit den Widrigkeiten der Strecke kittet den Riss allmählich. Irgendwo habe ich mal folgendes gelesen: Wahres Leben bewegt sich nach vorn in unbekannte Bereiche. Gut, sie müssen nicht immer so unbehaglich sein. Aber wenn du nichts erlebst, kannst du nichts erzählen. Und wovon willst du zehren, wenn nicht von Erinnerungen? Willst du deinen Enkeln die Handlungen einiger Filme erzählen, die du mal gesehen hast? Ist es das, warum man lebt?

Je schwieriger der zurückgelegte Weg, desto stolzer kann man sein, wenn man ihn gemeistert hat. Und umso zuversichtlicher wird man kommende Herausforderungen angehen.

Durch den Hurrikan, das Auge des Sturmes, den Weltuntergang, kämpfe ich mich bis nach Casablanca-City. Die Reserve-Warnleuchte ist seit 70 Kilometern an. Neuer Rekord. Casablanca, Nebel, Humphrey Bogart und Ingrid Bergman. Der Abschied. Großes Kino. Im wahren Leben allerdings ein Katastrophen-Film. Palmen werden vom Wind wie Streichhölzer geknickt, mit ihnen wischt der Sturm die Straßen. Riesige Pfützen überall, hupende Autos und Müll, mit dem der Wind spielt. Die Welt um mich herum ist ein Meer, auch ich bin klitschnass. Das einzig Trockene an diesem Tag ist wahrscheinlich gleich der Tank. Dann muss ich das Trumm auch noch schieben. Es sind diese Momente, in denen man sich wirklich wünscht, das Ganze hier wäre nur ein Film und man selbst würde auf dem Sofa vor der Glotze lümmeln, mit dem Sohn unter der Kuscheldecke, Tüte Chips, warmer Tee... Pausentaste, kurz aufs WC, weiter geht's. Ach, wo ich schon dabei bin – müssen muss ich auch immer noch. Das macht die Irrfahrt nicht gerade angenehmer. Dazu kommt: An jeder Autobahnausfahrt und auf jeder Fußgängerbrücke stehen Polizisten. Der Wind spielt mit ihnen, drückt sie wie Marionetten hin und her. Der Regen presst seine feuchte Fracht durch ihre Kleidung. Garantiert haben sie schlechte Laune. Und wollen sie an jemandem auslassen. In Augenblicken wie diesen lerne ich die doch so angenehmen Nebensächlichkeiten meiner Wohnung wieder richtig schätzen, freue mich auf mein Bett daheim, dass ich überhaupt eins habe und auf das reißfeste Klopapier neben meiner eigenen, sauberen Toilettenschüssel.

Letztlich rettet mich die Erinnerung daran, dass dieses Navi ja auch Hotels finden kann. Ich tippe ein und zirkle nach Kompass vier Kilometer durch die Stadt, lande letztlich bei einem Hotel nahe dem Bahnhof. Egal, wie das jetzt aussieht. Hauptsache WC, ein Loch reicht, und irgendwie warmes Wasser. Sie haben beides. Glück gehabt. Regen peitscht an die Fenster, wird vom Sturm durch die Abdichtung gepresst. In meinem Zimmer entsteht ein See. Egal. Das Bett steht auf Füßen, 40 Zentimeter hoch. Während draußen das Unwetter mit hoch erhobener Faust droht, liege ich in meinem Schlafsack und starre an die Decke, von der eine Art Kronleuchter baumelt. Er bewegt sich, pendelt. Fehlt jetzt nur noch ein Erdbeben. Irgendwer oder irgendwas hindert mich mit aller Gewalt, mein Ziel zu erreichen. Erneut denke ich: Was hat ihn nur dazu bewogen, hier runter zu ziehen?

Titus

Wir trafen uns beim morgendlichen Zähneputzen. Ich stand bereits da und schrubbte. Der BMW-Fahrer stellte sich ans Ende eines langen Steintroges, der als Waschbecken diente. Er grüßte französisch, was ich nicht als Gedankenlosigkeit, sondern als Hochnäsigkeit wertete, schließlich musste er mitbekommen haben, wie Hunter und ich am Vorabend unsere Stories erzählt hatten. Ich grüßte ihn auf Deutsch und humpelte davon. Erst später kam mir in den Sinn, dass der Bursche vielleicht nur ein Motorrad mit deutschem Kennzeichen fuhr, und eigentlich aus einem ganz anderen Land stammen könnte. Gegen Mittag hatte ich meinen Reifen abgezogen. Ich fuhr mit Hunter zu einem Mechaniker seines Vertrauens in die Stadt. Dieser sollte meinen Reifen von innen vulkanisieren, die dicken Löcher schließen. Gegen 15 Uhr waren wir wieder zurück, und ich machte mich daran, den Reifen aufzuziehen. Man hatte innen zwei großflächige Flicken verklebt, die aus dicken Traktor-Schläuchen herausgeschnitten waren. Das sollte angeblich ewig halten. Hunter kannte mal wieder jemanden, der mit solchen Flicken die ganze Welt umrundet hatte.

„So also geht das! Sieh an, sieh an."

Ich blickte hoch. Vor mir stand der BMW-Fahrer. In der linken Hand ein Teeglas, in der Rechten eine Art Kuchen. Er biss herzhaft hinein.

„Wie geht was?"

Der Typ kaute genüsslich, spülte mit Tee hinterher und schmatzte: „Na, das Reifenwechseln. So also geht das..."

„Willst du damit sagen, du hättest noch nie einen Reifen gewechselt?"

Für einen Endurofahrer wie mich war diese Vorstellung undenkbar.

„Nö. War auch nie notwendig. Die Reifen sind noch wie neu. Meine Maschine hat erst 3 200 Kilometer runter. Und einen Plattfuß hatte sie noch nicht."

Ich hebelte die Flanke über die Felge und sicherte das Ventil, damit es nicht reinflutschen konnte. Geübte, schnelle Griffe. Hundertfach gemacht. Meine Luftpumpe war an der Alubox montiert, und der Typ stand im Weg. Ich ging nicht um ihn herum, sondern schob ihn zart beiseite.

„Wenn ich dir helfen kann, sag einfach Bescheid", schnurrte der BMW-Fahrer und schlurfte zurück zu seinem Zelt.

Ich dachte: Nur ein Dämlack oder Geizhals kauft sich eine 650er-GS, wenn es auch eine 800er gibt. Und überhaupt: erst 3 200 km runter! Der fährt nach Tamanrasset zur Erstinspektion. Und dann diese Kleidung! Weißer Overall, weiße Hose, Springerstiefel. Sieht aus wie ein Bäcker auf Abenteuerurlaub. Was in Gottes Namen sucht der Typ hier?

Hunter war wieder in die Stadt gefahren, um ein Ersatz-Federbein aufzutreiben, denn in diesem Zustand wollte und konnte er El Hadschi den Wagen nicht übergeben. Im Lauf des Vormittags trudelte ein Tross französischer Autoschieber ein. Sie hatten drei Peugeots und fünf Mercedes S-Klasse dabei. Ich schaute mir die Wagen an. Sie waren allesamt in einem außerordentlich guten Zustand, ganz im Gegensatz zu Hunters Auto. Als ich von den Franzosen zurückkam, humpelte ich am Zelt des BMW-Fahrers vorbei. Er saß teekochend vorm Eingang.

„Na, ist dein Kumpel schon abgereist?"

„Welcher Kumpel?"

„Na, der Typ mit dem verbeulten Peugeot."

„Nee, der sucht ein paar Ersatzteile. Sonst kann er den Wagen nicht ausliefern. Den bekommt El Hadschi in Tamanrasset."

„So, so. Weißt du überhaupt, was ein El Hadschi ist? Aber Augenblick. Wir reden, ohne uns einander vorgestellt zu haben."

Mit diesen Worten erhob sich der BMWler aus dem Schneidersitz, verbeugte sich kurz und sagte: „Titus aus Berlin."

Was sollte ich sagen? Rolf aus Sudershausen? Kannte keine Sau. Ich beließ es beim Vornamen.

Wir setzten uns. Titus reichte mir Tee und erzählte seine Geschichte. Sie hatte nichts mit Motorrädern zu tun. Er war Schauspieler für Theater und Fernsehen. Spielte in Bad Segeberg bei den Karl-May-Festspielen und ergatterte ab und an kleinere Nebenrollen in Fernsehserien wie Derrick. Titus war viel gereist und listete eine Menge Länder auf. Obwohl nur zwei Jahre älter als ich, schien er für zehn Jahre mehr erlebt zu haben. In Marokko hatte er Arabisch gelernt und auf einer Reise durch Pakistan einen heiligen Schwur getätigt: Nach einem Tag voller Pannen schwor er sich, ab sofort im Leben alles so hinzunehmen, wie es kommt, und nie wieder zu fluchen. Ich war beeindruckt. Nur eine Tatsache machte mir Sorgen: Titus war in puncto Motorrad ziemlich unbedarft. Er hatte erst im Herbst letzten Jahres den Führerschein gemacht und im Anschluss daran gleich die BMW gekauft.

„Mein Traum ist es, Schwarzafrika mit dem Motorrad zu durchqueren", schwärmte er.

„Und da haben sie dir diesen Hobel aufgeschwatzt? Warum hast du nicht die 800er genommen?"

„Weil sie mir für diese hier einen guten Preis gemacht haben."

In meinem Bekanntenkreis war niemand, der eine BMW R 65 GS fuhr. Sie wog fast 200 Kilo und hatte nur 27 PS. Kann man ja gleich Fahrrad fahren.

„Hast du sie wenigstens aufmachen lassen, oder bist du mit 27 PS unterwegs?"

Titus nippte an seinem Schluck Tee, schaute in die Weite, dann in den Sand.

„Aufmachen? Sie läuft locker 100 km/h. Und ich denke, das reicht für Afrika."

Herrgott! Siebenundzwanzig Pe-Es! Hinzu kam: Der kleine Boxer hatte das Temperament einer Schildkröte, gepaart mit der Drehfreude eines Stationärmotors. Das Ding hatte nichts von Dynamik, höchstens von Vorwärtskommen.

„Du weißt aber schon, dass es ab Tamanrasset richtig zur Sache geht, oder? Da ist nix mehr mit Asphalt, sondern nur noch Pisten und Sand."

Titus schaute auf meinen linken Fuß, den ich humpelnd hinterherzog.

„Ich werde mich mit anderen Reisenden zusammentun. Gemeinsam wird das schon gehen."

Hätte mir jemand zu diesem Zeitpunkt erklärt, dass ich es sein könnte, mit dem Titus den schwierigsten Abschnitt der Sahara dann durchquert, ich hätte schallend gelacht.

Ich half Hunter, das Federbein zu wechseln. Er hatte tatsächlich ein gebrauchtes, gut erhaltenes aufgetrieben und war überglücklich. Er kramte eine Flasche Rotwein heraus und goss mir ein. Es war ein sternklarer Abend mit behaglicher Wärme. Als ich Titus über den Platz laufen sah, winkte ich ihn heran.

„Hunter, du musst Titus kennenlernen. Er ist ein bekannter Schauspieler aus Berlin."

Ich stellte meinen neuen Kumpel kurz vor, und nachdem Hunter festgestellt hatte, keinen von Titus' Auftritten je gesehen zu haben, meinte er:

„Ist ja alles schön und gut, dann haben wir hier gleich zwei Grünschnäbel. Wollt ihr tatsächlich bis in den Niger? Hinter Tamanrasset warten 650 Kilometer Sand auf euch. 650 Kilometer, auf denen man sich jede Minute verfahren kann. Da nützt auch keine Karte mehr, wenn euch die große Weite verschlingt. Und was macht ihr dann? Der eine spielt den Dünen einen Sketch vor, der andere denkt, er überspringt sie einfach wie einen Sandkasten-Hügel, wie?

Ich sage euch an dieser Stelle mal was: Manche nennen die berüchtigte Passage zwischen Tam und Arlit auch Skelettkasten oder Sarg. Dort, in den Laouni-Dünen, liegen mehr Fahrzeuge, als Mercedes je gebaut hat. Doch was heißt Fahrzeuge? Haa! Völlig ausgeweidete Autos. Skelette jeglicher Couleur. Nur noch nackter Stahl. Von der Sonne ausgeblichen und vom Sand gestrahlt. Je unbedarfter man an die Passage in den Laouni-Dünen geht, desto höher ist der Tribut, den sie fordert. Warum fahrt ihr nicht einfach nach Marokko? Dort ist es auch schön."

„In Marokko war ich schon", entgegnete Titus lässig. „Und wenn ich mir deinen Wagen so anschaue... und unsere Motorräder..., frage ich mich ernsthaft, wer hier das größere Risiko eingeht."

Hunter saß mit dem Rücken an die Beifahrertür seines Peugeot gelehnt. Der Außenspiegel war mit Panzerband provisorisch befestigt, vom Türgriff fehlte die Hälfte, die Kofferraumklappe schloss nicht richtig.

„Ich muss nur noch bis Tam. Das war's dann für dieses Mal", knurrte Hunter. „Aber, na ja, da den Tapferen bekanntlich das Glück gehört, wird bestimmt alles gut gehen. Los Jungs, ich schmeiß' noch 'ne Runde Rotwein!"

Am nächsten Morgen weckten mich Kopfschmerzen. Unser Wein-Test hatte sich bis weit in die Nacht erstreckt. Ich kochte Kaffee und genoss ihn allein. Gegen Mittag fuhr ein Typ mit einer Honda XL 500 auf den staubigen Campingplatz. Die Maschine trug ein Heidelberger Kennzeichen. Der Fahrer stellte sich als Stefan vor und war im Februar 1988 von Kapstadt aus gestartet, um Afrika von Süd nach Nord zu durchqueren. Stefan war Ende 20, und etwas Verschlagenes haftete ihm an. Er wirkte stets verfolgt, gehetzt und war hibbelig. Ich weiß nicht warum, aber mein Gefühl riet mir, ihm nicht zu trauen. Er blickte nie in meine Augen, wenn wir sprachen, und verriet weder seinen genauen Wohnort noch was er beruflich tat. Dafür erzählte er eine der verrücktesten Geschichten, die ich je über eine Reise gehört hatte.

Die meisten afrikanischen Länder verlangen bei der Einreise mit einem Fahrzeug ein Carnet de passage. Dieses Zolldokument, ausgestellt vom ADAC, bürgt dafür, dass der Staat im Falle eines Verkaufs vor Ort nicht leer ausgeht. Und das geschieht folgendermaßen: Jede Seite des Carnets ist dreigeteilt und perforiert. Bei der Einreise wird der erste Streifen abgerissen. Der Zoll behält ihn ein und stempelt auf den dritten, der im Dokument verbleibt, das Datum der Einreise. Bei Ausreise aus dem jeweiligen Land reißt der Zoll den zweiten Abschnitt raus und bezeugt die rechtmäßige Ausfuhr des Fahrzeugs wiederum mit einem Stempel auf dem dritten, im Heft verbleibenden Abschnitt. Wird das Fahrzeug im Land verkauft, muss man den Kaufvertrag zusammen mit dem Carnet bei Ausreise vorlegen und die Zollgebühren zahlen, um den Stempel auf dem dritten Abschnitt zu bekommen. Verschweigt man den

Verkauf und reist ohne das Fahrzeug aus dem Land, stehen spätestens nach einem Jahr (Ablauf des Carnets) der ADAC und seine Gehilfen vor der Tür, und die entweder vorab in bar hinterlegte oder als Bürgschaft eingereichte Summe von 20 000 Mark wird fällig. Von dieser Summe wird die Zolleinfuhrgebühr gezahlt. Bei Verlust des Carnets kommt man ebenfalls in Teufels Küche. Vor allem, wenn das unterwegs passiert.

Schlaumeier Stefan war mit einem Essensblock der Bundeswehr durch ganz Afrika gereist. Bei Nachfragen an der Grenze hatte er den Zöllnern von einer neuen Deutschen Behörde erzählt und auf den Bundesadler gedeutet, der den Block auf jeder Seite zierte. Jeder Grenzbeamte Afrikas war auf den Schwindel hereingefallen, da niemand deutsch lesen konnte. So hatte man ihm bei Einreise die Marke für „Abendessen" brav rausgerissen und „Frühstück" mit Stempel versehen. Bei Ausreise hatten sie ihm „Mittagessen" rausgerissen und den Ausreisestempel wieder auf „Frühstück" geklopft. Stefan präsentierte einen Block mit durchgehend bestempelten Frühstücks-Marken. 18 Länder, 35 Stempel. Wenn die Algerier bei der Ausreise keinen Stress machten, hatte sich der Aufwand gelohnt.

An diesem Tag frischte der Wind auf, und ein Sturm verhinderte alle Aktivitäten. In der Oase In Salah, die am Fuße des Tademaid-Plateaus liegt, sind Stürme an der Tagesordnung. Nicht selten toben sie tagelang und legen alles lahm. Wir brachen drei Tage nach Stefans Ankunft auf. Hunter startete frühmorgens, ehe die Sonne über den Horizont kletterte, er wollte die 660 Kilometer an einem Stück abreißen. Titus und ich folgten gegen elf Uhr. Wir hatten zwei Tage eingeplant und waren uns einig, gemeinsam bis Tamanrasset zu reisen. Je länger ich meinen neuen Partner kannte, desto besser verstand ich auch, warum er eine R 65 GS fuhr. Die beiden passten hervorragend zusammen.

Denn Titus hatte die Ruhe weg.

Fürs Packen brauchte er fast viermal so lange wie ich, und als wir quasi schon im Sattel saßen, fiel im ein, vorher unbedingt noch die Toilette aufsuchen zu müssen. Wir waren gerade mal 50 Kilometer weit gekommen, da stoppte er und hielt Ausschau.

„Warum hältst du, was suchst du hier?"

„Schatten. Oder willst du den Tee in der prallen Hitze trinken?"

„Tee? Du willst hier Tee kochen?"

„Klar doch. Schau mal auf die Uhr. Es ist Teezeit."

„Schau du mal auf den Tacho. Das Ortsschild ist just aus dem Rückspiegel verschwunden."

„Jetzt komm! Wir haben doch Zeit, oder?"

Ja, wir hatten Zeit. Niemand wartete auf mich. Kein Ziel, kein Mensch. Nur die Zukunft. Und die formte ich letztlich durch meine Taten in der Gegenwart. Es sprach nichts gegen eine Pause. Und war ich in den ersten Momenten unserer gemeinsamen Reise noch von der stoischen Ruhe genervt, die mein neuer Reisepartner ausstrahlte, so begann ich, ihn allmählich darum zu beneiden. Zwei Welten hatten sich getroffen. Denn im Grunde genommen wollte ich immer alles auf einmal. Mir konnte es nie schnell genug gehen, ich war verrückt aufs Motorradfahren und wollte so viel Strecke wie nur möglich zurücklegen. Rennfahrerblut. Ich dachte stets ans nächste Rennen, den nächsten Kilometer und auch daran, was der nächste Tag bringen würde. Ich lebte im Morgen, nicht im Heute. Titus machte mir auf charmante Weise klar, dass der andere Weg richtiger ist. Denn wer die Gegenwart nicht genießt, hat auch keine schöne Vergangenheit, auf die es sich zurückblicken lässt.

So tranken wir Tee im spärlichen Schatten eines verkrüppelten Baumes, unter dem Wrack eines Lkw und in einem tiefen Graben, der als Windschutz diente. Wir tranken Tee im Schutz der Dünen und wir tranken auch noch Tee, als Tamanrasset quasi in Steinwurfweite lag. Die letzten Kilometer waren eine Prüfung. Wie schon so oft auf den vergangenen 300 Kilometern befand sich die

Straße noch im Bau, und wir fuhren auf Umleitungen, die von Schildern ausgewiesen wurden und sich meist mitten durch die Wüste zogen. Der Abstand zwischen uns betrug wegen der Staubfahne mehrere Hundert Meter. Immer wieder führten uns diese Irrwege zur Teerstraße zurück, und als die neue Straße wieder mal mit ein paar aufgestapelten Steinen „gesperrt" war und wir nebenan im Kies fahren sollten, dachte ich: Quatsch! Ich nutze jetzt so lange die neue Straße, bis es nicht mehr geht und die Bauarbeiten mich zwingen, im Dreck zu fahren. Ich schlug es Titus vor, den die Offroad-Fahrerei schon ganz ausgelaugt hatte. Er war sofort einverstanden.

Keine fünf Kilometer später sprangen zwei Bauarbeiter auf die Straße und bewarfen uns mit Steinen. Einer traf mich am Helm. Statt mit Vollgas durchzustarten, stoppte ich sofort. Ich hatte Angst, sie könnten Waffen haben. Die beiden drohten mit Steinen und schimpften, was das Zeug hielt. Auch Titus stoppte. Er machte den Motor aus, stieg seelenruhig von der BMW, setzte den Helm ab, hielt den rechten Arm vor der Brust und verbeugte sich fast unmerklich. Dann ging er auf die Beiden zu, die mit hoch erhobenen Steinen wurfbereit dastanden.

„Salam aleikum", begrüßte er sie. Den Rest habe ich nicht verstanden. Aber als er fertig war, verbeugten auch sie sich, und wir durften weiterfahren. Eine Stunde später saßen wir in Tamanrasset im Restaurant. Vor uns stand – na klar – ein Tee.

„Was hast du denn denen erzählt? Ich dachte zuerst, sie wollten uns steinigen..."

„Ich habe ihnen auf Arabisch gesagt, dass wir die Straßensperrung als solche nicht erkannt haben, weil man das in Deutschland anders kennzeichnet. Und dass Allah ihnen wahrscheinlich auch gnädig ist, wenn sie einen Fehler in Deutschland begehen würden."

„Und das haben sie geglaubt?"

„Das haben sie geglaubt. Warum auch nicht?"

„Titus, das war verrückt! Sie hätten dir mit den Steinen die Birne einschlagen können..."

„Ich glaube nicht, dass es verrückt war. Man muss halt nur die Sprache beherrschen. Sprache öffnet dir das Paradies."

Ich dachte an meine Einreise nach Algerien und nickte zustimmend. Dieser Kerl hier war mit großem Abstand einer der gelassensten Menschen, denen ich je begegnet war. Im buddhistischen Sinn war er bereits längst im nächsten Zirkel und keinesfalls auf der Welt, um irgendwas wieder gutzumachen oder sich zu beweisen. Titus strahlte eine Ruhe aus, die ich in mir vergeblich suchte. Er war bereits angekommen, hatte Frieden mit sich selbst geschlossen. Ich dagegen wusste noch nicht einmal, wo mein Ziel liegt.

Reisende hatten uns von einem Campingplatz mit dem Namen „La Source" berichtet. Er sollte im Gegensatz zum Campingplatz in Tam geradezu paradiesisch sein. Mit viel Schatten, grünen Bäumen, in malerischer Umgebung etwas außerhalb der Stadt gelegen. Doch egal, wen wir vor Ort danach fragten, niemand wusste Bescheid. So landeten wir schließlich auf dem Campingplatz in Tamanrasset, einem staubigen Loch, umrahmt von einer Mauer, die vor Diebesgesindel schützen sollte. Nach meinen Reisen 1987 und 1988 schlug ich mein Zelt nun zum dritten Mal hier auf. Stets war jemand beklaut worden, und Titus schlug vor, schnellstmöglich in Erfahrung zu bringen, wo sich „La Source" befand, und am Folgetag aufzubrechen.

Wir standen vor der Speisekarte eines Restaurants, das alles andere als vertrauenerweckend aussah, als mich eine Stimme herumfahren ließ.

„Ahh, die Herren Grünschnäbel. Nach drei Tagen Fahrt auch schon hier? Habt ihr euch unterwegs vielleicht verirrt?"

Vor uns stand Hunter, den ich in seinem frischen, geblümten Hemd und der sauberen Jeans kaum erkannt hatte. Er war ganz außer sich vor Freude. Dabei war nicht ersichtlich, ob er sich wegen des Wiedersehens so freute oder weil er gerade den Wagen übergeben und sein Geld bekommen hatte.

„Ihr müsst mitkommen. Der El Hadschi veranstaltet heute ein Fest, weil er jetzt ein Auto hat. Und meine Freunde sind auch seine. Kommt mit, es gibt viel zu essen. Alles kostenlos. Nächste Woche beginnt der Ramadan, da gibt's nix Gescheites mehr. Und wer weiß, vielleicht könnt' ihr seine Kontakte ja mal gebrauchen. Ich kannte mal einen, der ist hier in Tam vier Wochen lang auf der Suche nach einer Benzinpumpe rumgerannt, nur weil er keinen kannte. Mit ein paar Beziehungen bekommst du so ein Teil in 30 Minuten."

Eine Stunde später standen wir vor einem vergleichsweise opulenten Anwesen in einer Seitenstraße und klopften an ein Holztor, das groß genug war, einen Lkw passieren zu lassen. Eine kleine Luke öffnete sich, zwei Augen linsten hinaus, und ein Riegel wurde knarzend geschoben. Zwei Männer mit weißen Turbanen begrüßten uns. Ich machte es Titus nach, deutete eine Verneigung an und zog dabei gleichzeitig den Arm vor die Brust.

„Salam aleikum." (Friede sei mit dir)

„Aleikum salam." (und der Friede auch mit dir)

Wir liefen über einen Hof, in dessen Zentrum ein Brunnen stand, und durchquerten mehrere schmale Gänge, deren Wände aus weiß verputzten Steinen bestanden. Vor einer blauen Tür standen ziemlich viele Ledersandalen. Man bedeutete uns, unsere Schuhe ebenfalls auszuziehen. Ich bekam sofort einen Hitzeschub. Meine Schuhe, Typ Meindl-Gebirgstreter, halbhoch, wasserdicht, staub- und atmungsdicht, hatte ich nun seit fast vier Tagen ununterbrochen an. Die dazugehörigen Socken sogar schon seit einer Woche. Es war ein launiger Abend mit respektablen 27 Grad. In meinen Schuhen waren geschätzt 40 mehr.

„Muss das unbedingt sein?", flüsterte ich Titus zu.

„Was denn?"

„Na, das mit den Schuhen."

„Es ist unhöflich, wenn wir nicht so agieren wie unsere Gastgeber. Zieh sie aus!"

„Es ist noch unhöflicher, wenn ich sie ausziehe."

„Wie meinst du das?"

„Das riechst du gleich."

Meine Befürchtungen stellten sich als unbegründet heraus. Ich weiß nicht, was die Buben dort drinnen alles geraucht oder gegessen oder wie lange sie sich nicht gewaschen hatten, ob nebendran vielleicht das Kloakenrohr gebrochen war oder sie mit denselben Problemen wie ich kämpften, aber ein weißer Adler fällt auf weißem Hintergrund kaum auf.

Es stank in diesem Raum wie verrückt. Nach einem Fenster suchte ich vergeblich. Hunter wurde per Umarmung begrüßt und stellte uns auf Französisch als seine Freunde vor. Es ist immer gut, wenn man welche hat und sie präsentieren kann. Das wertet auf. Man bedeutete uns, sich zu setzen. Es waren zirka zwanzig Personen im Raum. Alles beturbante Männer. Sie ließen sich im Schneidersitz um einen niedrigen langen Tisch nieder. Titus saß zwischen Hunter und mir.

„Wie jetzt, die wollen doch wohl nicht in diesem Gestank essen, oder?"

„Wenn wir erst mal ein paar Minuten hier drin sind, dann merkst du den Geruch gar nicht mehr", flüsterte Titus zurück. „Und wahrscheinlich gibt es hinterher Wasserpfeife. Das überstrahlt den Geruch."

„Ich habe überhaupt keinen Hunger mehr."

„Zu spät. Du würdest sie verärgern, wenn du nichts isst. Schließlich sind wir deswegen hier."

Ich dachte an eine Hawaii-Pizza von Sergio, daheim in Göttingen. An ein kühles Pils und Schwertfisch in Zitronensoße, umrahmt von gedünstetem Gemüse. Doch vorab hielt unser Gastgeber eine Rede. Arabisch. Ich verstand nicht ein Wort, aber er nickte Hunter freundlich zu und gab einem Mann ein Handzeichen, der daraufhin aufstand und aus dem Raum ging.

„Was hat er gesagt?"

„Dass er sich freut, mit Hunter Geschäfte zu machen, er stolz ist auf seinen neuen Wagen und dass man das Essen jetzt holen solle."

„Stolz auf diese Karre? Die ist doch bestimmt vom Schrott", flüsterte ich.

„Es zählt nicht, wo sie herkommt. Es zählt nur, dass sie fährt und heute hier ist."

„Vor ein paar Tagen habe ich noch unter dieser Kiste gelegen. Die solltest du mal von unten sehen. Katastrophal sag ich! Alles Rost."

„Das ist jetzt Vergangenheit. Hier in der Wüste rostet nichts. Ruhig jetzt, da kommt das Essen."

Vier verschleierte Frauen brachten den ersten Gang, der sich zu meinem Erschaudern auch als der letzte entpuppte.

„Was soll das sein?"

„Nun, für Hammel ist das zu groß. Ich denke, es ist Kamel."

„Und der Rest?"

„Verschiedene Soßen, Kuskus, Früchte und Salat. Vom Salat würde ich aber abraten", flüsterte Titus.

Ich schaute auf das Fleisch. Auch hiervon würde ich abraten. Doch das ging nicht. El Hadschi ließ sich die Teller reichen und stellte das tote Tier vor sich. Dann begann er, das Fleisch mit bloßen Händen vom Knochen zu reißen. Er teilte auf. Jeder bekam den von ihm zugedachten Anteil auf den Teller.

„Kamel mit den Chefs zu essen, ist eine große Ehre" raunte mir Hunter zu. Er genoss es sichtlich, im Mittelpunkt zu stehen. Ständig nickte man ihm freundlich zu, und er nickte zurück.

„Du wolltest mir doch neulich sagen, was El Hadschi ist...", flüsterte ich Titus zu.

„Ein El Hadschi ist ein angesehener Mann. Er kann Stammesführer, Dorfoberhaupt, ein Gelehrter sein oder eine Pilgerreise unternommen haben."

Ich saß dem Stammesführer und Gelehrten quasi gegenüber und beobachtete, wie er sich zwischen dem Fleischabreißen und Salatverteilen genüsslich zwischen den Zehen kratze, nebenbei popelte und seine Dreckfinger anschließend weiter als Werkzeug benutzte, um das Kamel in kleine Stücke zu reißen.

„Oh scheiße, ich habe keinen Appetit!"

„Das kannst du jetzt nicht bringen! Schau, wie die anderen sich freuen. Verdirb ihnen nicht den Appetit."

„Sag denen einfach, dass ich Vegetarier bin."

„Dann musst du den Salat essen. Und davon rate ich dir ab."

Titus blickte lächelnd und lässig in die Runde. Ein Teller hielt vor mir. Ich wagte gar nicht draufzusehen.

„Ist wirklich gut", grinste Hunter übers ganze Gesicht, „sie haben das Tier vorgestern geschlachtet."

Erst als jeder sein Mahl vor sich hatte, und der El Hadschi das

Zeichen zum Essen gab, begann das große Geschmatze. Man sagt ja, Kamele seien besonders zäh. Nun, wahrscheinlich bezieht sich diese Behauptung gar nicht auf das Überleben in der Wüste.

Ich kaute. Ich schluckte. Ich würgte. Und dachte insgeheim immer wieder an die Bohnensuppe, die meine Mutter immer kochte, und daran, dass ich sie nie essen mochte. Wie immer ist alles eine Frage der Verhältnismäßigkeit.

Drei Tage später saßen Titus und ich vor einer kleinen Feuerstelle auf dem Campingplatz „La Source", was übersetzt „die Quelle" bedeutet. Die Betreiber des Platzes hatten ein kleines Restaurant und kochten vorzüglich, das Wasser aus der eigenen Quelle war klar und schmeckte wie ein kleines Wunder. Wir aßen Hammellende mit Oliven, süßen Pflaumen und Kuskus, und ich dachte zurück an den Abend in Tam.

„Der El Hadschi hat mir ein Stück Fleisch gegeben, das man normalerweise wegwirft. Glaub mir, das waren nur Knochen und Blutgefäße, die von Sehnen zusammengehalten wurden."

„Dafür hast du dich aber wacker geschlagen. Alle Achtung. Übrigens: Hast du schon mal drüber nachgedacht, auf den Assekrem zu fahren?"

Hier hatte ich Titus was voraus. Denn ich hatte bereits im Jahr zuvor auf dem heiligen Berg gestanden, einem 2 804 Meter hohen Plateau des Hoggar-Gebirges.

„War schon oben. Willst du auch hoch?"

„Ja. Unbedingt. Und danach fahren wir gemeinsam in den Niger."

Ich dachte kurz drüber nach, was Dünen und Treibsand mit den 27 PS plus 250 Kilo Motorrad/Ausrüstung und 75 Kilo Fahrer anstellen würden, doch Titus streckte mir die Hand hin.

„Abgemacht?"

„Abgemacht!"

Wenn ich so zurückdenke, klang „lass uns mal kurz in den Niger fahren" so ähnlich wie „lass uns kurz auf die andere Straßenseite gehen". Wir hatten keine Ahnung, was auf uns zukommen würde. Nicht einen Hauch davon.

Unser Gepäck ließen wir zurück auf dem Campingplatz. Jeder von uns nahm nur eine Schlafmatte, einen Rucksack und rund drei Liter Wasser mit. Die Anfahrt zum Assekrem war gigantisch. Zum ersten Mal seit dem Start in Deutschland fuhr ich wieder ohne Gepäck. Ich fühlte mich frei, nahm die Längs- und Querrillen der verwaschenen Piste in Motocross-Manier und preschte vorwärts, als ginge es darum, den ersten Platz im Rennen zu verteidigen. Ich stoppte an jeder Abzweigung und wartete auf meinen neuen Freund. Dabei hatte ich viel Zeit, mir die teils skurril anmutende Lava-Landschaft anzuschauen, denn das Hoggar-Gebirge ist vulkanischen Ursprungs.

Vom Parkplatz in knapp 2 600 Metern Höhe führte ein Trampelpfad auf das Plateau, auf dem Pater Charles de Foucauld im Jahr 1911 seine Einsiedelei errichtet hat. Wir saßen nebeneinander auf einer Holzbank und beobachteten, wie sich der Himmel orange färbte und die schroffen Gebirgszacken mit Glut bestrich. Die Stille hier oben war beängstigend. So vollkommen also fühlt sich Frieden an, dachte ich. Ein leichter Windhauch kämmte meinen Bart und erzeugte in meinem Ohr ein zartes Rauschen. Irgendwo dort in der Ferne lag der Niger. Davor die Laouni-Dünen und eine Piste, vor der man uns oft genug gewarnt hatte. Titus hatte die Augen zu Schlitzen verengt und schaute in die Ferne. Vielleicht dachte er dasselbe wie ich.

„Was denkst du?"

Er ließ sich mit der Antwort zwei Minuten Zeit.

„Dass dies ein wahrlich ehrenvoller Platz zum Sterben ist."

„Man könnte aber auch gut eine Kiste Bier hier trinken."

„Ja, könnte man. Nix dagegen einzuwenden. Was muss man hier

oben erst gespürt haben, als es diese Piste dort unten noch nicht gab? Nach stundenlangem, entbehrungsreichem Aufstieg schenkt dir das Schicksal diese Aussicht. Da möchte man nicht wieder weg. Das hier ist so faszinierend wie alle Kinofilme zusammen. Ein Traum. Ein Traum, aus dem man gar nicht mehr aufwachen möchte, so schön ist er."

Wir schwiegen in die Stille hinein.

„Ist das alles?" fragte ich.

„Reicht es etwa nicht?"

„Denkst du nicht an die Etappe in den Niger?"

„Rolf, das ist erst übermorgen. Wenn ich darüber nachdenke, siegt Furcht über Freude. Dann kann ich diesen göttlichen Anblick hier gar nicht richtig genießen."

Wir schwiegen wieder, bis der purpurrote Horizont sein letztes Aufflackern in die Stille sandte und Dunkelheit über uns hereinbrach. Titus drehte sich zu mir. Der Mond warf sein fahles Licht auf unsere Körper, und ich konnte das Glitzern seiner Augen erkennen. Er fragte:

„Warum bist du hier?"

Ich war perplex. Natürlich war ich hier, weil ich hier hochgefahren war. Ich war hier wegen ihm. Denn ich wollte nicht, dass er allein fährt. Titus muss meine Gedanken erahnt haben und fragte:

„Ich meine, warum bist du überhaupt hier, hast dir die Sahara als Ziel gewählt. Warum bist du nicht daheim?"

„Ich bin losgefahren, weil es mir daheim nicht gefallen hat, es war mir zu langweilig. Ich wollte Motorradfahren, auf geilen Pisten, die mich an wunderschöne Ziele bringen, und Abenteuer erleben."

„Meinst du mit Abenteuer, dass man sich in Gefahr begibt?"

„Auch das. Aber es geht mir letztlich darum, die Gleichförmigkeit des Alltags abzustreifen. Neue Orte zu sehen."

Wir tranken Wasser und schwiegen eine Weile. Dann sagte Titus: „Auch permanentes Unterwegssein wird auf Dauer eintönig und zu etwas Alltäglichem, glaub mir. Es ist egal, welche Dinge sich wiederholen. Wichtiger als die Summe der zurückgelegten Kilometer ist vielmehr die Summe der Gespräche, die man führt, und wie man zuhört. Ich glaube, hierfür ist Reisen wichtig, denn man trifft unterwegs viele Menschen, die völlig unterschiedlich mit ihren Problemen und Herausforderungen umgegangen sind und einem wertvolle Tipps für das Weiterleben geben."

Der Mond hing über dem Hoggar-Gebirge und ließ es wie einen scharfkantigen Scherenschnitt wirken. Wir standen am Aussichtspunkt des Plateaus. Vor uns war der blankpolierte Marmorstein aufgebaut, auf dem das Gebirge schematisch dargestellt war. Von hier aus hatte man einen sagenhaften Blick auf den 3003 Meter hohen Tahat, den höchsten Punkt des Gebirges. Als der Mond hinter dessen Massiv erschien, sandte er sein milchiges Licht in die Weite der Sahara und ließ es wie einen Vasallen des Todes wirken.

Erst am Ende meiner 19-monatigen Odyssee, als ich auf Kapstadts Tafelberg stand und über die Stadt blickte, wusste ich genau, was Titus damals auf dem Assekrem gemeint hat.

„Und du meinst wirklich, dass das reicht?"

„Was heißt reicht? Mehr kann ich nicht bunkern."

Es war ein finsterer Morgen gegen 4.30 Uhr, drei Tage nach unserer Übernachtung auf dem Assekrem. Bereits am Vorabend hatten wir unser Gepäck verstaut, alles in die letzten Winkel gedrückt und sogar noch ein paar Utensilien verschenkt, um mehr Platz für unsere Wasservorräte zu gewinnen. Ich hatte 18 Liter dabei. Jeweils fünf waren in zwei schmalen Kanistern, die sturzsicher in den Alu-Boxen verstaut waren. Die restlichen acht schwappten in faltbaren Wasserschläuchen, die zu meiner Ausrüstung gehörten. Titus hatte 14 Liter an Bord, fünf davon in einem Kanister, den Rest ebenfalls in Faltbehältern. Selbst hier an der Source lag die Tagestemperatur um die 30 Grad. Reisende hatten uns von 40 Grad und mehr in der Sahara berichtet. Am Vorabend unseres Starts in den Niger war mein Reisepartner zwar nicht unruhig, aber er befragte das I-Ging, ein chinesisches Orakel. Titus warf hierfür drei Zwei-Pfennig-Stücke ein paarmal hintereinander und deutete die Würfe. Das I-Ging gab grünes Licht und sagte ihm, wir sollten ruhig starten, ein Freundschaftsband würde entstehen, das allen Gefahren trotzt. Nun, ich bin bei diesen Dingen bis heute noch altmodisch, und statt Karten zu legen, checke ich Reifendruck, Ölstand, Kettenspannung und Gepäckbefestigung.

Gegen sechs Uhr morgens erreichten wir die Tankstelle in Tamanrasset. Ich hatte jetzt schon das Gefühl, kein Motorrad, sondern einen Lkw zu lenken. Zur Sicherheit hatte jeder von uns noch einen Fünf-Liter-Reservekanister für Benzin besorgt, den wir mitführen wollten. Mein Tank fasste 28 Liter, der BMW-Tank konnte 32 Liter bunkern, denn es war die Dakar-Variante. Bereits zu so früher Stunde hatte sich eine Schlange vor den Zapfsäulen gebildet. Auf den ersten Blick war nicht erkennbar, ob die Tankstelle schon geöffnet hatte und viele Kunden anstanden oder noch geschlossen war. Wir fuhren mit unseren Maschinen ganz vor. Die meisten Einheimischen duldeten das, denn ihre Autos hatten häufig Dieselmotoren, und die Benzinzapfsäulen blieben unangetastet. An diesem Morgen war das anders. Am Kopf der Schlange stand ein Tankwagen der algerischen Armee. In der Öffnung oberhalb des riesigen Tanks steckten die einzigen beiden Benzin-Zapfpistolen. Ich stellte die Ténéré ab und lief um den Truck.

„Verdammt", knurrte ich Titus an, „der ist fünf Meter lang, mindestens zwei hoch und garantiert zwei breit. Da passen 2 500 Liter rein. Wenn nicht noch mehr. Dem zaghaften Plätschern nach zu urteilen, wird es bis übermorgen dauern, ehe sie den Tank vollgefüllt haben. Wer weiß, ob dann überhaupt noch Benzin da ist..."

Titus drehte sich um und redete mit einem Einheimischen, der seinen klapprigen Peugeot gerade mit Diesel betankte.

„Schlechte Nachrichten, mein Freund. Es gibt zwar noch eine weitere Tankstelle in Tam, doch die hat seit drei Tagen geschlossen – wegen Spritmangel."

Eine vertrackte Situation. Ich dachte: Das hier kann sich bis zum Abend ziehen. Wer weiß, ob sich das Warten überhaupt lohnt. Die Soldaten hockten im Schatten eines Vordachs und schauten grimmig drein. Es war ihnen völlig egal, ob sie den Verkehr hier lahmlegten. Kurzzeitig dachte ich dran, sie zu fragen, ob wir nicht zwischendurch unsere vergleichsweise kleinen Tanks und Reservekanister befüllen können, doch den Grimassen der Soldaten nach zu urteilen, würden sie weder unser Anliegen noch Spaß verstehen. Titus stellte sein Motorrad ab, setzte sich in ein nahegelegenes Restaurant, das einen guten Rundumblick gewährte, und orderte Tee.

16 Tees pro Kopf später fuhr der Tankwagen weg. Es war 11.45 Uhr und tatsächlich noch Benzin vorhanden. Wir befüllten unsere Tanks und schauten uns an. Ohne sie auszusprechen, war die Frage klar: In dieser Hitze starten oder wieder zurück zur Source und am folgenden Morgen aufbrechen?

Echtes Leben besteht zum größten Teil aus irrwitzigen und spontanen Entscheidungen. Ich kickte den Einzylinder an, ließ meine Motocross-Brille in den Helm schnappen, reckte die Faust in den wolkenlosen, tiefblauen Himmel und sandte einen Jubelschrei die Straße hinauf. Dann gab ich Vollgas.

Tamanrasset verschwand in der Staubfahne, die wir zwei hinter uns her zogen. Die ersten Kilometer waren noch geteert, die anschließende Piste war grauenhaft und bestand nur aus Wellblech. Wir fuhren nebeneinander, damit der Hintere nicht den Staub des Vorausfahrenden schlucken musste. Die Fahrt wurde von einem unbeschreiblichen Gefühl begleitet, das ich bereits in den Vorjahren spüren durfte. Wenn beide Motorräder nebeneinander bollerten, ich Titus betrachtete und mir in diesem Augenblick bewusst wurde, das Abenteuer meines Lebens zu leben, mir einen Traum zu erfüllen. Das hier war ein Stück Leben, das daheim unerreichbar bleiben musste. Dafür war ich aufgebrochen. Das Nebeneinanderfahren war die Visualisierung von Freundschaft und vermittelte mir Vertrauen und Zuversicht. Allerdings könnte es auch etwas schneller gehen. Ich signalisierte Titus zu stoppen.

„Hey Bruder, wir fahren jetzt so um die 60 bis 70 km/h. Merkst du, wie das Wellblech dir die Plomben aus den Zähnen rüttelt? Du kannst den Effekt mindern, indem du 20 km/h oder mehr draufpackst. Wenn man schneller fährt, erwischt man nur die Spitzen des Wellblechs, und es rüttelt nicht so."

„Kein Witz?"

„Nee, Erfahrung. Probier's aus."

Vielleicht hätte ich ihm auch sagen müssen, dass Kurven auf Wellblech ganz anders zu lenken sind. Als die gut markierte Piste plötzlich einen Linksknick machte, fuhr Titus geradeaus und kam gehörig ins Straucheln. Doch er fing sich und die Maschine wieder. Unser erstes Nachtlager auf dem Weg in den Niger schlugen wir abends in einem Meer aus Dünen auf. 125 Kilometer lagen hinter uns.

„Für ein Greenhorn, das gerade erst seinen Führerschein gemacht hat, hast du gar nicht schlecht reagiert."

„Wenn du das sagst, fühle ich mich echt geehrt."

„Übrigens: Ich hab's dir gar nicht gebeichtet, aber ich schleppe schon seit Sizilien zwei Flaschen Wodka mit herum."

„Nicht dein Ernst, oder?"

„Doch. Ehrlich."

„Ist doch viel zu viel Gewicht", grinste Titus.

Es gibt Abende, die man sein ganzes Leben nicht vergisst. Dieser gehört dazu. Wir saßen auf dem Kopf der Düne, und der warme Sand schmiegte sich an unsere Körper. In zwei Plastikbechern schwappte rund 35 Grad warmer Wodka, unverdünnt, ohne Eis. Wir stießen an auf die Reise. Auf die Zukunft und unsere Maschinen. Am Fuß der Düne lagen unsere Schlafsäcke ausgerollt, nebenan standen die Bikes. Nie hatte ich mich freier gefühlt. Nie unverwundbarer.

„Wenn wir in diesem Tempo vorankommen, sind wir in zwei Tagen in In Guezzam und ein paar Stunden später im Niger", sinnierte Titus.

Ich hob den Becher und stieß an.

„Auf die Freundschaft", sagte ich.

„Und darauf, dass es spätestens in drei Tagen wieder kühles Bier gibt."

Gegen halb Sechs morgens kletterte die Sonne aus ihrem Versteck. Wir kochten Kaffee, aßen Müsli mit Wasser und saßen um 7.30 Uhr schon im Sattel. Die Piste hatte sich aufgefächert, besser gesagt war sie kaum noch als solche erkennbar. Wir folgten den meisten Spuren, die sich aber immer wieder buchstäblich im Sand verliefen. Es war alles andere als einfach, die Maschine durch diese ausgefahrenen Rillen zu pilotieren, und da Titus keinerlei Erfahrung hatte, konnte er meine Tipps kaum umsetzen. Vor dem Schnellfahren hatte er Angst, zum Langsamfahren im Sand fehlte ihm Routine. Nach ein paar harmlosen Umfallern bei niedriger Geschwindigkeit oder im Stand kam es, wie es kommen musste: Kurz vor Mittag geriet er in einer Längsrille ins Straucheln und überschlug sich.

Kilometerstand 235 nach Tam.

Bänder im rechten Fuß überdehnt.

Cockpit samt Zündschloss der BMW abgerissen.

Gabel leicht verzogen.

Der Sturz passierte auf einer relativ breiten Ebene, die von hohen Dünen umrahmt wurde. Titus lag im spärlichen Schatten meiner Yamaha, denn die Sonne stand steil. Ich machte mich daran, die Fragmente des Cockpits zusammenzusuchen, die überall verstreut lagen. Auch sein Tankrucksack und der linke Plastikkoffer

waren abgerissen. Beides konnte man provisorisch mit Spanngurten wieder befestigen.

„Und, wird sie wieder laufen?"

„Mmja, vielleicht. Das Zündschloss ist abgerissen. Muss mal sehen, ob ich sie kurzschließen kann. Übrigens: Wie geht's dem Fuß?"

Er begann zu lachen.

„Ich muss gerade dran denken, was wir Zwei für ein merkwürdiges Bild abgeben. Du humpelst links, ich rechts."

Der Schweiß lief mir in Bächen den Oberkörper runter, doch er
kam nicht bis auf den Boden. Ich trug ein verlebtes gelbes T-Shirt,
das ihn aufsog wie ein Schwamm. Die Gluthitze des Mittags trockne-
te jeden Tropfen innerhalb von Sekunden. Aus Spanngurten und
Kleidungsstücken bauten wir ein Dach, unter dem Titus Tee kochte,
während ich versuchte, die BMW wieder zum Laufen zu bringen.
Gegen 14 Uhr schickte der Anlasser die Kurbelwelle wieder in ihre
Umlaufbahn. Die Cockpitteile hatte ich in einer Tasche verstaut, die

ich an der BMW festband. Ich musste unwillkürlich an Jörg und seinen Chopper denken und lachen. Wir waren bereit zur Weiterfahrt.

Ist man erst einmal gestürzt, sitzt die Angst als Beifahrer hintendrauf. Titus wurde immer vorsichtiger, zaghafter – genau das Gegenteil von dem, was der Sand einfordert. Als wir das Nachtlager aufschlugen, standen 290 Kilometer auf der Uhr. Unser Wasservorrat war von ehemals 32 auf 15 Liter geschrumpft. Vier davon hatte uns der Sturz gekostet, bei dem ein Wasserbeutel geplatzt war. Wir waren den ganzen Tag in diesem Mix aus Sand und Horizont gefahren und nicht einem einzigen Fahrzeug begegnet. Die wenigen, die wir gesehen hatten, fuhren weit entfernt. Es waren metallische Glitzerpunkte in einem Meer aus Staub, Hitze und Sand.

„Meinst du, wir schaffen es bis In Guezzam?"

Titus war vorsichtig. Er sagte nicht Niger.

„Aber definitiv. Trotz des kleinen Abflugs heute Morgen bist du gut gefahren. Das klappt. Da sehe ich keine Probleme."

„Das beschissenste Stück liegt noch vor uns."

„Alter, heute ist heute! Jetzt ist jetzt. Habe ich von dir vor ein paar Tagen gelernt. Lass uns einfach schauen, was der morgige Tag bringt."

Die Nacht brachte erst mal Abkühlung. Wir tranken einen Becher Wodka und beschlossen, den Wecker auf fünf Uhr zu stellen.

Pünktlich zum Sonnenaufgang um halb Sechs starteten unsere Motoren. Wenn schon nicht heute, dann wollten wir zumindest morgen In Guezzam erreichen. Vor uns lagen die berüchtigten Laouni-Dünen. Bereits gestern hatten wir unzählige Fahrzeug-Kadaver passiert. VW-Busse, Peugeots, Mercedes-Modelle sowie Lkws säumten die Route, und ich fragte mich jedes Mal, welche Geschichten diese verlassenen Autos erzählen würden, wenn sie reden könnten. Wie viel Sorgen, Ärger und Pein die Insassen erlebt hatten, und ob sie vor Ort sogar gestorben waren. Wir hatten uns angewöhnt, die Pausen stets im Schatten der Wracks zu machen, die eine ungewohnte Unterhaltung boten. Die meisten waren vollgekritzelt mit Botschaften und Namen der Reisenden, die diesen Ort hier passiert hatten. Egal ob von Sabine aus Salzburg oder Bodo vom Bodensee – alle Notizen beschäftigen sich mit der Faszination dieser trostlosen Ecke unserer Erde und der von ihr ausgehenden Gefahr.

Gegen Mittag, wir waren gerade dabei, Tee im Schatten eines Mercedes-Trucks zu kochen, näherte sich eine Staubwolke. Es war ein Tross französischer Autoschieber, der neben uns hielt. Ihr Anführer nannte sich „Skorpion" und riet Titus, die Laouni-Dünen weiträumig zu umfahren. Er warnte aber auch gleichzeitig davor, denn nur allzu viele Spuren würden ins Nichts führen.

„Wenn er die Strecke kennt, frag ihn doch gleich, ob wir uns an sie dranhängen können", rief ich Titus zu, der diese Bitte an den Skorpion weiterreichte. Wir humpelten auf ihn zu. Rechtes Bein, linkes Bein. Skorpion schaute prüfend an uns herunter, wechselte mit Titus ein paar Sätze, in denen ich nur das Wort Arlit verstand, und schnellte wieder in seinen Peugeot. Sein Tross aus sieben Fahrzeugen setzte sich sofort in Bewegung. Sie beschleunigten schnell, soweit ich es beurteilen konnte, fuhren sie um die 100 km/h.

„Er will heute Abend in Arlit kühles Bier trinken. Als ich gesagt habe, dass wir öfter Pausen brauchen und ich nicht schneller als 70 oder 80 km/h fahre, hat er abgewunken und gemeint: Ihr seid zu zweit und könnt es schaffen. Außerdem will er hier nicht Kindermädchen für zwei Behinderte spielen."

„Behinderte? Scheiß eingebildeter Franzose."

„Und ich dachte, in der Wüste hilft man sich stets gegenseitig..." sinnierte Titus.

Was dann kam, muss die Hölle für meinen Reisepartner gewesen sein. Zwar führten die folgenden Kilometer noch über steinige Ebenen, doch irgendwann tauchten Dünen auf, und das Drama begann. Ich kreuzte die Sandrillen mit möglichst viel Schwung, immer drauf bedacht, den Motor im richtigen Drehzahlbereich zu halten, um stets Leistung abrufen zu können. Es war ein Irrgarten. Jede Düne sah aus wie die andere. Ich folgte Spuren, die sich plötzlich im Nichts verloren oder mit anderen wie ein Seil verwoben. Titus fuhr mir in Sichtweite hinterher, und wenn das Terrain einigermaßen befahrbar war, hielt ich kurz und hob die Hand – unser Zeichen für grünes Licht. Ich war der Scout, er die Armee. Immer wieder verloren sich Spuren, waren vom Sand verschluckt worden, oder Fahrzeuge waren in ihnen wieder zurückgefahren. Beim Dünenfahren verliert man schnell das Gefühl für die Himmelsrichtungen, weil sich alles so ähnelt. Ebenso verliert man das Gefühl für Distanzen und Geschwindigkeit. Die Wüste ist gnadenlos. Sie frisst die Zaudernden und belohnt die Tapferen.

Ich folgte einem Dünental, in das viele Spuren mündeten, die plötzlich in alle Richtungen ausbrachen. Der Sand war hier weicher als in den hinter uns liegenden Passagen. Um nicht zu stürzen, musste ich alle Reserven sowie mein Können mobilisieren und strauchelte trotzdem mehr, als dass ich fuhr. Ich dachte: Du musst Titus warnen, hier kommen wir niemals durch. Und wendete die Yamaha im großen Kreis an der flachen Windseite einer Düne. Zu spät. Aus den Augenwinkeln heraus sah ich die BMW, wie sie im hohen Bogen nach rechts flog und sich überschlug. Titus wurde nach links geschleudert und blieb regungslos liegen. Die nachfolgende Minute, die ich brauchte, um den Unfallort zu erreichen, kam mir vor wie Stunden.

Titus lag in einer Sandrinne. Er hob die Hand und war bei Bewusstsein. Sein linker Knöchel war unterhalb des Schienbeins verdreht, eine Blutung war nicht zu erkennen. Aus dem Überlauf des BMW-Tanks suppte Benzin, und ein Vier-Liter-Behälter Wasser war geplatzt. Das kostbare Nass hatte sich im heißen Saharasand bereits verflüchtigt. Hunters Worte klangen mir im Ohr: „Wenn du dein Fahrzeug verlässt, gehört es dem, der es findet."

Regen bringt Segen

Heute Abend werde ich das Ziel meiner Reise erreichen. Und gäbe es Facebook nicht, wer weiß, vielleicht gäbe es auch kein Wiedersehen. Das Frühstück hier in diesem Hotel ist ein schlechter Witz. Der Kaffee dünn, das Brot nicht nur trocken, sondern leider auch alt. Egal. Draußen scheint die Sonne. Wer hätte das nach den letzten beiden Tagen zu hoffen gewagt? Was ich in diesem Moment noch nicht weiß: Es hat so extrem geregnet und gestürmt, dass in Casablanca, nur einen Steinwurf weit weg von mir, ein ganzer Straßenzug zu Schutt zerfallen ist. König Mohammed VI. ist in diesem Moment auf dem Weg, um sich ein Bild vom Ausmaß der Schäden zu machen. Zwar lümmeln sich noch ein paar Wolken am Himmel, doch gemessen an dem, was sich da an den letzten Tagen abgespielt hat, sollte man eigentlich einen Freudentanz aufführen.

Gepäck drauf, starten. Und jetzt möglichst schnell eine Tankstelle auftreiben. Gedanken an den Abend mit Fritz in Südfrankreich gehen mir durch den Kopf. Fast zwei Wochen ist das jetzt schon her. Wie war das gleich? Der britische Zweizylinder hat nur eine Verdichtung von rund neun zu eins? Fährt notfalls auch mit Urin? Nun, etwas Ähnliches schenken sie hier in Afrika bestimmt auch aus. Denn ich notiere jeden Tankvorgang penibel und hatte in Europa einen durchschnittlichen Verbrauch zwischen 5,4 und 5,8 Liter pro 100 km. Jetzt braucht die Kiste plötzlich ein bis anderthalb Liter mehr. An der Luftveränderung kann es ja wohl nicht liegen. Wahrscheinlich ist das Benzin gestreckt, hat nicht mehr die versprochenen 95, sondern nur 85 Oktan. Oder gar noch weniger! Könnte es vielleicht sein, dass der Motor, um dieselbe Leistung bereitzustellen, mehr verbrennt? Im Sinne von: Wenn ich nur 2,5-prozentiges Bier statt 5-prozentiges zu mir nehme, muss ich mehr trinken, um besoffen zu werden...?

Tanken morgens in Casablanca. Pfützen überall, Äste und Müll ebenso. Nahe einer vielbefahrenen Kreuzung sind vier Zapfsäulen des marokkanischen Afriquia-Konzerns aus dem Boden gewachsen. Der Tankwart wirkt gelangweilt. Gut, mache ich das selbst, ist mir eh lieber. Man sollte den Tank schließlich nicht randvoll machen, sonst läuft der Sprit durch den Überlauf wieder auf die Straße zurück. Kennen wir ja schon. 12, 13, 14, 15, 16, 17 – nanu?, 18, 19,4 Liter. He, da war aber noch ein Rest drin, und jetzt fehlt noch ein halber Liter! Wie zum Henker passen unter diesen Voraussetzungen 19,4 Liter in einen 16,5-Liter-Tank?

Mir schwant Übles.

„Hallo, mit der Zapfsäule stimmt was nicht!"

„Ähh?"

„Hier, die Zapfsäule – defekt, kaputt, malade."

„Ähh???"

„Mein Tank fasst nur 16 Liter!" Ich wüsste jetzt allzu gern, was „Durchflussmengenmesser defekt" oder „nicht geeicht" auf Französisch heißt. Doch auch wenn ich's jetzt wüsste – keine Chance. Der Tankwart stellt auf stur. Kann ich aber auch. Er hält die Hand hin. Geld soll da rein. Ich schüttele den Kopf und deute auf Tank und Zapfsäule. Das ist Vorsatz! Betrug, ganz klar! Und dann grinst der Bursche auch noch wissend. Nee, nicht mit mir. Soll er doch die Polizei holen. Dann holen wir einen Messbecher und ich lasse den Sprit wieder ab. Becher für Becher, und rechnen mal zusammen. Dann wird der Betrüger entlarvt. Woll'n doch mal sehen, wer hier Recht bekommt! Der kann seine Zapfanlage danach wahrscheinlich dicht machen. Dem entziehen sie die Lizenz. Und das ist erst der Anfang. Einen Job bekommt der als Tankwart nie wieder. Sein guter Ruf ist hin. Der seiner Familie wahrscheinlich auch. Seine Frau bekommt kein frisches Brot mehr, er darf nicht mehr beten, sie verjagen seinen Hund, und die Kinder fliegen von der Schule. Obwohl, na, das will ich auch wieder nicht.

Was das soll, will er immer wieder wissen, warum ich nicht zahlen mag. Ich fuchtele mit den Händen, zeige auf meinen Tank und sage zum wiederholten Mal: 16 Liter, 16 Liter! Dann zeige ich auf die Zapfsäule: 19,4. Mein Zeigefinger droht, mein Blick ist forsch. Doch gedanklich pule ich schon die geforderten 230 Dirham aus der Geldbörse und denke: Kannst ja doch nix machen. Der Typ sitzt am längeren Hebel. Denn: Das Benzin tropft schon wieder unten raus. Falls ich's wirklich drauf anlege, und die Polizei taucht hier auf, wird er einfach sagen: Dieser Tourist da, erst volltanken, dann nicht bezahlen wollen und nun auch noch Umweltverschmutzung! Daraufhin werfen sie mich in den Knast oder aus dem Land. Einreiseverbot auf Lebenszeit. Oder, noch schlimmer: Karre weg, Führerschein weg. Für immer.

Obwohl: Das mit der Umweltverschmutzung wird er wohl kaum anführen. Da ist der Afrikaner nicht so. Da kann er noch ganz anders. Ich erinnere mich an eine Situation aus dem Kongo: Damals, im Februar 1990, bin ich mit meiner Ténéré in eine Werkstatt gerollt, um einen Ölwechsel durchzuführen. Kein Problem, sagte Kollege Mechaniker. Öl habe er ausreichend da. Sauberes sogar. Ich solle das einfach da machen.

Bei „da" zeigte er auf spärlichen Grasbewuchs, der ziemlich schmierölgetränkt war. Als ich nach einem Bottich oder einer Schale fragte, um mein Altöl darin aufzufangen, kräuselte er die Stirn, schüttelte den Kopf und meinte, ich solle einfach dorthin fahren, die Ablassschraube aufdrehen und fertig. Ich beharrte auf Bottich und bekam einen. Als ich ihm das Altöl übergab, schüttete er es mit einer eleganten Bewegung in die Büsche. Da bist du erstmal platt. Blickst blöd und schüttelst den Kopf. Ich werde nie vergessen, was er dann zu mir sagte: „Weiß gar nicht, warum ihr Europäer euch so anstellt! Die pumpen das Öl irgendwo anders doch wieder aus dem Boden…"

Diese Erinnerung läuft in mir ab, während ich den marokkanischen Tankwart anstarre. Ich weiß nicht, wie ich dabei geschaut habe, aber etwas Merkwürdiges passiert: Statt der geforderten 230 Dirham will er plötzlich nur 150 von mir. Die drücke ich ihm in die Hand und denke nur: Afrika! Hier kann man sogar beim Tanken noch feilschen!

Die N1 führt von Casablanca Richtung Süden an der Küste entlang. Das Meer kann man zwar nicht sehen, Wasser hingegen gibt es genug. Die Jungs hier sind regelrecht abgesoffen. Der Sturm hat sie voll erwischt. Lkw stehen bis zur Achse im Morast, Kinder schwimmen in Tümpeln, die Pfützen sind teilweise so riesig, dass man auf die Idee kommen könnte, hier Segelschulschiffe anlegen zu lassen. Überall braune Pampe, tiefer Schlamm. Die Menschen waten hindurch, in Badelatschen, die Füße nicht mehr sichtbar, in Schuhen, einen halben Hektar Land unter der Sohle. Alle sind guter Dinge. Beim Pfefferminztee erklärt sich ihre Freude. Seit Monaten, einige reden sogar von Jahren, hat es hier schon nicht geregnet. Und dann auch noch derart viel – man ist ganz außer sich vor Freude.

„Marokko wird reich werden, ein reiches Land, ein Land, das mit großer Ernte rechnen darf. Gepriesen sei Allah, er ist groß, allmächtig. Danke, danke für den Regen. Und es soll noch mehr kommen! Danke, danke!"

Nix mit schlechter Laune, von wegen alles nass hier, bei uns hat's reingeregnet oder meine Schuhe sind feucht. Nein. Alles bestens! Besser geht's nicht. Aber es kommt ja noch besser: Regnen soll es, und zwar heute noch.

Mhhh... regnen? Zwar lungern dort hinten am Horizont ein paar Wolken, doch die sind weit weg. Nach ein paar Kilometern hab' ich nur ein Problem. Und das ist nicht neu. Genau genommen verfolgt es mich schon seit meiner allerersten Tour, die ich mit 15 auf meinem Mofa gemacht habe: Damals stand ich in Gillersheim und wusste nicht, welcher Weg durch den Wald zurück nach Sudershausen führt. Diesmal stehe ich an einer marokkanischen Kreuzung mit arabischen Schriftzeichen und Entfernungsangaben.

Genau genommen bin ich in El Jadida und will Richtung Safi. Muss südlich fahren, das weiß ich schon. Die N1, die ich suche, hat sich in diesem Kaff verloren. Denn hier wird gebaut, nach drei Umleitungen stehe ich im Nichts und entscheide mich für die älteste Orientierungshilfe der Weltgeschichte: Ich frage nach dem Weg.

Um die Situation besser zu verstehen, möchte ich bitten, sich folgendes vorzustellen: Dass jemand mit stark russischem Akzent beim Bäcker in einem Kaff auf der Schwäbischen Alb fragt, wie er am besten nach Zuckrick kommt. Auch, wenn er Zurück statt Zuckrick sagt, ist die Wahrscheinlich hoch, als Antwort ein Stirnrunzeln zu bekommen. Selbst, wenn er es richtig ausspricht, und Zürich sagt, und das etwa nur 300 Kilometer Luftlinie entfernt liegt, und an diesem Tag beim schwäbischen Bäcker Menschen mit guter Allgemeinbildung anstehen, um Brot zu kaufen, werden die nur einen groben Anhaltspunkt geben, nämlich die Richtung weisen. Nach Süden.

Stopp vor einem Café. Motor aus, Helm ab, nettestes Lächeln, das ich auf Lager habe. „Bon jour. Ich suche den Weg nach Safi."
An der Mauer lehnen zwei Fahrradwracks, daneben parkt ein abgehalftertes Peugeot-Mofa. Drei Typen, die gerade dabei sind, ihren süßen Pfefferminztee zu schlürfen und extrem blöd zu gucken, schauen sich gegenseitig an. Wie in Zeitlupe schälen sie sich aus halbmondförmigen Plastiksesseln und stolpern verunsichert auf mich zu. Glücklicherweise habe ich eine Landkarte im Tankrucksack. Mein Finger zeigt auf den Namen der Stadt, die ich zur groben Orientierung angebe. Ich spreche ihn vorsichtshalber aus.
Ein Fehler. Alle glotzen sich erst mal an. So, als hätte ich sie gerade beleidigt, und man müsse sich einigen, wer dem Ausländer als Erster eine runterhauen darf. Man bildet einen Halbkreis um die Karte. Vorsichtige Blicke. Blicke, die mir verraten, dass diese Drei

mit Lesen nix am Hut haben. Kann aber auch sein, dass sie nur Arabisch lesen können. Dummerweise habe ich die Karte in Deutschland gekauft. Alles steht nur in lateinischen Schriftzeichen drauf, nicht in arabischen.

Man ruft ins Café. Es klingt eher wie ein Befehl. Ein vierter Kerl erscheint und fragt mich ganz jovial, wo's denn hingehen soll. Na, der scheint sich auszukennen. Eigentlich ganz einfach.

„Nach Safi", sage ich.

Der Vierte krault seinen Schnauzbart eine Weile, blickt auf die Karte, dann in die Runde und meint:

„Safi gibt's hier nicht!"

„Doch, doch. Hier steht's doch."

Mein Finger rauscht wieder über die Karte und bleibt bei Safi hängen. Ein fünfter Mann kommt aus dem Café. Jetzt ist der Kreis perfekt. Man diskutiert auf Arabisch. Ich verstehe nicht eine einzige Silbe. Blöderweise deuten ihre Finger auch alle in verschiedene

Richtungen. Schlechtes Zeichen. Erregte Diskussionen. Man schaut vorsichtshalber wieder auf meine Karte. Jetzt hat jemand El-Jadida gefunden. Gut, dann wissen sie schon mal, wo wir sind. Wieder Diskussion. Das Café ist mittlerweile leer, alle stehen um mein Motorrad.

„Vier Zylinder?", will jemand wissen.

„Fährt das mit Diesel?", ein anderer.

„Wo willst du hin?", fragt der Nächste.

„Safi", sage ich wieder, diesmal anders betont. Es klingt wie Saaafiiii. Man schaut sich gegenseitig fragend an. Mittlerweile hat man die Karte aus dem Fach gezogen. Sechs Personen halten sie fest und forschen angestrengt. Mir kommt die Idee, es mit der Straßenbezeichnung zu versuchen. „Route National 1" sage ich ein paarmal. Und plötzlich sind sich ein paar meiner Helfer einig: „Assafi" rufen sie, und ihre Finger deuten in ein und dieselbe Richtung. Auf der Karte steht zwar Safi, aber sehr wahrscheinlich meinen sie das. Auf ein A oder S mehr oder weniger kommt es sowieso nicht an. Die Richtung stimmt auf jeden Fall. Könnte klappen, denke ich, bedanke mich herzlich, und auf geht's. Irgendwo wird mich diese Straße ja schließlich hinführen. Und wenn's die falsche Richtung ist, fahre ich halt noch mal zurück. Egal.

Gar nicht egal, was dann später kommt. Der Wind frischt auf. Wolken bedecken die Sonne, und – genau! Platzregen setzt ein. Das kann doch wirklich nicht sein! Wie konnte er sich nur so einen Platz zum Leben aussuchen, denke ich. Kaum jemand da, der einen richtig versteht, das Wetter mies, das Land dreckig...

Ich stoppe an einem überdachten Stand, wo es auch Pfefferminztee gibt. Der Stand ist nur 20 Meter von einer Polizeikontrolle entfernt. Der Regen scheint die beiden Diensthabenden gar nicht zu stören. Stoisch stellen sie sich der Witterung, ein blauer Mantel hält die Nässe ab. Tee wird serviert, man nickt mir freundlich zu. Ich lasse mir Zeit, irgendwann muss der Regen doch mal aufhören. 45 Minuten lang beobachte ich das Geschehen am Kontrollpunkt. Das Schema, nach dem die beiden Polizisten kontrollieren, ist mir schleierhaft. Nur vereinzelt werden Wagen rausgewunken. Ich bestelle noch einen Tee und versuche angestrengt, dahinter zu kommen, wonach sie suchen. Vor allem alte Autos halten sie an und schütteln den Fahrern kurz die Hand. Fast so, als seien alles alte Kumpel. Um besser schütteln zu können, tragen sie nur links einen Handschuh, und nachdem man mit rechts geschüttelt hat, wandert die Hand zurück in die Hosentasche. Was ich zu diesem Zeitpunkt nicht weiß: Was nach Händeschütteln aussieht, ist im Grunde genommen nur der Austausch von Schmiergeld.

Manche Wagen, die die beiden Polizisten anhalten, sind in einem derart desolaten Zustand, es grenzt an ein Wunder, dass die überhaupt noch fahren. Das wissen die Fahrer. Das wissen die Polizisten. Gegen fünf Dirham, die der Fahrzeugführer dem Polizisten mit einer eleganten Bewegung übergibt, drückt der Beamte beide Augen zu und lässt den Wagen passieren. In der guten Stunde, die ich dort sitze, gurken Autos ohne Scheinwerfer, Auspuffanlagen und mit gesplitterten oder gar keinen Windschutzscheiben durch. Was da unter dem Blechkleid noch lauert oder längst nicht mehr vorhanden ist, will man gar nicht wissen. Nach dem dritten Tee geht's weiter. Er wartet schon und soll nicht länger warten. Nur noch 120 Kilometer bis Essaouira.

Es regnet wie aus Kübeln. Die Straße ist kaum noch zu sehen. Wenn das so weitergeht, denke ich, stellt sich mir ein kleiner Bach womöglich noch als Fluss vor. Und stoppt mich hier, so kurz vor dem Ziel. Hatten wir alles schon. Damals, in Australien, war das an der Tagesordnung. Das Wasser spritzt von den Reifen, gerade denke ich über den Begriff Aquaplaning nach, da schießt mir aus einer Kurve ein gelbes Taxi entgegen. Es fährt nicht, es rutscht, steht quer, völlig unkontrolliert, der Fahrer ist arg am Kurbeln. Ich sehe das Weiße in seinen Augen. Und auch bei seinem Beifahrer. Und den restlichen Passagieren, zwei älteren Frauen, die im Fond sitzen. Vielleicht ahne ich es auch nur. Die Fuhre schießt direkt auf mich zu. Was nun?

Manche sagen, diese Bruchteile des Lebens empfinde man als Ewigkeit. Diejenigen, die voll getroffen werden, können sich hinterher an nichts mehr erinnern. Zum Schutz vor bösen Träumen löscht ihr Unterbewusstsein die Katastrophe und den damit verbundenen Schmerz. Jene, die sich an alles noch genau erinnern, kommen meist mit dem Schrecken davon.

Es ist eine blitzartige Reaktion, mehr nicht. Linker Fuß auf den Boden, Lenker rumreißen, rauf auf die Gegenspur. Hart bremsen. Vorne gerade so hart, dass es nicht rutscht, hinten egal. Der Scrambler schlittert, ich fange ihn ab, alte Motocross-Reflexe. Tausendmal passiert. Wir rauschen aneinander vorbei, jeder auf der Spur des Anderen. Im Schlamm rolle ich aus. Das Taxi hat sich um 180 Grad gedreht und steht in Gegenrichtung. Der Fahrer öffnet das Seitenfenster, hebt die Hand wie zum Gruß. Ich grüße zurück. Kann nicht fluchen. Kann nichts sagen. Regen trommelt, mir ist heiß. Unter meiner Zunge krabbeln Tausend Ameisen. Diese Reise hätte hier schlagartig beendet sein können. Und nicht nur die Reise, sondern auch mein Leben. Hier, im Dauerregen. Zwischen zwei Kuppen im marokkanischen Hinterland. Auf dem Weg zu der Person, der ich vor 23 Jahren quasi das Leben gerettet habe.

Der Fahrer des gelben Taxis lächelt. Hebt seinen Daumen nach oben. Bei Facebook heißt diese Funktion schlicht „gefällt mir". Was ihm an dieser Aktion gefällt, wird mir immer verborgen bleiben. Dass nichts passiert ist? Dass ich nicht gestürzt bin? Wie elegant ich mein Motorrad abgefangen habe? Dass sein Auto keinen Kratzer bekommen hat? Er startet seinen W123. Dicke Rußwolke. Umständliches Wenden, und weg ist er. Wenn ich jetzt in diesem Regen rauchen könnte, würde ich mir erst mal eine anstecken. Zu schnell war der Bursche nicht. Aber eines ist klar: Wir haben ihnen damals ja nicht nur die alten Autos verhökert, sondern auch die abgefahrenen Reifen. Damit alles schön zusammenpasst. Schrottkarren und Mistpellen. Wahrscheinlich waren auf den Rädern sogar vier verschiedene Profile montiert.

In Momenten wie diesen rächt es sich, dass Mercedes mal Autos quasi für die Ewigkeit hergestellt hat. Gut, das ist heute auch vorbei. Die Dinger beginnen ja schon nach zehn Jahren grässlich zu rosten, sagt mein Nachbar, ein Kfz-Meister, der bei Mercedes arbeitet. Und noch was ist vorbei: Ein neues Gesetz in Marokko verbietet die Einfuhr älterer Kraftfahrzeuge. Nützen tut das wenig. Denn die alten Dieselmotoren schaffen mitunter mehrere Millionen Kilometer Laufleistung. Da werden die Marokkaner noch viel Spaß mit haben. Oder die Touristen.

Der Regen ist heftig, jeder Tropfen ein Trommelschlag auf meinen Helm. Gut, dass ich ein beschlagfreies Visier habe. Mein Blick schweift über die Landschaft. Karges, ödes, hügeliges Land, das durch den Niederschlag in ein paar Tagen mit grünem Fell bespannt sein dürfte. Erosion hat diese wüste Landschaft in Millionen von Jahren geschaffen. Und hätte ich hier mein Leben beendet, wen hätte es gestört? Seit abertausend Jahren existieren diese Hügel hier, liegen diese Steine konfus herum, und die Sonne umwandert diese Szenerie. Wenn es nicht regnet, natürlich. Mir wird in diesem Moment bewusst, wie unwichtig mein Leben für die Welt doch ist. Was für einen winzigen Bruchteil ich im Vergleich zu den Millionen von Jahren, die diese Welt schon existiert, doch hier nur verbringe. Und wie nebensächlich meine Alltagsprobleme sind. Wie dumm es beispielsweise ist, einer verlorenen Liebe hinterherzutrauern. Oder wieder einmal zu fluchen, wenn jemand zu langsam fährt.

Ich atme tief durch. Dann starte ich den Zweizylinder, und wir wühlen uns im großen Bogen aus dem Schlamm. Wieder auf der Straße, klopfe ich seitlich an den Tank wie bei einem Pferd, um es zu loben. Ich sage nichts. Aber dieses Motorrad ist schon lange keine Maschine mehr für mich. Sondern ein Freund. Und von Freunden trennt man sich nicht.

T2, Düne links

Ich war 23 Jahre alt und hatte in meinem Leben schon einige Knochenbrüche und Verletzungen gesehen. Bei Enduro-Rennen bleibt das kaum aus. Diese Situation hier war anders. Niemand außer mir kam als Ersthelfer infrage. Ich konnte keinen zu Rate ziehen oder gar zu Hilfe rufen. Alles hing an mir. Selbst wenn es zu dieser Zeit Satellitentelefone gegeben hätte und ich einen Notruf hätte absetzen können – der Hubschrauber hätte eine kleine Ewigkeit gebraucht, bis er am Unfallort gewesen wäre. Die nächstgrößere südlich gelegene Stadt hieß Agadez. Sie war etwa 600 km entfernt. Tamanrasset lag rund 400 km nördlich.

Völlig aufgeregt sprang ich von meinem Motorrad und hetzte Titus entgegen. Doch mehr als ein „He Mann, wie geht's?" brachte ich nicht heraus. Titus dagegen schon.

„Geh' zur BMW, und stell sie senkrecht. Der Sprit läuft aus. Wer weiß, wozu wir den noch brauchen", keuchte er. Das Sprechen bereitete ihm sichtlich Mühe. Wie konnte er in dieser Situation nur einen kühlen Kopf behalten? Dies hier markierte das Ende seiner Reise. Doch vielleicht war ihm das gar nicht bewusst. Fünf Meter von der Sturzstelle entfernt stand das Wrack eines VW T2. Mühevoll gelang es mir, die BMW dort hinzuschieben und sie an den Bus zu lehnen.

„Mann, war das ein Flug", krächzte mein Freund, „mir tut alles weh. Vor allem hier unten."

Bei „hier unten" zeigte er auf sein linkes Bein.

„Dein Bein ist oberhalb des Springerstiefels gebrochen."

„Dann kann ich also jetzt nicht mehr schalten, oder wie?"

„Nee, wir müssen Afrika im zweiten Gang durchqueren."

„Wir?"

„Klar wir. Ich fahre mit."

„Fahren im zweiten Gang treibt den Spritverbrauch in die Höhe, oder?"

Es war Galgenhumor. Er nahm der Situation den Schrecken. Mit einem Mal war alles anders. Jetzt ging es nicht mehr um kaltes Pils in Arlit, das Erreichen der Westküste oder wie man am besten Spurrillen überfährt. Es ging nur darum, das Richtige zu tun.

„Mann, was haben wir nur für ein Glück", keuchte Titus. „Schau nur, wegen uns haben sie den alten T2 als Schattenspender dort geparkt."

Ich half meinem Reisepartner hoch, stützte und schleppte ihn unter das Dach des T2. Manch einer in seiner Situation hätte geheult. Hätte sich Vorwürfe gemacht oder geflucht. Auch ich weiß nicht, was ich getan hätte. Titus hingegen meinte: „Am besten setzen wir einen Tee auf und überlegen, wie's weitergeht."

Sein Traum von der Durchquerung Schwarzafrikas war vorerst ausgeträumt. Er hatte einen kapitalen Knochenbruch, der Fuß hing an seinem Bein wie der einer Marionette. Die Sonne umwanderte den T2, und nachdem ich zweimal Tee gekocht und er sich ein paar Schmerztabletten verordnet hatte, war der Plan klar. Algerien gehört zu den Mittelmeer-Anrainerstaaten, die Titus' Schutzbrief mit abdeckte. Wenn er es bis Tamanrasset zurück schaffte, würde der ADAC ihn bergen. Und nicht nur ihn. Sein Motorrad ebenfalls. Ich blickte auf seinen Fuß, der im Winkel von 40 Grad vom Körper abstand.

„Wir sollten das schienen", sagte ich.

„Herr Doktor, bitte bringen sie Verbandszeug, zwei Tupfer, Krücken und eine Schiene. Ach, und eine nette Krankenschwester wäre auch nicht schlecht."

„Keine Witze jetzt. Die Lage ist ernst genug."

„Schlag was vor."

Ich saß unter dem Dach des T2 und schaute auf unsere beiden Maschinen, während das Abendrot den Horizont bemalte. Der Sand war überall. In den Schuhen, auf meiner Haut, zwischen meinen Zähnen. Hunters Worte schwebten wie eine Gewitterfront über den Dünen.

„Ganz klar", überlegte ich. „Du hast doch einen Spaten dabei. Damit werde ich ein Loch graben, deine BMW plus einen Teil meiner Ausrüstung hier beerdigen und dich morgen als Passagier mit meiner Yamaha nach Tam zurückfahren. Taxi Rolf. So einfach ist das."

„So einfach ist das also." Titus rang sich ein Lächeln ab. Er musste höllische Schmerzen haben.

„Das muss aber ein großes Loch sein."

„Ich habe die ganze Nacht Zeit."

„Meinst du wirklich, es ist eine gute Idee?"

„Was ist die Alternative? Sollen wir warten und die von Süden kommenden Fahrzeuge anhalten, damit du zurück nach Tam trampen kannst? Und willst du die BMW hier zurücklassen, für den Nächsten, der sie findet? Was, wenn in den kommenden Tagen niemand diesen Ort hier passiert und wir die Wasservorräte beim Warten aufbrauchen? Dann schaffen wir es aus eigener Kraft auch nicht mehr zurück. Du kennst die Stories über all die Jungs, die hier in der Hitze krepiert sind. Liest man mehrmals im Jahr in der Zeitung."

„In Guezzam ist nur 100 Kilometer entfernt. Vielleicht sollten wir hinfahren, und ich suche dort eine Mitfahrgelegenheit. Von da kannst du weiterfahren, und ich regle von Tam aus den Rücktransport."

„Bis du in Tam bist, ist deine BMW schon längst über alle Berge. Ihr neuer Besitzer fährt damit wahrscheinlich um die Welt."

In unserer Phantasie war In Guezzam eine schnuckelige, kleine Wüstenoase mit wehenden Palmen, allerlei Geschäften und freundlichen Bewohnern. Als ich nach der langen, abenteuerlichen Bergung von Titus vier Wochen später dort ankam, war ich schockiert. Der letzte Außenposten Algeriens, die Grenzstation vor dem Niger, bestand aus ein paar schäbigen Hütten, in denen mies gelaunte, schlecht bezahlte Beamte saßen und jedem, der ausreisen wollte, Bakschisch abtrotzten. Für Fälle dieser Art hatte ich vorgesorgt und 20 Kugelschreiber von Beate Uhse in meinem Rahmenrohr unter dem Tank versteckt. Auf den Stiften war eine Frau mit üppiger Oberweite im Badeanzug abgebildet. Der Badeanzug bestand aus einer dunklen Flüssigkeit. Sobald man den Kugelschreiber senkte und mit ihm schrieb, lief die Flüssigkeit nach unten, und die Frau war nackt. Beim Ausfüllen von Grenzformularen verwendete ich immer so einen Schreiber und achtete peinlichst darauf, dass der zuständige Beamte die Frau sah. In Afrika wirst du als Motorradfahrer nie als reich eingestuft, denn meist hat man nur das Notwendigste dabei. Als Autofahrer dagegen schon. Egal, wie deine Karre aussieht. In fast allen Fällen ließ ich den Kugelschreiber als „Gastgeschenk" über den Tisch wandern und wurde freundlich abgefertigt. Bei der Einreise nach Algerien hatte ich das leider verpennt.

Wer als Autoschieber dieses Spiel nicht mitspielte, hatte verloren. Entweder sie „fanden" irgendeinen hanebüchenen Grund (Reifen abgefahren – hahaha – oder Motor verölt etc.), warum man nicht aus- oder einreisen durfte, und schickten einen zurück in die Wüste, um nochmal über die Bakschischforderung nachzudenken. Oder, viel schlimmer: Sie ließen einen passieren. Hatten aber vorher ihre Kumpels in Assamaka, der 40 Kilometer entfernten Grenzstation zum Niger, angerufen und ihnen erzählt, was jetzt für Ignoranten kämen. Dann saß man in der Falle. War auf Gedeih und Verderb ausgeliefert. Entweder in der Wüste sterben oder Bakschisch zahlen. Denn man hockte im Niemandsland zwischen Algerien und dem Niger. Es ging nicht vor und nicht zurück. Weder die Jungs im Assamaka noch die in In Guezzam fertigten einen ab. Das derart erpresste Bakschisch war ungleich höher als die Anfangsforderung. Es blieb nicht beim Autoradio. Ich habe von einem Trupp Österreicher gehört, die das sechste ihrer Autos als „Geschenk" dort stehenlassen mussten. Profischieber wie der Skorpion fragten bei jedem Grenzübertritt, was sie den Jungs beim nächsten Mal mitbringen sollten. Diese „Einkaufsliste" wirkte Wunder.

„Angesichts des Schutzbriefes ist das die einzig richtige Entscheidung. Wir müssen zurück nach Tamanrasset. Wenn mit dir wieder alles klar ist, dann kehre ich hierher zurück, berge den Schrott und bringe ihn auch nach Tam."

„Mit mir alles klar? Guter Witz."

Hat schon mal jemand versucht, in der Wüste ein Loch zu graben? Im trockenen Sand? Genau. Zwei Schaufeln raus, eine rutscht wieder nach. Drei Schaufeln voll raus, vier rutschen nach. Das Grab für die BMW und einen Teil meiner Ausrüstung wurde ein Riesenkrater, denn der feine Sand sackte von den Seiten immer wieder runter. Ich schaufelte mit dem kleinen Spaten, was das Zeug hielt. Gegen Mitternacht war ich gerade so weit, dass man die Maschine hätte flach einbetten können. Der Lenker würde aber trotzdem heraus ragen.

„He Titus, weißt du was? Wir schienen dein Bein mit dem Lenker!"

„Ist der überhaupt noch gerade?"

„Auf alle Fälle gerader als dein Bein."

Gegen zwei Uhr nachts war die Beerdigung perfekt. Die 650er lag im Grab. Mit ihr mein Tramper-Rucksack samt Halterung plus ein Großteil meiner Ausrüstung sowie meine rechte Box. Im Ansaugtrichter des BMW-Luftfilters steckte ein zerrissenes T-Shirt. Meine linke Alubox hatte ich am Motorrad gelassen. In ihr transportierten wir Wasser, darüber hinaus sollte Titus sein Bein drauf ablegen. Ich schaufelte das Grab mühevoll zu. Titus fand keinen Schlaf und brummte:

„Sag mal, bist du sicher, diese Stelle jemals wiederzufinden?"

Ich hielt beim Schaufeln inne, wischte mir Schweiß und Sand von der Stirn und schaute ihn an.

„Zwei große Dünen links, eine kleine rechts, in der Mitte ein heller T2. Ist doch markant, oder? Außerdem nulle ich morgen meinen Tageskilometerzähler und schaue beim Ortseingangsschild in Tamanrasset wieder drauf."

„Bist'n echter Fuchs, was?"

„Wüstenfuchs!"

Es gibt auch naive Füchse. Wir waren frühmorgens gegen 6.30 Uhr gestartet. Nach noch nicht einmal 20 Kilometern wusste ich bereits, dass mein Plan nicht aufgehen würde. Denn es gab kaum Orientierungspunkte, alles sah anders aus als am Vortag und trotzdem wiederum gleich. Ich glaubte, eine gewaltige Düne zu umfahren, fand mich anschließend jedoch in meiner eigenen Spur wieder. Panik schoss in mir hoch und Angst. Titus saß hinten drauf, hielt sich an mir und dem Kofferträger fest, den Magen voller Schmerzmittel, einen Lenker als Schiene ums Bein, den Allerwertesten ge-

bettet auf ein paar alten T-Shirts, die als Soziuskissen zusammenge-
bunden waren. Wir hatten noch sieben Liter Wasser an Bord und
ich fuhr, als sei der Leibhaftige persönlich hinter mir her. Tat alles
Mögliche, um Schläge zu vermeiden, wich Löchern und Steinen aus
und versuchte, nie unter 80 km/h zu kommen. Ein Fahrfehler, ein
Überschlag oder ein nicht zu behebender technischer Defekt konnte
das Ende für uns zwei bedeuten. Ich dachte an all die Sonderprüfun-
gen, die ich im Rahmen der Endurorennen absolviert hatte. Unbekannte Strecken zwischen drei und fünf Kilometer Länge, die auf
Zeit gefahren werden mussten. Hier ging es letztlich auch um Zeit.
Doch noch mehr darum, keine Fehler zu machen.

Jeder Fehler konnte der letzte sein.

Wir hatten meinen Tank mit dem Benzin aus seiner 650er und
den Kanistern randvoll gefüllt. 28 Liter standen für rund 400 Kilometer bereit. Das sollte reichen. Ich dachte drüber nach, dass ich
den Motor vor der Reise in alle Bestandteile zerlegt und überprüft
hatte, und betete darum, bloß keine Fehler beim Zusammenbau gemacht zu haben. Dieser Tag wurde zu unserem letzten gemeinsamen Reisetag. Er war zugleich auch der erste, an dem wir keinen
Tee kochten. Die Kanne lag mitsamt den Tassen im Grab.

Titus blieb tapfer, verlangte keine Pausen und schrie nicht, wenn
ich wieder mal einer Spurrille nicht ausweichen konnte und es uns
gehörig durchschüttelte. Ich weiß bis heute nicht wie, aber kurz
nach Einsetzen der Dämmerung erreichten wir Tamanrasset. Das
Hospital war leicht zu finden, denn selbst ich konnte den Namen
aussprechen. Mir fiel kein Stein vom Herzen, als ich die Ténéré direkt vor den Eingang stellte, nein, es war ein Felsbrocken. Sperrig
und mörderschwer.

Dass das Bein gebrochen war, sah selbst ein Maultiertreiber auf
den ersten Blick. Mit den Worten „na, das haben wir gleich" empfing uns eine nette, in schmutziges Weiß gehüllte schwarzafrikani-
sche Krankenschwester und führte uns in einen langen Gang, an

dessen Seiten jeweils eine Reihe heruntergekommener Stühle ruhten. Es roch so vertraut wie der Schmutz unter den Zehennägeln. Wir ließen uns niederplumpsen. Gegenüber saß eine Mutter, deren Sohn sich am Arm verletzt hatte. Zwei, drei Taschentücher sollten die Blutung stillen, was aber nur bedingt gelang. Die Verletzung war so groß, dass die Tücher vollgesogen waren und auf dem Boden unter dem Jungen bereits ein kleiner Blutsee entstanden war. Wie lange mussten sie hier bereits gesessen haben?

„Sie dürfen jetzt mitkommen", sagte die Schwarzafrikanerin in zuckersüßem Ton zu Titus.

Titus schaute sie an. Dann schaute er auf den Jungen, der vielleicht fünf oder sechs Jahre alt war.

„Der Junge war vor mir dran."

„Ich verstehe nicht..."

„Dieser Junge da drüben, der braucht doch dringend einen Arzt, oder? Wahrscheinlich muss die Wunde genäht werden. Also bitte, erledigen sie das. Ich warte so lange, bis er behandelt wieder rauskommt", stöhnte Titus, dem es schwer fiel, seine Schmerzen zu verbergen.

„Ist das ihr Ernst?"

Titus schaute sie an wie ein Offizier, der Widerworte eines Rangniederen vernommen hatte. Die Krankenschwester nickte der Mutter zu, die ihren Sohn am gesunden Arm packte und ihn zu sich hochzog.

Nie werde ich den Blick der Mutter vergessen, den sie Titus sandte. Er beinhaltete Dank, Erleichterung, Unverständnis und Liebe. Worte fehlten ihr, vielleicht war sie auch stumm. Doch sie nickte uns zu, verbeugte und beeilte sich. Wahrscheinlich aus Angst davor, dass wir es uns in letzter Sekunde noch anders überlegen könnten.

„Du hättest jetzt wirklich Bettruhe verdient, glaub' mir", sagte ich.

„Kommt noch, Bruder, kommt noch. Da kommt mehr Ruhe, als ich eigentlich will."

„Wie meinst du das?"

„Ich war schon einmal in der Dritten Welt im Krankenhaus. Generell werden Europäer immer gut behandelt. Man ist derart um ihr Wohlergehen besorgt, dass man sie am liebsten gar nicht wieder gehen lassen möchte. Und weißt du auch wieso? Sie sind wandelnde Geldautomaten. Jeder Tag, den sie im Krankenbett liegen, bringt Bares von der Versicherung. Ein einziger Europäer im Krankenhaus ist weitaus lukrativer als 100 Einheimische."

„Du meinst, sie werden versuchen, dich so lange wie möglich hier festzuhalten?"

„Genau."

„Ich werde, so schnell es geht, den ADAC informieren, damit er dich ausfliegt. Versprochen."

„Danke, mein Freund. Ich hoffe nur, dass alles so einfach ist, wie es sich anhört."

Es war nicht einfach. Und es war Ramadan. Nichts lief. Gar nichts. Am nächsten Tag saß ich noch um 16 Uhr im schäbigen Warteraum des Postamtes, dem einzigen Ort, an dem es Telefonzellen gab, mit denen man internationale Telefongespräche führen konnte. Sie hatten Titus am Vorabend gegen 22.30 Uhr in ein Zimmer gebracht, das unüberhörbar nach Besen, Wischmob und Desinfektion schrie. Es entpuppte sich als Operationsraum. Titus hatte mich zur Seite genommen und geflüstert: „Bitte lass nicht zu, dass sie mich operieren. Gips ja, aber dann schnellstmöglich heim. Versprich es mir. Egal, was man dir sagt. Bitte."

Ein Facharzt war am Vorabend nicht zur Stelle, und so hatten sie sein Bein zuerst gewaschen und dann mit einem durchsichtigen Gel, einer Art Sportsalbe, eingerieben. Mit dem Lenker konnten sie nichts anfangen. Ich nahm ihn an mich, um ihn später wieder an die

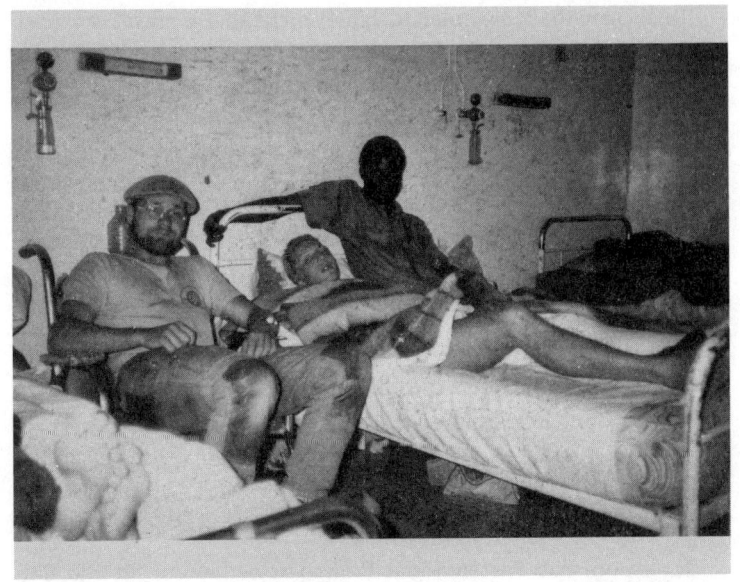

BMW zu schrauben. Titus bekam ein Krankenbett, und ich verbrachte die Nacht im Stuhl neben ihm. Am Morgen röntgte man das Bein. Es war ein komplizierter Splitterbruch. Wir waren uns nicht sicher, ob er operiert werden musste. Titus bekam Gips vom Zeh bis zum Beckenknochen, und ich brach gegen 11 Uhr auf, um ein Telefonat nach Deutschland zu führen, denn die Leitung des Krankenhauses war angeblich tot.

Zwischen 12 und 15 Uhr ging nichts. Ramadan. Dann versuchte ich über eine Stunde vergeblich, aus Algerien heraus zu telefonieren. Ich kam nie weiter als zur Ansage, dass es derzeit leider unmöglich sei. Gegen 17.30 Uhr erreichte ich endlich die Notfallzentrale des ADAC. Und was die mir erzählten, klang wie ein schlechter Witz...

„Das ist doch nicht dein Ernst, oder? Komm schon, der erste April ist längst vorbei." Titus hatte sich im Bett aufgesetzt. Über seiner Liege hing ein Griff, an dem er sich hochziehen konnte.

„Doch, ernsthaft. Sie holen dich hier nicht ab. Du musst erst nach Algier. Von dort wirst du abgeholt."

„Aber Tamanrasset hat doch einen Flughafen. Was spricht dagegen, mich von hier abzuholen? Schließlich habe ich einen Krankenversicherung mit Rückhol-Service abgeschlossen."

„Erklär' das denen in Deutschland. Wir sollen den Transport von Tam nach Algier gefälligst selbst organisieren. Das war die Ansage."

„Wofür hat man eine Rückhol-Versicherung, wenn sie einen nicht zurückholen?"

Titus war sauer. Er war enttäuscht und entsetzt. Doch er fluchte nicht. Die Hoffnung, dass dies hier schnell vorüber wäre, stürzte wie ein Kartenhaus zusammen.

„Na ja, ich habe noch Geld. Kaufen wir also einfach einen Flug von Tam nach Algier."

„Genau. Das wird das Einfachste sein", sagte ich.

Der islamische Fastenmonat Ramadan bedeutete für die Einwohner Tamarassets nicht nur kulinarische Enthaltsamkeit, sondern auch Ruhe. Viele Geschäfte waren geschlossen. Das Büro der Fluggesellschaft gottlob nicht. Ich wartete vier Stunden lang, bis ich an die Reihe kam, es war die Hölle los. Anscheinend wollte jeder hier aus dem Ort vor irgendwas oder –wem fliehen. Die nächste Hiobsbotschaft ließ nicht lange auf sich warten: Bis zum nächstmöglichen Flug von Tam nach Algier sollten wir 18 Tage warten. Vorher sei alles ausgebucht, hieß es. Ich sah Titus mit seinem Bein dort liegen und dachte: Verdammt, in drei Wochen ist das so zusammengewachsen, wie sie es in den Gips gedrückt haben. Man muss es wahrscheinlich nochmal brechen.

Auch mein Reisepartner war von diesem Umstand alles andere als begeistert. Ich suchte mir ein günstiges Zimmer, das sich als Rückzugsgebiet für Flöhe entpuppte, und wir beratschlagten einen Tag später, mit welcher Taktik es möglich sei, vielleicht doch noch früher bis Algier zu kommen. Der Transport mit einem Taxi stand jedenfalls außer Debatte. Titus versuchte, den Ärzten ein Attest abzuringen, das die Dringlichkeit eines Transportes nach Deutschland unterstrich. Doch er hatte Recht. Die Ärzte waren gar nicht daran interessiert, ihn als zahlenden Gast zu verlieren. Man könne solch ein Papier nicht ausstellen, hieß es lapidar.

Wir besannen uns drauf, jene um Hilfe zu bitten, die wir kennengelernt hatten. Und so stand ich an einem heißen Nachmittag vor dem Tor des El Hadschi und hoffte, aufgrund meiner Schweißfüße nicht nachträglich gesteinigt zu werden. Der Riegel schob sich zurück, ich stammelte in französisch-englischen Fragmenten und ließ mehrmals die Namen Hunter und El Hadschi fallen. Die Tür öffnete sich. Zwei Männer in weißen Kaftanen und mit Turban standen vor mir. Ich kannte sie beide nicht. Aber dass ihre Hände voller Öl und die Mienen alles andere als freundlich waren, konnte nichts Gutes heißen. Sie bedeuteten mir mürrisch, ihnen zu folgen. Wir gingen über den Hof und durchschritten einen Gang, der in einen weiteren Innenhof führte. Dort stand Hunters Ex-Auto, das jetzt dem El Hadschi gehörte. Es war aufgebockt auf Steinen, vom Motor hatte man allerhand Anbauteile entfernt. Offensichtlich war er defekt. Es folgte ein Gezeter, so giftig, dass man damit die Straße hätte desinfizieren können. Ich hob immer wieder die Arme, um ihnen zu verdeutlichen, dass ich für diesen Schaden nicht zur Rechenschaft gezogen werden konnte, und fand mich ein paar Minuten später schweißüberströmt auf der Straße wieder. Die beiden Burschen schimpften immer noch auf mich ein.

Ich war froh, dieser misslichen Lage entronnen zu sein und trollte mich. Am Ende der Straße packte mich eine Hand an der Schulter. Unwillkürlich zuckte ich zusammen. Ein Schwarzer stand vor mir und fragte höflich, ob er mir helfen dürfe, denn dem Geschrei nach zu urteilen, hätte ich offensichtlich ein Problem. Er hatte kurze Haare, ein gütiges Lächeln, gelbe Zähne und feuchte Augen. Dazu trug er eingerissene Jeans und ein T-Shirt mit der

Aufschrift „Bob Marley – everything but the blues". Das Beste jedoch war: Er stammte zwar aus Nigeria, wohnte aber seit Jahren schon in Tam und sprach fließend Englisch. Sein Name war Osman, und nachdem er sich meine Schwierigkeiten bei der Beschaffung eines Flugtickets angehört hatte, sagte er: „Mein Freund, das ist doch alles kein Problem. Gib mir einfach das Geld, dann regele ich das. Du wirst sehen. Es gibt für alles eine Lösung. Ich besorge dir ein Flugticket für sofort. Man muss nur die richtigen Leute kennen."

„So, und du meinst, er kennt die richtigen Leute?"

„Wir kennen sie hier zumindest nicht."

Titus saß im Krankenbett und überlegte angestrengt.

„So ein Ticket kostet fast 400 Mark. Für die Summe muss Osman hier garantiert vier Monate hart schuften. Wenn nicht sogar sechs."

„Du meinst, die Versuchung, uns zu verarschen und mit dem Geld durchzubrennen, ist groß?"

„Riesengroß."

„Ich hab's: Wir geben ihm die Kohle, aber ich werde ihm nicht von der Stelle weichen. Egal wohin er geht – ich bleibe sein Schatten."

Titus saß aufrecht im Bett. An der Wand über ihm hing das Röntgenbild seines Beines. Vor dem Bett standen die Springerstiefel, daneben lag eine Tasche, in der er sein Bares und die Dokumente aufbewahrte.

„Gib ihm das Geld und sag ihm, er bekommt 150 Mark Belohnung wenn es klappt. UND: Wenn er den Flug günstiger bekommt, darf er den Rest behalten. Wenn ein bisschen Ehre in dem Typ steckt, dann wird er es machen. Inshallah! Folgen brauchst du ihm nicht."

Osman fühlte sich geehrt. Er sagte, er wolle gleich zu seiner Schwester, die angeblich jemanden kannte, der im Reisebüro arbeitet. Doch die Schwester war nicht auffindbar. Hatte er überhaupt eine? Wir gingen zu einem Freund von ihm, dessen Bruder Gepäckstücke auf dem Rollfeld herumschleppte. Dieser meinte, mit derartigen Bitten sollten wir uns besser an den Sicherheitsofficer des Flughafens wenden. Er gab uns eine Adresse am anderen Ende der Stadt, und mit Osman hinten drauf fuhr ich hin. Der Officer lag im Tiefschlaf und erschien erst nach minutenlangem Klingeln an seiner Haustür. Grollig verwies er auf eine Bekannte, die als Stewardess arbeiten und uns bezüglich unserer Probleme garantiert weiterhelfen könne.

Um es kurz zu machen: 127 Kilometer, allesamt in Tamanrasset abgespult, 21 Personen und vier Tage später händigte uns ein ungewaschener kleiner Mann in Lederjacke bei 40 Grad im Schatten in einem Café ein Flugticket aus. Kostenpunkt: 340 Mark. Nicht zu vergessen die fünf Beate-Uhse-Kugelschreiber, ohne die der Deal wahrscheinlich nie über die Bühne gegangen wäre. Osman war glücklich, ich erleichtert und Titus skeptisch.

„Der Flug geht bereits übermorgen. Und du meinst, das Ticket ist echt, keine Fälschung oder so?"

„Ich war im Reisebüro und habe die Daten überprüfen lassen. Alles sauber. Du stehst auf der Passagierliste."

Es war mittlerweile der sechste Tag, den Titus im Krankenbett verbrachte. Er fühlte sich wie im Gefängnis. Täglich schlichen die Ärzte vorbei und versuchten, ihn von der Notwendigkeit einer sofortigen OP zu überzeugen. Er war überglücklich, endlich aus dem Krankenhaus zu kommen. Nachdem ich den Ärzten das Flugticket gezeigt hatte, stand ich wieder im Wartesaal der Post. Diesmal dauerte es einen ganzen Tag, bis ich dem ADAC die Flugdaten durchgeben konnte. Die Gelben Engel versprachen, Titus am Flughafen von Algier in Empfang zu nehmen und sicher in ein deutsches Krankenhaus zu bringen. Alles schien in bester Ordnung.

„Wie willst du das Motorrad und den Rest der Ausrüstung bergen?" wollte Titus wissen.

„Ich habe mit Osman gesprochen. Sein Schwager kennt jemanden, der jemanden mit einem kleinen Toyota-Pickup kennt. Da werden wir den Kram draufladen. Schließlich weiß ich nicht, ob die BMW noch fahrtüchtig ist."

„Falls du sie je wiederfindest", scherzte Titus.

„Ich werde sie wiederfinden. Meine Ausrüstung ist schließlich im selben Grab."

Als ich am Abend der Flugticket-Übergabe in mein kleines Zimmer zurückkehrte, fand ich keinen Schlaf. Die Ereignisse der vergangenen Tage hatten mich aufgewühlt, und ich wälzte mich von einer Seite auf die andere. An der Decke meines Raums schepperte ein dreckiger Ventilator und verteilte stickige Luft. Stundenlang starrte ich auf seine Flügel, beobachtete, wie sie stoisch die Luft durchschnitten. Ich versuchte, gegen mein Abbruchsgefühl anzukämpfen, denn meine Reiselust war verflogen. Diese Situation hier war der Tiefpunkt der Tour. Nur noch einen Tag, dann würde ich meinen Partner verlieren, mit dem ich so gern weitergereist wäre.

Ich dachte darüber nach, heimzufahren. Die Etappe in den Niger durfte man nicht unterschätzen, und ich hatte Angst bekommen. Ich war glücklich, Titus getroffen zu haben. Ohne ihn wäre ich wahrscheinlich allein gestartet. Denn ich hatte mich für unverwundbar gehalten. Stürze hatten in meinem Reiseplan überhaupt nicht existiert, ich war auf so etwas nicht eingestellt gewesen. Diese Begegnung hier hatte mir mehr als drastisch vor Augen geführt, wie schnell Kollege Zufall alles aus der Bahn wirft. Eine kleine Unachtsamkeit reicht, und man wird Teil der Skelettwüste.

Am Morgen vor Titus' Abflug war es nahezu windstill. Gegen Sieben hatte ich gefrühstückt und mich anschließend auf die Yamaha geschwungen, die Quecksilbersäule zeigte bereits 28 Grad. Das Krankenhaus lag zwei Kilometer von meiner „Suite" entfernt. Titus' Flug ging um 11 Uhr. Es blieb ausreichend Zeit, sich zu verabschieden. Gegen Acht begrüßte ich meinen Freund, der seine paar Habseligkeiten bereits in einer Umhängetasche verstaut hatte. Er lag angezogen im Bett.

„Na bitte, bist sozusagen just in time, Alter. Sie werden mich bald holen. Das war's dann mit Afrika. Vorerst zumindest."

„Bist du enttäuscht?"

„Wärst du das nicht?"

„Ich weiß nicht so recht", sagte ich grübelnd, „wahrscheinlich schon."

„Du musst das Leben als Abenteuer sehen. Diese Sache hier ist wie das Salz in der Suppe."

Wir mussten beide lachen.

Doch das Lachen verging uns bald.

Denn niemand kam vorbei, um Titus abzuholen.

Gegen neun Uhr ging ich zum ersten Mal vor in die Aufnahme und fragte nach dem Krankenwagen, der meinen Freund zum Flughafen bringen sollte. Er werde gleich ankommen, versicherte man mir. Eine halbe Stunde später warteten wir immer noch, und ich lief wieder ins Wartezimmer.

„Doch, doch, sicher. Ganz sicher! Gleich holt man deinen Kumpel ab. Garantiert."

Zehn Uhr. Das Wartezimmer des Krankenhauses sowie der Taxistand waren verlassen. Keine Menschenseele greifbar. Auf dem Rückweg zu Titus' Krankenbett lief mir eine Krankenschwester über den Weg. Sie beteuerte, dass ein Wagen garantiert unterwegs sei.

10.15 Uhr – noch immer war nichts passiert.

„Siehst du, ich hab's dir gesagt: Sie wollen mich als zahlenden Gast hierbehalten."

„Ich hätte nie geglaubt, dass die Jungs so drauf sind", entgegnete ich.

„Du bist doch mit der Yamaha da, oder?", fragte Titus.

„Ja sicher! Und du weißt auch genau, wie man sich mit gestrecktem Bein hinsetzen muss, oder?", fragte ich zurück.

Es wurde die Fahrt meines Lebens. Der Wind hatte aufgefrischt. Kleine Böen mit Abermillionen Sandkörnern bestrahlten uns, sie brachen wie Wellen über uns herein. Titus saß hintendrauf, ohne Helm, den langen Gips über meine Alu-Box gestreckt, und ich raste durch den algerischen Stadtverkehr. Die Zeit ergoss sich wie Quarzsand durch zwei große Öffnungen. Ich missachtete mehrmals die Vorfahrt, drängelte mich zwischen Fahrzeugen vorbei, jagte über Gehwege und presste alles aus dem Einzylinder heraus. Wir „flogen" Richtung Flughafen, der sich etwas außerhalb von Tamanrasset befand. Mir war klar: Der Flieger würde ohne Titus starten, denn mein Freund hatte weder Gepäck, das vorab geladen war, noch einen Fürsprecher vor Ort, der den Abflug bis zu unserer Ankunft rauszögern würde. Titus durfte diesen Flug nicht verpassen! In Algier wartete der ADAC, im Krankenhaus drohten die Ärzte mit Operation.

Ich nahm mir noch nicht einmal die Zeit, den Zündschlüssel abzuziehen. Titus hatte sich an meiner Schulter abgestützt und hüpfte dem Schalter entgegen. Man ließ mich als seinen Krankenpfleger ebenfalls passieren, denn ein Rollstuhl war nicht aufzutreiben. Ich brachte Titus bis zur Treppe auf dem Rollfeld, die zum Eingang des Flugzeuges führte. Es war eine Maschine mit zwei Turbinen, die bereits hochtourig liefen. Eine Stewardess stand am Aufgang und reichte Titus den Arm. Er legte die Hände auf meine Schultern und schaute mir ein letztes Mal tief in die Augen.

„Ohne dich wäre ich jetzt nicht hier. Danke für alles, mein Freund. Wir werden uns wiedersehen. Inshallah!"

Die beiden Turbinen rissen meine Antwort und die mahnenden Worte der Flugbegleitung weg, eine Windböe drückte mir Sand in die Augen. Doch das Kribbeln darin verursachten keine Fremdkörper. Es waren Tränen. Worte überflüssig. Titus winkte noch kurz, bevor er im Metallbauch des Fliegers verschwand, und ich stellte mich an den Rand des Rollfelds. Dieser Augenblick hier war schlimmer als der Moment, in dem ich mich von meinen Eltern verabschiedet hatte. Ich sah dem Flieger lange nach, bis er im Blau des Himmels als glitzernder Punkt verschwand, und trottete dann zu meiner Yamaha. Schlüssel und Helm waren noch an Ort und Stelle.

Ich startete ein paar Tage später zusammen mit Osman und seinem Bekannten. Wir fanden „unseren" T2 erst nach viertägigem Umherirren in den Dünen. Der Sandkasten dort unten ist größer, als man denkt. Alles war noch da. Die BMW wanderte in Tamanrassets bewachten Zollhof, wo sie der ADAC irgendwann nach Deutschland schleppen würde, und nach zweiwöchiger Pause setzte ich meine Reise ins Unbekannte fort.

Sie endete 14 Monate später in Kapstadt.

Nie wieder habe ich jemanden getroffen wie Titus.

Essaouira

Von Freunden trennt man sich nicht. Es gibt Freunde, die sehe ich
nur alle ein, zwei Jahre – darf man das noch als Freundschaft be-
zeichnen? Ich meine ja. Denn ich mache Vertrauen nicht an der An-
zahl von Treffen fest. Freundschaft ist für mich vielmehr eine Art
Gefühlsmix aus Sicherheit, Geborgenheit und Zuneigung. Dazu gehört natürlich auch, dass der andere sich für mich interessiert und
ich mich für ihn. Von einem Freund kann ich erwarten, dass er mir
die Meinung zu etwas Wichtigem sagt, ohne Rücksicht drauf zu
nehmen, was seine Ehrlichkeit für mich oder mein Projekt bedeutet. Einen Freund würde ich mitten in der Nacht anrufen und wissen, dass er mich aus größter Not befreit oder mir einfach nur zuhört, wenn es für mich wichtig ist. Dasselbe können sie auch von
mir erwarten. Zugegeben, echte Freunde gibt es in meinem Leben
nur eine Handvoll. Für diese Handvoll würde ich jedoch auch wirklich alles tun. Aber nicht im vorauseilenden Gehorsam, als Payback
sozusagen, weil ich mir Vergleichbares von ihnen erhoffe. Nein,
Freundschaft ist losgelöst von Erwartungen, niemals nutzwertori-
entiert. Und frei von Neid oder Missgunst.

Titus ist für mich ein Freund. Auch wenn ich ihn fast 24 Jahre
nicht gesehen habe.

Es ist ein ruhiger Abend in Essaouira. Das fahle Tageslicht hat
sich bereits verflüchtigt und der Dunkelheit das Zepter übergeben.
Ich stehe auf einem Parkplatz, dem letzten Hügel, bevor man hinunter zum Meer fährt, und blicke auf die Umrisse der Stadt. Wie
ihr Lebenslicht den Horizont erleuchtet. Neben mir umarmt sich
ein europäisches Pärchen, dann küsst es sich. Der Regen hat vor
zwei Minuten aufgehört, doch die Luft ist feucht. Sie riecht nach
Meer und Zuversicht. Fast zwei Wochen sind vergangen, seit ich
meine Wohnung verlassen habe. 3 997 Kilometer und eine Vielzahl

von Begegnungen liegen hinter mir. Die Reifen des Scramblers haben arg gelitten, und noch nie – wirklich noch nie – hatte ich so viel Regen auf einer Reise.

Der Mann, den ich damals aus den Dünen der algerischen Sahara gefahren habe, sitzt jetzt irgendwo dort unten und erwartet mich. Fast zweieinhalb Jahrzehnte sind seit seinem Sturz vergangen. Ob Titus noch humpelt? Ohne ein soziales Netzwerk würde ich jetzt nicht hier stehen. Seine Email war fünfzeilig und unscheinbar. Er fragte, ob es mir gut gehe, und ob man sich nicht mal wieder sehen könne.

Fünf Zeilen haben diese Reise initiiert. 4 000 Kilometer haben meine Ängste weggewaschen und mir wieder neues Vertrauen in die Zukunft gegeben, denn ich habe allen Widrigkeiten getrotzt und mir wieder selbst bewiesen, dass man (fast) alles erreichen kann, wenn man nur will. Das bevorstehende Wiedersehen mit Titus markiert das Ende meines persönlichen Jakobswegs.

Viel weiß ich nicht von meinem Freund. Außer, dass er mit einer Marokkanerin verheiratet ist, mit ihr eine siebenjährige Tochter hat und ein Haus in Essaouira besitzt. Es ist ein Gästehaus, in dem ich auch wohnen werde. Tiefhängende Wolken rasen vom Wind gepeitscht über mich hinweg. In der Ferne blitzen die Lichter der Stadt, glimmen, flackern, als würden sie den Endpunkt dieser Reise feiern. Ich bin stolz, es bis hierher geschafft zu haben. Und aufgeregt. Das bevorstehende Treffen wird von einem Hochgefühl begleitet, denn ich habe ihn besiegt: Mein innerer Schweinehund, der mir schon seit ein paar Wochen ein schlechtes Gewissen beschert hat, schweigt. Vielleicht genießt auch er diesen Moment. Genießt ihn so wie ich. Essaouira markiert einen Wendepunkt in meinem Leben, das vor elf Monaten einen Riss bekommen hatte. 4000 einsame Kilometer haben ihn wieder gekittet. Ich fühle mich großartig. Jung und voller Tatendrang wie einst mit 20.

Das Paar umarmt sich noch mal und steigt in ein Auto. Ich bin allein. So, wie fast immer in den vergangenen zwei Wochen. Allein und glücklich. Ich habe das Alleinsein gebraucht, um mich zu reinigen, um wieder klar zu sehen. Um wieder zu spüren, wer ich wirklich bin. Um zu verstehen und zu erkennen was mich ausmacht. Diese Motorradtour ist für mich ähnlich wie ein Aufenthalt im Kloster gewesen. Nur eben viel abenteuerlicher. Im Sattel des Scramblers zu sitzen, völlig befreit von den Fesseln der täglichen Verbindlichkeiten, ohne Zerstreuung durch Musik, Anrufe oder dass jemand an meinem Ärmel zerrt, der etwas will, war die schönste Auszeit seit 23 Jahren.

Kaum unten am Meer angekommen, auf einem großen, von mehreren Guards bewachten Touristenparkplatz, quatschen mich auch schon ein paar Schlepper an. Sie werden von Hotels und Gasthäusern mit Prämien belohnt, wenn sie Gäste bringen. Ein Job, von dem man hier in Essaouira scheinbar prima leben kann. Sie sind alle gut gekleidet, tragen Markenlabel auf der Kleidung. Gepflegte Frisuren, saubere Schuhe trotz des schlechten Wetters.

Nein, nein, beteuere ich, ich würde hier nur einen alten Freund besuchen, ein Zimmer sei nicht nötig. Einen Freund? lachen sie. Ja, sein Name ist Titus. Raunen brandet durch die Menge. Titüs, Titüs, sagen sie immer wieder, es gleicht eher einem Beschwören als einem Benennen. Einer greift zum Handy und telefoniert. Als er endet, greift er meine Hand, schüttelt sie kurz und sagt: „Salam aleikum! Du bist der Freund eines Freundes. Sei herzlich willkommen. Titüs wird gleich hier sein."

Nein, er humpelt nicht. Irgendwie, so sagt er, haben seine Knochen, Bänder und Muskeln sich wieder erholt. Man war ja noch jung. Titus ist zwei Jahre älter als ich. Ein Teil seiner blonden Haare ist grau geworden, er trägt sie immer noch so kurz wie damals. Bei der langen Umarmung sehe ich wieder die Rollbahn, höre das Fau-

chen der Turbinen, spüre ihren Schub. Und habe beinahe Tränen in den Augen.

23 Jahre, sechs Monate und drei Tage liegen zwischen unserer letzten und dieser Umarmung. Und trotzdem habe ich das Gefühl, sie sei erst gestern gewesen. Der Druck seiner Arme ist wie eine Injektion Lebensenergie. Man kann es ebenso wenig erklären wie das Vaterwerden. Diese Umarmung sagt: Schön, dass es dich gibt. Keiner von uns beiden würde ohne den anderen jetzt hier an dieser Stelle stehen. Unsere Leben hätten völlig andere Weichen gehabt.

„Du musst meine Frau kennenlernen", sagt er. „Und meine Tochter. Schön, dass Allah dich hierher hat finden lassen."

Titus ist Muslim geworden. Er nennt sich jetzt Karim und wohnt mit seiner Familie in der Medina, der Altstadt, die seit 2001 zum Weltkulturerbe gehört. Die Gassen sind furchtbar eng, Fahrzeuge dürfen nicht hier rein. Und so lasse ich den Scrambler zum ersten Mal auf dieser Tour allein. Wir schleppen mein Gepäck zu seinem

Haus, das am Rand der Medina liegt. Der Weg dorthin ist so kompliziert, dass ich befürchte, ohne Navi nie wieder zum Motorrad zurückzufinden. Auf dem Marsch zu seinem Heim erlebe ich, warum Titus hier wohnt und nicht wieder zurück nach Berlin möchte. Egal, ob es der Schubkarren lenkende alte Mann ist, der Teppichverkäufer vor seinem Geschäft oder die einkaufende, völlig verschleierte Frau. Jeder hat für Titus ein paar freundliche Gesten und Worte übrig, und jeder bekommt diese freundliche Aufmerksamkeit von ihm zurück. Es ist mehr als Respekt, den man sich gegenseitig zollt. Es ist ein von Herzen kommendes Schätzen und Ehren. Titus lebt seit dreizehn Jahren hier in Essaouira, einer 80 000-Seelen-Stadt. Die meisten Bewohner scheinen ihn zu kennen. Und zu lieben.

„Eigentlich habe ich damals zwei alte, heruntergekommene Häuser gekauft und sie miteinander verbunden", erklärt mir mein Freund, als wir sein Anwesen betreten. Es ist wunderbar geschnitten und liegt nahe dem Judenviertel, das eine Renovierung leider dringend nötig hätte. Seine Frau Maryem und Tochter Eva warten bereits. Sie heißen mich herzlich willkommen. Eva spricht fließend Deutsch, Französisch und auch etwas Englisch. Maryem kann mittlerweile die deutsche Sprache. Im Kreis der Familie genieße ich eine köstliche traditionelle Harira-Suppe und danach Tajine mit Hühnchen, süßen Datteln und Kuskus.

„Kaum zu glauben, dass du solch einen Regen hattest", sagt Maryem. „Wir erleben hier unten Jahre, in denen es gar nicht regnet."

Egal. Ich wäre auch gestartet, wenn ich von diesem Wetterdesaster im Voraus gewusst hätte. Ein Freund von mir sagt immer: Eine große Reise, die man nur plant, ist nicht so viel wert, wie eine kleine, die man wirklich macht. Der Wert einer Reise lässt sich nicht an Kilometern oder Breitengraden ermessen. Das habe ich auf all meinen Touren immer wieder erfahren.

Ich bin voller Fragen, kann es kaum erwarten, von meinem Freund zu erfahren, was er alles in den vergangenen Jahren erlebt hat, seit wir uns getrennt haben. Diese Situation wirkt paradiesisch auf mich: Ein deutscher Mann lebt mit seiner Familie in einer wunderschönen Stadt im Orient in einem herrlichen Haus. Das klingt wie ein Märchen...

„Ja, es ist viel passiert, seit wir uns unter den Tragflächen des Fliegers in Tam verabschiedet haben", grinst Titus, der meine ungläubigen Blicke richtig deutet und nebenbei aus 50 Zentimeter Höhe das Teeglas mit der Kanne zielsicher befüllt. Eine Zeremonie, die ich nur allzu gut kenne, damals hat er es ebenso gemacht.

„Ich weiß gar nicht, wo wir anfangen sollen", sage ich, „hat das Umsteigen damals in Algier eigentlich reibungslos geklappt?"

„Perfekt. Die Gelben Engel standen mit einem Rollstuhl direkt am Flugzeug. Bis in den OP-Saal in Berlin musste ich quasi kaum noch einen Meter gehen. Oder soll ich lieber humpeln sagen?"

Sein Bein haben sie wieder gut hinbekommen, sagt er. Doch was er dann erzählt, ist weniger komisch. Seine Eltern sind mittlerweile beide gestorben, ihr Haus in Berlin wurde verkauft, und Titus ist nach langer Motorradabstinenz Mitte der Neunziger tatsächlich noch mal nach Afrika aufgebrochen.

„Ich habe mir damals Zeit gelassen, bin langsam durch Europa gefahren bis Gibraltar und habe ebenso wie du auf diesem Trip nach Marokko übergesetzt. Geplant waren vier Wochen. Es sind 13 Jahre draus geworden", lacht er.

„Wahnsinn! Wann ist die BMW eigentlich in Berlin angekommen?"

„Naja, die Maschine ist etwa sechs Wochen nach mir in Berlin eingetroffen. Aber es fehlte fast alles, was man abschrauben konnte. Trinkflasche, Tankrucksack, Koffer... Ich nehme an, die Sachen wurden in der Zeit gestohlen, als die Maschine im Zollhof von Tam stand. Dort war sie mindestens vier Wochen, glaube ich. Oder man hat die Dinge während des Transports nach Europa gestohlen. Der ADAC hat damals alle paar Wochen einen Sammeltransport gemacht. Die sind nur gefahren, wenn es sich gelohnt hat. Leerfahrten durch Afrika? Hahaha! Machen höchstens Deppen. Das wirst du sicher bestätigen können, oder?"

Ich denke an all die überladenen Wagen, die mir nicht nur damals, sondern auch auf diesem Trip begegnet sind, und nicke lächelnd.

„Die BMW steht übrigens gar nicht so weit weg von hier. Vergaser müssen wohl mal wieder synchronisiert werden. Wenn du magst, können wir nachher gern mal schauen..."

Maryem stellt eine weitere Kanne Tee auf den Tisch. Ich schaue ihr hinterher und Titus fragend an.

„Tja, und dann bin ich auf dem Marokko-Trip Maryem begegnet. Sie hat in einem Gästehaus in Marrakesch gearbeitet. Es war Liebe auf den ersten Blick."

Und eine wilde Romanze, die sogar der BILD-Zeitung einen großen Artikel wert war. Denn zu der Zeit, als die beiden sich kennenlernten, war Titus Mitglied der „Stachelschweine", einem Berliner Kabarett-Ensemble. Er fuhr zurück nach Deutschland und konvertierte seiner künftigen Frau zuliebe zum Islam. Anders wäre eine Ehe kaum möglich gewesen. Zumindest nicht ein Zusammenleben in Marokko. Die beiden lebten ein paar Monate in Deutschland, reisten viel und entschieden sich, ihre Zelte endgültig in Marokko aufzuschlagen. Von seinem Erbe kaufte Titus das Anwesen in Essaouira. Vielleicht hätte ich von alldem aus der Zeitung erfahren, doch in den 90er-Jahren war ich ständig unterwegs, Europa, Asien, Australien. Allein auf dem Fünften Kontinent verbrachte ich zweieinhalb Jahre.

„Und ein Leben in Europa kam für euch nicht infrage?"

„Nein. Es war schon immer mein Traum, im Orient zu leben. Mit Maryem ist er in Erfüllung gegangen. Weißt du, ich habe deinen

Brief aus Kapstadt erhalten und hätte mich ja schon früher bei dir gemeldet, doch im ganzen Trubel mit Maryem, dem Umzug und meinem Umbau hier vor Ort ist das alles nach hinten gerutscht. Im Sommer saß ich jedoch allein auf meiner Dachterrasse. Die Hitze hatte mich aus dem Haus getrieben, wir hatten nachts noch um die 35 Grad, weißt du. In dieser Nacht habe ich viel über die Weichen des Schicksals nachgedacht, meine Reise damals, den Sturz und mein Leben hier in Essaouira. Ich bin dann runtergegangen und habe deinen Namen gegoogelt, was nicht schwer ist. Den Rest kennst du ja."

Wir schweigen. Es ist ein glückliches Schweigen. Nahezu ein Vierteljahrhundert haben wir uns nicht gesehen. Und trotzdem ist da wieder diese Nähe, die uns damals schon verband. Auch wenn man es nicht gleich erkannt hat.

„Ich habe dir nie gesagt, dass ich dich im ersten Augenblick für einen Naivling hielt: keine Ahnung vom Motorradfahren, keine Ahnung von der Technik, aber Afrika durchqueren wollen...", lächele ich.

„Und, was sagst du jetzt?"

„Heute weiß ich, dass man alles erreichen kann, wenn man es nur will. Und das richtige Gespür für Augenblicke und Menschen hat. Du hast dich damals ja auch für den richtigen Reisepartner entschieden."

Auch Titus lächelt. Wir erheben die Teegläser und stoßen an.

„Magst du ein Bier trinken? Wir können später noch in eine Bar gehen", meint Titus, „ich will nur noch Eva ins Bett bringen."

Ich bin überrascht.

„Eine Hotelbar meinst du, oder?"

„Nein. Eine normale Bar, die zu 95 Prozent von Einheimischen genutzt wird. Man hat sie zwar mal für Touristen geöffnet, doch von denen geht niemand hin."

Als wir an dem Ort ankommen, ahne ich auch warum. Man findet ihn am am Ende einer dunklen Gasse nachdem man minutenlang durch enge, verwinkelte Passagen gelaufen ist. Der Weg dorthin ist mit Pfützen übersäht und teilweise schlecht beleuchtet. In einem Seitengang lehnt ein Muskelpaket, das seine Kraft in eine schwarze Dolce-Gabanna-Jacke eingewickelt hat. Ein Navy-Seals-Haarschnitt krönt sein Haupt. Seine Augen versteckt er hinter Schlitzen und begrüßt Titus wie einen guten Freund. Sie wechseln ein paar arabische Floskeln.

„Ich hab' dich grad als meinen Bruder vorgestellt", sagt Titus. „Das ist hier üblich. Man sagt es, wenn einem der Mensch mehr bedeutet, als nur ein Bekannter zu sein."

Ich nicke überrascht. Drinnen ist es belebt. Ein langer Tresen, vor dem unzählige Zigarettenkippen und zerknülltes Papier liegen, trennt den Raum. Es gibt drei kleinere Nebenräume mit einigen Stühlen und Tischen, die alle durch runde Öffnungen mit dem Hauptraum verbunden sind. Diese Öffnungen sind mit alten Holzwagenrädern geschlossen, sodass niemand hindurchklettern kann. Durch eine Tür mit Torbogen schreitet man hinein.

„Und die Muslime?" frage ich, „ich dachte, man darf als Gläubiger keinen Alkohol trinken..."

„Inshallah", sagt mein neuer Bruder und hebt die Hände in die Höhe. Man dürfe zwar keinen Alkohol öffentlich genießen und vor allem nicht bei sich führen, doch Ausländern sei es gestattet. Der König habe es nicht verboten, und gelinde gesagt sei der Genuss auch Auslegung des Korans. Überhaupt, König Mohammed VI. hat eine unglaubliche Macht. Und das, obwohl Marokko seit Jahren schon eine Demokratie mit einem gewählten Parlament ist. Mohammed VI. lässt sich durch seine Gouverneure in den Provinzen vertreten. Diese haben letztlich mehr zu sagen als Richter oder Polizei. Sie sind absolut unbestechlich. Bei wirklich wichtigen Dingen werden sie eingeschaltet. „Was sind wichtige Dinge?", will ich wissen.

„Ausländer sind und waren den Marokkanern schon immer wichtig, man hat sie nie schlecht behandelt. Fast könnte man sagen, sie sind ihnen heilig. Das war schon im Zweiten Weltkrieg so, als Marokko massenhaft jüdische Flüchtlinge aufnahm. Übergriffe auf Touristen werden hart bestraft", erklärt mir Titus. „Ich will dir mal ein Beispiel nennen", sagt er und erzählt mir eine Story, die sich letzten Sommer in Essaouira zugetragen hat.

Damals hat ein Amerikaner aus Boston mit seiner Frau am Hafen gegessen. Es gibt dort eine Reihe von kleinen, offenen Buden, die frischen Fisch feilbieten. Man wählt ein Exemplar aus, und der Wirt grillt es über Holzkohlefeuer. Anschließend wird es mit Salat serviert. Mit 1 200 Dirham (rund 160 Dollar) fiel die Rechnung für den Bostoner allerdings nicht ganz so niedrig aus wie erwartet. Der Mann begann zu handeln, doch die Frau des US-Bürgers sagte letztlich, es sei doch egal. Er solle daran denken, dass man für dasselbe Menü in Boston letztlich das Doppelte zahle. Am nächsten Tag aß das Ehepaar woanders und zahlte für ein ähnliches Menu nur ein Drittel, was dem echten marokkanischen Preis entspricht. Erstaunt darüber hakten die Touristen beim Gastwirt nach. Dieser erklärte dem Amerikaner lachend, dass man ihn ganz schön über den Tisch gezogen habe.

„Dann ist der Ami erst zur Polizei. Als die meinte, da sei leider nix zu machen, ist er zum Gouverneur gegangen und hat sich über diese Sitten beschwert. Daraufhin hat der König sämtliche Buden am Strand für zwei lange Wochen geschlossen", erklärt Titus. „Was das für die Händler dort bedeutet, kannst du dir ja vorstellen."

Wir stoßen an. Casablanca Lager, eiskalt, ein gutes Bier. Mein Blick schweift durch die Bar. Sie ist jetzt, um 22.30 Uhr, nur zur Hälfte gefüllt. Um 23 Uhr ist Polizeistunde und Schluss. Die Männer diskutieren und gestikulieren wild mit den Händen. Ab und zu kommt einer an unseren Platz, schüttelt Titus die Hand, und nachdem er mich vorgestellt hat, wird auch meine Hand geschüttelt.

„Salam aleikum!"

„Aleikum salam!"

So beobachten wir das Treiben schweigend ein paar Minuten, genießen das kühle Bier und die entspannte Atmosphäre. Mir fällt auf, dass ich mich gar nicht über den Regen oder die Situation mit dem Taxi beschwert habe und erinnere mich daran, dass auch mein neuer Bruder nie geflucht hat. Nicht mal am Tag des Sturzes, als sein Traum zerplatzte wie eine Seifenblase. Wir stoßen an und Titus meint: „Mein Freund, was macht die Reiserei? Immer noch so viel unterwegs wie früher?"

Reiserei. Mmmh. Was soll ich ihm sagen? Nachdem Paul geboren war, bin ich nur noch sehr wenig gereist in dem Sinn, den reisen für mich hat. Jene unablässige Vorwärtsbewegung ohne Hast. Dieses Morgens-nicht-wissen-wo-man-abends-sein-wird, ein freies, ziel- und zeitloses Gleiten. Wir haben nur noch kleine Trips gemacht, weil meine Arbeit mehr nicht zuließ.

„Das ganze Leben ist eine Reise", sage ich.

„Da hast du wohl Recht. Nur: Viele sehen es nicht so. Und sie nutzen es nicht. Sie schieben alles auf und wollen dann später das unternehmen, wovon sie ihr ganzes Leben lang geträumt haben. Wer nur plant und nichts realisiert, liegt vielleicht eines Morgens tot im Bett, keinen einzigen Haken auf der Liste jener Dinge, die angeblich wirklich wichtig gewesen waren", überlegt Titus.

„Wem sagst du das? Ein Freund von mir arbeitet darauf hin, sich mit 55 Jahren in den Vorruhestand zu begeben. Er gönnt sich seit Jahrzehnten nichts, zahlt jeden Cent in seine Rentenkasse ein und möchte mit 55 noch mal richtig durchstarten. Sich ein schönes Motorrad gönnen und auch reisen."

„Mit 55 sagst du?", fragt Titus ungläubig.

„Ja. Mit 55."

„Hoffen wir mal, dass er das gesundheitlich kann. Ich frage mich oft, warum die meisten Menschen so viel Zeit damit verbringen, sich auf die Zukunft vorzubereiten, obwohl sie während dieser Zeit genau die Dinge, auf die sie sich so freuen, verwirklichen könnten."

Ich erzähle Titus von dem Gespräch der beiden Männer in der U-Bahn und dem Vergleich, dass man das Leben auch als eine Woche Urlaub sehen könne.

„Hmm", sinniert er und reibt sich die Wangen, „sicherlich kann man das so sehen. Aber meinst du nicht auch, dass es beim Verleben der Zeit eher um die Qualität geht?"

„Du meinst um die Qualität des Erlebten? Ich glaube, es ist wichtiger, dass man bei allem, was man tut, Spaß hat. Überleg mal: Wenn das so ist, dann kannst du beim Sterben nur auf positive Sachen zurückblicken. Mehr kann man doch nicht verlangen, oder?"

„Spaß ist gut", antwortet Titus nachdenklich. „Ich glaube jedoch, es ist mindestens genauso wichtig, die Menschen um uns herum fair und freundlich zu behandeln und mit ihnen täglich Frieden zu schließen, bevor man ins Bett geht. Jeden Tag aufs Neue. Und sicherlich ist es schön, von der Totenbahre aus auf ein Leben voller Spaß zurückzublicken. Noch erfüllter stelle ich mir allerdings vor, wäre es, wenn man während seines letzten Atemzuges nicht daran denkt, irgendjemanden schlecht behandelt zu haben und das bitter bereut. Es muss grausam sein, sich nicht mehr entschuldigen zu können."

Ich nicke ihm zu. Wer nach diesem Motto lebt, lebt glücklich, denn wer seine Mitmenschen immer fair und freundlich behandelt, bekommt dasselbe meist auch zurück. Ich denke wieder an die beiden Alten in der U-Bahn. Ihrer Theorie zufolge verbrachte ich meinen dritten und vierten Urlaubstag an unzähligen Lagerfeuern dieser Welt. Umzingelt von Globetrottern, Reisenden und Menschen, die kurz vor der Abreise standen oder sich einfach inspirieren lassen wollten. Ich hatte Spaß und habe die Menschen fair behandelt.

Doch die Reisenden haben sich geändert. Vor 20 Jahren noch erzählten mir die Menschen an diesen Feuern, was sie erlebt hatten. In der letzten Zeit höre ich nur noch, was sie gern tun würden und eventuell wirklich mal tun. Sie planen Reisen, meist über Jahre hinaus. Manchmal reden sie sogar darüber, was sie als Rentner verwirklichen wollen. Am siebten Urlaubstag quasi. Viele werkeln an ihren Internetseiten, auf denen die Route bekannt gegeben wird, die sie zu fahren gedenken. Womöglich buchen sie auch ihre Übernachtungen schon drei Jahre im Voraus. Alles wird akribisch ausbaldowert. Reiseführer Zufall soll verbannt werden. Jammerschade eigentlich. Denn Reisen ist die Heimat des Zufalls.

Die Welt des Reisens hat sich durch das Internet verändert. Die Reisenden selbst auch. Vor 25 Jahren saß man irgendwo im Busch, schlürfte warmes Bier und bekam als Wechselgeld ein Katzenfell aufgeschwatzt. Um 22 Uhr gingen der Generator und mit ihm alle Lichter aus. Bei Kerzenschein wurden Reise-News ausgetauscht. Und man verabredete sich „irgendwann Anfang März" irgendwo in Nairobi. Statt Facebook und Co. gab es das Anhalten vor Ort. Kein

Reisender fuhr an dem anderen vorbei. Vor allem nicht, wenn man aus unterschiedlichen Richtungen kam. Der Informationsaustausch führte zwangsläufig zur Kontaktaufnahme. Zudem scheinen die Vorzüge der Zivilisation uns verweichlicht zu haben: Vor einiger Zeit habe ich ein Buch gelesen, das eine Motorradreise durch Patagonien beschreibt. Die letzten beiden Drittel des Buches ärgert sich der Autor darüber, wie windig es dort unten ist. Das ist in etwa so, als würde man sich beschweren, dass Schnee weiß und eiskalt ist. Reisen bedeutet immer erleben. Der Sturm war die Reise.

Auf meinem letzten Asientrip bin ich jungen Menschen begegnet, die morgens den Motorradverleiher ohne Bike verließen, weil es keine Vollkaskoversicherung gab. Abends waren die Kneipen dann leer. Die Reisenden saßen im Internetcafé um die Ecke, um ihre Erlebnisse „zu posten". Gibt es ein Reisen, ohne zu erleben?

Heutzutage weiß die Mutter des vermeintlichen Globetrotters zwei Minuten später, dass ihr 20 000 Kilometer entfernter Sohn von Übelkeit geplagt wird und sie sich trotzdem keine Gedanken machen muss, da er stets Orte und Länder bereist, die seine Vollkaskoreiseversicherung abdeckt, in denen es Internet und Krankenhäuser gibt. Manchmal, wenn ich auf meinen Reisen in die überfüllten Internetbuden schaue, frage ich mich ernsthaft, ob diese Menschen vor lauter „posten" überhaupt noch was erleben, das sich zu „posten" lohnt. Aber vielleicht bin ich mit meinen 47 Jahren dafür auch einfach zu alt...

„Es hat sich viel verändert in den Jahren, in denen wir uns nicht gesehen haben", meint Titus.

„Damit meinst du wahrscheinlich nicht meine Frisur", entgegne ich grinsend.

„Nein, damit meine ich, dass wir beide einen Großteil unserer Träume gelebt haben. Und es immer noch tun. Schön, dass du hier runter gefahren bist."

Ich denke kurz an das Regenabenteuer vor ein paar Stunden. Die Situation mit dem Taxi auf der Gegenfahrbahn kann man aus zwei Perspektiven sehen. Erste: Es wäre nie zu diesem Fast-Unfall gekommen, wenn ich nicht gestartet wäre. Zweite: Wenn ich dabei ums Leben gekommen wäre, dann wenigstens bei etwas, das ich gern mache. Das klingt hart, ist vielleicht auch nicht nachzuvollziehen, schließlich habe ich als Vater große Verantwortung und werde noch gebraucht, aber soll man aus Furcht vor den Gefahren des Lebens aufhören zu leben oder sich verkriechen?

„Was grübelst du?" fragt Titus.

Ich erzähle ihm vom Beinahe-Unfall.

„Inshallah! Dein Weg sollte nicht beendet sein."

Es gibt eine Szene in dem Dokumentarfilm „Hart am Limit", der die Motorradrennen auf der Isle of Man porträtiert. Die Witwe eines Rennfahrers sitzt mit zwei Kindern an einem Tisch und sagt über ihren verstorbenen Mann: „Was soll ich machen? Wir sehen zu, dass es weitergeht. Er starb bei dem, was er am liebsten tat, beim TT-Rennen. Wir alle waren uns der Gefahr jedes Mal bewusst."

Die Worte der Witwe sind bei mir hängengeblieben. Ich habe viel darüber nachgedacht und glaube, es ist besser, ein erfülltes Leben zu haben, das vielleicht kurz ist, anstatt ein unerfülltes zu leben und die Verwirklichung seiner Wünsche immer aufzuschieben. Vielleicht sogar so lange vor sich herzuschieben, bis man gar nicht mehr in der Lage ist, sie zu leben.

„Ja, ich hatte richtig Glück", sage ich, „du damals übrigens auch."

Unsere Blicke kreuzen sich. In Guezzam, In Salah, Tamanrasset, „La Source", der Sturz, Westafrika. Wir beide hatten einmal denselben Traum. Und sind seinetwegen aufgebrochen. Jetzt sitzen wir hier. In dieser Bar, mitten im muslimischen Marokko. Mitten im Leben.

Kein Regen mehr. Der erste Tag in Essaouira empfängt mich mit wolkenlosem Himmel. Drückende Hitze lastet über der Medina.

Kein Lüftchen weht. Ein Zustand, der in Essaouira angeblich nur an zehn Tagen im Jahr vorkommt. Denn die Stadt und ihre Strände gelten als das Kitesurf-Mekka, hier stürmt es immer. Auch wenn nur 20 Kilometer weiter, in kleinen Orten wie Moulay oder Diabat, zur selben Zeit Windstille herrscht. In Diabat besaß Jimmy Hendrix ein Haus, starrte aufs Meer und schrieb – glaubt man den Legenden – den Song „Castles made of sand", einen seiner großen Hits. In der Nähe feierten die Stones jahrelang rauschende Partys, ließen es ordentlich krachen.

Essaouira ist immer noch ein Mekka für Künstler, die von der charmanten Stadt inspiriert werden. Egal, ob sie malen, komponieren oder schreiben. Regisseur Oliver Stone liebt ganz Marokko wegen des weichen Lichts, und auch Kollege Ridley Scott dreht oft hier. Sein Kriegsepos „Black Hawk Down" entstand in einem Vorort von Rabat. Zwar hat Titus seine Schauspieler-Karriere auf Eis gelegt und lebt von seinem Gästehaus, doch ab und an spielt er noch in Filmen mit, die vor Ort gedreht werden. In seinem Treppenhaus hängen Fotos, auf denen er mit Samuel L. Jackson und Heino Ferch zu sehen ist.

Ich lehne am Geländer, schaue von der Dachterrasse und genieße ebenjenes weiche Licht. Dicke Wellen brechen an den Klippen, über der verschachtelten Altstadt mit all ihren Winkeln und bunten Balkonen wabert Hitze, in der Luft schwebt der Klangteppich des betenden Muezzins. In meiner Hand ruht eine Tasse mit königlichem Kaffee, den Maryem mir zubereitet hat. Er ist pechschwarz, kräftig, würzig, voller Aroma. Kein Vergleich zu dem, den ich daheim trinke. In Augenblicken wie diesen ist es kaum vorstellbar, dass ich in einer Woche nicht mehr hier und von der Stadt verzaubert sein werde, sondern in einer Art Parallelwelt bin. Derselbe Planet, dasselbe Leben. Nur viel kälter, viel hässlicher und wesentlich unromantischer. Denn das Leben ist eine Reise. Kein Ziel. Das Ziel des Lebens ist der Tod.

Ich folge Titus' Einladung, auf dem Markt frische Ware zu kaufen. Wie erwartet, dauert es den ganzen Morgen, bis wir uns durch die Verkaufsstände gehandelt haben und Titus zirka 10 000 Hände geschüttelt und mich vorgestellt hat. Was mir auffällt: Jeder Händler übt seinen Job mit voller Inbrunst und Freude aus. Egal, ob wir frische Minze kaufen, und der Mann es sich nicht nehmen lässt, uns einen Tee damit zuzubereiten, damit wir die Qualität der Ware einschätzen können, oder uns der Gewürzverkäufer seinen neuen Honig preist, der alle Erkältungen in ihre Schranken weist. Natürlich müssen wir auch den probieren. Und fünf andere dazu. Einkauf als Erlebnis. Mit Zeit, guter Laune und netten Verkäufern, die ihren Job noch aus Berufung ausüben. Mit großer Freude und einem Lächeln im Gesicht. Entweder leben sie das Leben, das sie möchten, oder sie haben sich mit ihrem Dasein arrangiert und machen das Beste draus.

„Ich habe die Erfahrung gemacht, dass in Deutschland mindestens zwei Drittel aller Menschen mit ihrem Job und ihrem Leben unzufrieden sind", sagt Titus. Ich kann ihm nicht widersprechen, denn ich erinnere mich an viele Gespräche, die sich nur darum drehen, was man alles ändern müsste, um zufriedener zu sein. Oft geht es dabei um einen anderen Job oder ein Produkt, welches das Leben angeblich lebenswerter machen soll. Doch: Konsum allein kann das Leben nicht lebenswerter machen. Es ist wie beim Reisen: Flucht als Aufbruchsgrund ist völlig verkehrt. Man kann vor Problemen niemals weglaufen, denn man nimmt sich immer mit. Ebenso wenig macht einen der teurere Wagen auf Dauer glücklicher, sondern zieht nur wieder Unzufriedenheit nach sich, wenn die Reparaturen oder Inspektionskosten ins Unermessliche steigen.

„Ich habe bei meinen Reportagen immer wieder Menschen getroffen, die Außergewöhnliches geleistet haben. Sie waren meist mit einer positiven Aura umgeben. Die oft damit zu tun hatte, dass sie nicht nur an sich glauben, sondern das, was sie tun, mit absoluter Leidenschaft und Hingabe tun", sage ich.

Es ist Abend. Wir sitzen in einem verschmutzten, aber gut besuchten Restaurant. In der Ecke wabert ein Holzkohlefeuer. An kleinen Haken baumeln frische Fleischstücke von der Decke. Die Kunden kommen, deuten auf das, was sie essen möchten, der Wirt schneidet ab, und sie bekommen exakt das bestellte Stück. Frisch gegrillt. Mit würzigem Minztee oder starkem Kaffee.

„Kannst du dich noch an das englische Pärchen erinnern, die Geschniegelten mit dem Land Rover?"

„Ja, natürlich. Ein ungleiches Paar, oder?"

„Sie hat ihn ja damals in Tam sitzen lassen und ist mit einem Globetrotter weitergefahren, der gerade aus dem Süden kam."

„Ehrlich? Das geschah dem Yuppie recht."

Titus erinnert sich an Dinge, die ich schon lange vergessen habe. Auch, dass Hunter mit der Bestellung eines Mercedes 500 SEL heimflog und man ihm vorher die gesamte Kleidung im Hotel geklaut hatte, war mir entfallen. Vielleicht ist aber auch nur meine Festplatte voll, hab' einfach zu viel erlebt.

„Heute Morgen hast du gesagt, dass Menschen oft eine positive Aura haben, wenn sie ihre Leidenschaften ausleben", sagt Titus. „Ich glaube, du hast Recht: Wenn wir alle unsere Leidenschaft im Job ausleben könnten, wären viele zufriedener. Dazu ist es aber notwendig, dass jeder überhaupt eine Leidenschaft hat und sie auch erkennt. Diese Erkenntnis ist oft nicht einfach."

„Du meinst die Erkenntnis, welche Leidenschaft man hat?"

„Ja. Wie soll man das wissen, wenn man nichts ausprobiert? Viele haben vor dem Ausprobieren zu viel Angst. Oder kommen gar nicht erst dazu. Schon Kinder haben viel zu früh zu viele Verpflichtungen, die Eltern ihnen aufdrücken. Schule, Sport, Musik – ein straffes Wochenprogramm im Interesse der Fortbildung. Da ist ein Sich-treiben-lassen kaum noch drin. Danach geht alles meist zack, zack. Schule, Studium, Haus, Frau, Kind. Alle Schritte bestenfalls nach einem Plan, den man schon im Voraus hat."

Titus schaut in die Weite, falls das in dieser Spelunke überhaupt möglich ist, und meint:

„Wenn etwas überhaupt nicht nach Plan verläuft, dann das Leben."

„Ja", sage ich und wiederhole den Spruch der beiden Alten aus der U-Bahn: „Wie bringt man Gott zum Lachen? Erzähl ihm deine Pläne."

„Das ist nett. Und leider wahr. Du weißt, ich lebe stets in der Gegenwart. Aber meinst du, man sollte überhaupt nicht planen? Was ist mit deiner Reise zu mir hier nach Essaouira, die hast du bestimmt auch sorgfältig vorbereitet…"

Ich überlege kurz. Klar, das Motorrad habe ich reisetauglich umgebaut, die Fähre für die Rückfahrt gebucht und meine Mutter nach Stuttgart kommen lassen, damit sie auf Paul aufpasst. Die Reise an sich jedoch konnte ich nicht planen.

„Bis zu meiner Abreise kannte ich noch nicht einmal die Route. Das Navi hat mich hierher geführt."

„So sollte es sein", sagt Titus nickend. „Genau so sollte man sein Leben leben. Man muss Ziele haben, sich ihnen jedoch bedächtig nähern und das Beste aus der Strecke machen, die dorthin führt. Wer nur für seine Ziele lebt, ist letztlich enttäuscht, wenn er sie nicht erreicht."

Kurz nach Mitternacht stehen wir auf der Dachterrasse seines Hauses. Der Mond hängt als Sichel am Firmament, die Stadt schläft unter uns. In Steinwurfweite schlägt die Brandung gegen die Klippen. Wir sitzen auf Stühlen, die Beine über das Geländer gestreckt, und schweigen in die sternklare Nacht hinein. Ein Moment, eine Atmosphäre, die ich gerne konservieren, am liebsten einpacken, und an schlechten Tagen wieder herausholen möchte.

Ich breche das vertraute Schweigen und erzähle Titus vom 9. Dezember und seinen Auswirkungen. Von der Angst, diesen Schlag jederzeit wieder bekommen zu können. Von der Angst, jedes kleine Wehwehchen könne ein Vorbote von etwas Größerem sein. Vom Verlust der „schusssicheren Weste" und der bitteren Erkenntnis, nicht ewig zu leben.

„Ich kann mir unter dieser Angst nichts vorstellen", sagt er. „Aber was machst du nach einem Motorradsturz?"

Das Brandungsrauschen der Wellen dringt durch die Nacht, mein Freund gießt uns Rotwein nach und schaut mich fragend an.

„Ich hebe die Maschine hoch, schaue, ob was kaputt ist, und fahre weiter."

„Genau. Aber was machst du danach?"

„Überprüfen und gegebenenfalls reparieren und lackieren."

„Noch was?"

„Ich checke, ob ich wegen eines technischen Defektes gestürzt bin oder einen Fahrfehler begangen habe."

Wir schweigen.

„Genau darum geht es", meint Titus nach einer Weile. „Um zu wissen, warum etwas passiert ist. Denn nur wer die Ursachen des Fehlers kennt, kann ihn beheben."

Titus greift zu seinem Weinglas. Wir stoßen an. Seine Augen schweifen in die Ferne. Sie glitzern so wie damals, als er mich auf dem Assekrem fragte, warum ich dort sei.

„Weiß du, warum der Warnschuss erfolgte?"

Ja, mittlerweile weiß ich es nur zu gut: Perfektionsgedanken an allen Fronten, da hat meine Mutter ganz recht. Zu viele Baustellen und die Unfähigkeit, Wichtiges von Unwichtigem trennen zu können. All das erzähle ich meinem Freund.

Er schaut mich lange an und fragt: „Oh, das ist eine Menge, an dem du arbeiten musst. Hat dir dieser Trip hierher etwas gegeben? Warum bist du hier?"

Ich bin perplex. Sinniere und lasse mir mit der Antwort ein paar Minuten Zeit, die hier in der Stille der Nacht zu einer kleinen Ewigkeit mutieren.

„Für diese Reise gibt es zwei Gründe. Der erste ist: Ich wollte dich wiedersehen. Der zweite: Ich wollte wissen, ob ich noch derselbe wie vor dem 9. Dezember sein kann."

„Derselbe? Dieses einschneidende Erlebnis hat dich doch garantiert verändert..."

„Ja, natürlich. Aber ich wollte wissen, ob meine schusssichere Weste noch da ist, obwohl ich sie gar nicht mehr gespürt habe. Kannst du das verstehen? Der Schuss am 9. Dezember hat mein Vertrauen in mich selbst zerfetzt. So etwas kann nur gekittet werden, indem man eine große Leistung vollbringt."

Als ich diese Worte sage, denke ich an all die Widrigkeiten dieser Tour, die knapp 4000 Kilometer Landstraße mit ihren Tücken und die schlechte Laune des Wettergottes.

„Ist dir das geglückt?"

„Ja. Definitiv. Aber noch besser ist, dass mir dieser Trip vor Augen geführt hat, wie wichtig die kleinen Dinge des Lebens sind, und dass ich mich wieder über solche Sachen wie Sonnenschein oder weiches Klopapier freue. In den letzten Jahren war das völlig untergegangen. Wenn du permanent mit Vollgas auf der linken Spur unterwegs bist, erkennst du nicht, was rechts und links des Weges liegt. Ich habe das ganze Jahr schon Geschwindigkeit aus meinem Alltag genommen und nicht mehr zwei, drei Dinge gleichzeitig gemacht. Sondern hintereinander. Seitdem habe ich nicht nur das entspannende Gefühl, mehr Zeit zu haben, sondern ich freue mich auch jeden Tag auf meinen Sohn. Kannst du dir vorstellen, dass meine eng gesteckten Tagesabläufe das vorher komplett verdrängt haben? Ich war so mit Organisieren und Arbeiten beschäftigt, dass ich tagsüber völlig vergaß, einen Sohn zu haben. Verrückt, oder?"

Titus schaut in die Nacht. Nach einer Weile meint er: „Ja, das war verrückt von dir. Du erinnerst dich doch bestimmt noch daran, was ich dir damals auf dem Assekrem gesagt habe, oder? Dass man nämlich unbedingt in der Gegenwart statt in der Zukunft leben soll. Du hast dir deine Jobs wahrscheinlich nicht gut eingeteilt und wolltest zu viel auf einmal. So etwas führt dazu, immer nur an morgen und die anstehenden Arbeiten zu denken, anstatt den Augenblick zu genießen. Denk mal drüber nach."

Natürlich hat Titus recht. Nur: Wenn du in dem Hamsterrad des Alltags gefangen bist, erkennst du die Probleme leider nicht. Das kleine Rad ist für dich die ganze Welt, denn es ist alles, was du siehst. Von innen sieht jedes Hamsterrad wie eine Karriereleiter aus.

Schon deshalb lohnt sich eine Reise wie diese. Eine Reise, die mich trotz schlechter Wetterbedingungen immer wieder spüren ließ, wie wichtig und einfach es ist, das Hamsterrad zu verlassen. Und wenn es nur für 30 Minuten täglich ist.

Wir sitzen nebeneinander, bis die Morgendämmerung aufzieht. Allein Titus' physische Präsenz gibt mir Zuversicht. Sie ist angenehm. Dieses hier ist nicht nur der richtige Ort, sondern auch genau der richtige Zeitpunkt für unser Wiedersehen.

Als der Glutball unter dem Horizont hervorkriecht, legt mein Freund seine Hände auf meine Schultern. Er sagt: „Ich wünsche dir, dass du die Erkenntnisse dieser Tour in deinen Alltag hinüberretten kannst."

Nie habe ich an etwas weniger gezweifelt als in diesem Moment.

Moi malade

„Guten Morgen, verehrte Passagiere. Wir sind gerade auf der Höhe von Ibiza. Es sind 16 Grad Außentemperatur, die See ist rau und der Himmel bewölkt. Wir wünschen Ihnen einen schönen Tag", quakt eine weibliche Stimme durch einen Lautsprecher. Es klingt blechern. Was für eine Begrüßung. Ich bin auf der Fähre, die mich über Barcelona nach Livorno bringen wird. Inshallah!

Wir werden rund 50 Stunden auf See sein. Je nach Windrichtung, Verladeaktivitäten oder Laune des Kapitäns auch länger oder kurzer. Ich habe eine Kabine direkt über den Kolben bekommen – so zumindest fühlt es sich an. Der Wasserhahn gibt nur brühheißes Wasser ab. Die Kabine mieft. Doch ich will nicht klagen, erinnere mich an die Überfahrt von Trapani nach Tunis seinerzeit.

Ich stehe an der Reling, es ist acht Uhr. Zornig spielt der Wind mit meinem Bart, der mittlerweile grau und recht lang ist. Die Luft ist salzig. Der Tag zu lang. Mir ist sauschlecht. Aber das liegt nicht nur am Schwanken dieses Kahns. Als ich Titus vor drei Tagen verließ, bin ich nicht davon ausgegangen, dass alles reibungslos verläuft. Und natürlich ist es das auch nicht. Murphys Law. Ein Wunder, dass ich überhaupt an Bord bin...

Rückblick: Sonntag, der 4. November 2012, kurz vor Mittag. Ein wolkenloser Himmel spannt sich über Essaouira. Nach vier Tagen im Kreis der Familie ist es Zeit, Abschied zu nehmen. Denn ich muss meine Fähre erreichen. Titus und seine Tochter Eva haben mich zum Motorrad begleitet. Ein Handkarrenfahrer hat mir meine Ausrüstung dorthin gefahren. Zum Tragen war sie viel zu schwer, der Alu-Koffer des Motorrads hat keine Griffe. Ihn allein zu schleppen, ist eine Mission. Außerdem bin ich der Meinung, dass jeder hier verdienen soll.

Der Scrambler sieht grauenhaft aus. Denn er stand zwar bewacht auf diesem Parkplatz, doch leider hinter einer Fischbude. Und der Koch hat Abfälle einfach über seinen Verschlag gekippt. Was so bekleckert aussieht, verdient noch mehr, dachten sich umherschwirrende Möwen und haben sich über der Maschine entleert. Derart befleckt und garantiert beleidigt, steht die Triumph unter brütender Sonne und erwartet mich.

„Du kannst die Maschine dort hinten rechts am Ortseingang waschen lassen. Für Touristen wäscht man auch sonntags", sagt Titus, als er meinen versteinerten Blick sieht.

„Rausgeworfenes Geld! Es wird garantiert wieder regnen. Dann wird die Kiste umsonst sauber", flachse ich. Und ahne dabei nicht, wie Recht ich behalten werde. Packen. Das ist nach vier Tagen Ruhepause und einer vorausgegangenen zweiwöchigen Reise wie von selbst erledigt. Jedes Teil hat nach diesen vielen gemeinsamen Stunden Fahrt seinen festen Platz. Feng Shui des Reisens. Bevor wir uns verabschieden, bocke ich die Maschine noch auf und sprühe ihre Kette. Es fühlt sich gut an, ihr was Gutes zu tun. Beinahe wie einem Kind einen Kuss mit auf den Schulweg zu geben. Gemeinsam mit Titus und Eva trinke ich Tee und genehmige mir noch einen süßen Kuchen – Zeit schinden, das Kettenfett muss schließlich einwirken, damit es fest haftet, sonst fliegt es davon.

Doch das Kettenfett ist nur vorgeschoben. Eigentlich will ich nicht fahren. Will die letzte Umarmung hinauszögern. Und weiß letztlich doch, dass es nicht geht. Ich bin glücklich darüber, diesen Trip gemacht zu haben, um hier in Essaouira vier Tage mit Titus verbringen zu dürfen. Der Rückweg erscheint mir nur halb so lang, halb so steinig und abenteuerlich zu werden. Denn nichts kann mich erschüttern. Ich fühle mich fast so energiegeladen wie vor dem 9. Dezember 2011. Zuversichtlich. Selbstbewusst. Unverletzbar. Beinahe unsterblich.

Unsere letzte Umarmung ist kurz und fest. Denn es ist kein Abschied für immer. Ich werde Titus nicht erst in 24 Jahren wiedersehen. Auch Essaouira als Stadt hat mir super gefallen. Mein Plan: Alsbald mit einem günstigen Flug nach Agadir reisen, die letzten 250 Kilometer mit einem abgehalfterten Mercedes-Taxi zurücklegen und meinen Freund wieder besuchen. Wir schauen uns an, die Hände auf den Schultern des anderen und wissen wortlos, was dieses Treffen für jeden bedeutet hat. „Ich freue mich auf unser Wiedersehen", sage ich, sitze auf und drücke den Starterknopf.

Sonores Blubbern. Herrlich. Coming home. Es fällt mir leicht, den Gang reinzuklicken und loszufahren. Ein letzter großer Wink zurück, dann hat mich die Straße wieder. Lächerliche 850 Kilometer sind es bis Tanger. Zwei Tage habe ich dafür Zeit. Das sollte reichen.

Endlich wieder im Sattel. Ein super Gefühl. Merkwürdig, wie vertraut doch Fahrzeuge werden können. Ich passiere die Kuppe, auf der ich vor vier Tagen neben dem sich küssenden Pärchen stand, und nach rund 100 Kilometern Fahrt ins Landesinnere breitet sich endlich so etwas wie Wüste vor mir aus. Bis Marrakesch sind es noch rund 70 Kilometer, und ich genehmige mir einen Abstecher, bin auf der Suche nach dem, was mich damals vor zwei Jahrzehnten nach Afrika gelockt hat: karge Weite, Einsamkeit, Leere. Auf einer kleinen, holprigen Piste berichten mir die Stoßdämpfer lückenlos über jeden noch so kleinen Stein, den der Scrambler überrollt. Gefühlt führt dieser Weg ins Nichts. Ein Nichts, das für mich jedoch Alles bedeutet, denn ich liebe die Einsamkeit der Wüste.

Mittlerweile ist es 14 Uhr und Zeit für eine Pause. Ich stoppe in einer kleinen, staubigen Ortschaft. Weit hinten am Horizont verkeilen sich erste Wolkentürme. In einer Art Restaurant, das man nur deshalb erkennt, weil davor Tajine dargeboten werden, ordere ich einen Tee. Ein Junge und ein Mädchen bedienen, hinten im Eck sitzt

eine Alte und schaut ihnen mit Adleraugen auf die Finger. Außer ihren Augen kann man auch nichts erkennen. Sie ist, wie die meisten Frauen hier, vollkommen in ihre Burka gehüllt, die nur einen Sehschlitz freigibt. Das, so finde ich, ist ein bisschen wie Chatten im Internet – man weiß nicht, mit wem man es genau zu tun hat. Hinter dem Kopftuch könnte sich auch ein Mann verbergen.

Hier spricht niemand auch nur einen Hauch Französisch, und deshalb bestelle ich Tajine per Gebärdensprache. Man will wissen, ob sie mit Hammel (vielleicht auch Ziege) oder Hühnchen sein soll. Ich gackere ein paar Mal, schlage mit den Armen wie mit Flügeln und alle lachen. Der Teenager zerrt die Tajine aus der hintersten Ecke, stellt sie auf den Kohlegrill und serviert sie ein paar Minuten später. Seine Mutter ist derweil kurz um die Ecke gewackelt, um mir meine Cola zu besorgen und ein kleines Schwätzchen zu halten. Vielleicht will sie auch damit angeben, einen Motorradreisenden aus dem fernen Europa zu bewirten. Doch das weiß hier in diesen Weniger-als-100-Seelen-Kaff bestimmt schon jeder.

Ich bin am Futtern, als sie mit der Coladose in der Hand um die Ecke biegt und gleich zu schimpfen beginnt. Der Junge bekommt eins auf den Deckel und nimmt mir die Tajine wieder weg. War wahrscheinlich für jemand anderen bestimmt. Zu spät. Habe sie schon fast verspeist. Cola auf und – zisch – hinterher. Wie gut, dass es selbst im hintersten Winkel der Welt etwas gibt, auf das stets Verlass ist: Cola schmeckt nahezu immer gleich. Und hat kaum Nebenwirkungen. Ich sitze auf einem Stuhl, der seinen Zweck gerade noch so erfüllt: Zwei rostige Rundrohre halten eine extrem dreckige Plastikschale. Der Tisch besteht aus einem Holzpflock, auf den man ein paar Latten genagelt hat. Zwei magere Katzen liegen vor meinen Stiefeln in einer Wolke aus Fliegen und beäugen mich wie Forscher, die einen neuen Stamm entdecken. Ich bin zufrieden wie schon lange nicht mehr. 24 Dirham für Tee, Tajine, Brot und Cola. Man sollte öfter abseits fahren.

Diese Meinung revidiere ich bereits eine Stunde später. Die Zivilisation hat mich zurück, denn ich rolle auf der Autobahn Richtung Norden. Der Himmel ist nun völlig bewölkt, und es sieht in Fahrtrichtung tatsächlich so aus, als würde es dort irgendwo regnen.

Meine Motorradkombi besteht im Grunde genommen aus zwei Anzügen, die man übereinander trägt. Im ersten, der dicht am Körper sitzt, sind Protektoren integriert. Er ist sehr luftdurchlässig. Der zweite ist die Regenhaut und verbessert durch seine wind- und wasserdichte Gore-Tex-Membran auch den Wärmeschutz. Der Komfort des Ensembles begeistert, man wohnt förmlich drin, fühlt sich sicher, trocken und behaglich. Dieser Rundumschutz hat natürlich nicht nur Vorteile. Denn leider lässt sich die Kombi durch ihre vielen Druckknöpfe und Reißverschlüsse nicht pfeilschnell an- und ausziehen... Ich will an dieser Stelle hier keine Werbung machen. Es ist nur eine Einleitung, um auf die Probleme der kommenden Tage aufmerksam zu machen.

Denn irgendwas stimmt mit meinem Bauch nicht. Er bläht sich auf, es drückt, es tut ein bisschen weh. Auch die Hoffnung, diese Plage durch einen gewaltigen Furz zu verlieren, erfüllt sich nicht. 100 Kilometer vor Casablanca steuere ich auf einen Parkplatz. Davon gibt es hier auf der Autobahn nur sehr wenige. Und auf genau die haben es die kleinen Händler vor Ort abgesehen, umschwirren Reisende hier wie Fliegen. In meinem Fall sind es ein paar Jungs, die alles Mögliche verkaufen wollen.

Nein, ich brauche jetzt keine bunt bemalte Tajine, auch keinen Kerzenhalter aus Büffelhorn oder einen kleinen, handgewebten Teppich. Wo kommen diese kleinen Geschäftemacher eigentlich her? Nirgendwo ist ein Ort zu sehen, dieser Platz hier liegt im Nichts. Ich hocke auf dem Asphalt neben der Maschine und krümme mich ein wenig. Na, wenn's denn keine Kerzen oder deren Halter sind, denkt man sich, dann können wir dem Ungläubigen wahrscheinlich Medizin verticken. Sieht aus, als hätte er Bauchschmerzen.

„Hier, diese Frucht, nur zwei Dirham, Mister, die ist super für den Bauch. Gute Medizin."

„Nein danke. Alles in Ordnung."

„Echt Mister, gut für Bauch und gut für Darm." Das letzte Wort verstehe ich erst, als er so tut, als müsse er mal aufs WC. Ich bin ins Grübeln gekommen. Denn an Medizin habe ich nur Aspirin dabei. Blöder Fehler. Was hat der Kerl da überhaupt in der Hand?

„Hier, diese Frucht, Mister, die macht nicht nur müde Männer munter, die beseitigt auch sämtliche Bauchbeschwerden." Etwas Ähnliches sagt er immer wieder und präsentiert einen Sack voller merkwürdiger Früchte, die wie Kaktus-Geschwüre aussehen. Ich verzerre das Gesicht. Er schaut mich an. Dann blickt er auf mein Stoffkänguru, das ganz mitgenommen auf dem Blinker sitzt.

„Hier, ich schneide einen auf für sie, Mister, nur zwei Dirham. Super Angebot. Dann sind alle Schmerzen weg. Garantiert. Inshallah."

Blöde Situation. Bauchschmerzen und keine Medizin. Fruchtangebot und keine Ahnung. Was, wenn diese Pflanze die Schmerzen noch verstärkt oder sogar giftig ist? Ich explodiere gleich. Passt diese Kombi überhaupt noch? Jacke auf, Bauch raus. Scheibenkleister. Der sieht tatsächlich so aus, als würde er gleich platzen. Ich drücke. Kein Furz.

„Mister, Mister, sie brauchen diese Frucht hier, ganz sicher. Wirklich. Nur vier Dirham."

Habe ich mich verhört?

„Du hast doch vor ein paar Minuten noch zwei Dirham haben wollen, oder?"

Er schaut mich an. Er lächelt. Er schaut auf meinen Bauch. Dann schaut er wieder auf die Frucht, die er mittlerweile geschält hat. Sie glitzert im fahlen Licht dichter Bewölkung.

„Geschält vier Dirham", grinst er.

Ich greife zu. Schlimmer als jetzt kann es gar nicht werden. Der

Geschmack ist etwas süß-säuerlich, wenig fruchtig und ganz und gar nicht so saftig, wie ich es mir vorgestellt habe. Dafür besteht das Ding fast nur aus Kernen, die ich im hohen Bogen ausspucke.

„He, Mister, nein, böser Fehler. Die Kerne müssen mitgegessen werden. Wirklich. Gut für den Magen."

Wahrscheinlich sitzen seine Kumpels jetzt hinter dem Busch, lachen sich kaputt und müssen nachher an ihn ein kleines Vermögen berappen. Wette gewonnen. Ramir hat dem Ungläubigen für sage und schreibe VIER Dirham eine unverdauliche Kaktusfrucht verkauft. Und hat ihn sogar dazu gebracht, die Kerne mitzuessen. Hahaha. Die Geschichte wird noch Generationen später an den Feuern der Berber erzählt werden.

Mir egal. Ich sterbe gleich. Woran, ist mir schnurz. Also esse ich die Kerne auf. Obwohl, essen im Sinn von genießen hat damit nichts gemein. Ich würge sie runter. Wenn der Bauch unbedingt platzen will, dann soll er das jetzt und hier tun. Nicht auf dem Scrambler. Überhaupt – es sind noch 650 Kilometer bis zur Fähre, die am Dienstag losfährt. Und zwar egal, ob ich an Bord bin oder nicht. Ich liege auf dem Rücken, halte mir den Bauch und starre in die Wolken. Beobachte die Wolkenbänke, die sich wie die Kontinentalplatten ineinanderschieben, und weiß nicht, wie das weitergehen soll. Vor einer Stunde noch war die Welt in Ordnung. Ich saß glücklich in einem Restaurant, und die Welt lag mir zu Füßen. Sonne satt, völlig gesund. Kein Gedanke daran, dass es anders sein könnte. Jeder ist für sein Glück selbst verantwortlich, denn mit unseren Taten stellen wir sekündlich die Weichen. Mal fährt der Zug des Lebens direkt ins Glück, ein andermal entgleist er.

30 Minuten später sitze ich wieder im Sattel, bin auf der Autobahn Richtung Norden. Ich fahre mit geöffneter Hose, sonst halte ich die Schmerzen nicht aus. Noch immer keinen Furz gelassen. Mir ist ein wenig übel, aber es fühlt sich nicht danach an, als ob ich mich übergeben müsste. Leichter Nieselregen setzt ein, ich muss

anhalten und die Hose wieder schließen. Mann, tut das weh. Die Schmerzen machen mich verrückt. Und die endlose gerade Straße rollt sich vor mir aus wie eine Rettungsleine, an der ich mich entlanghangele.

Es kommt ganz plötzlich. Ohne Ankündigung. Nur ein kleiner Impuls. Zum Büsche suchen oder gar ans Klopapier denken bleibt keine Zeit. Es kommt wie ein Schuss. Und man sollte schleunigst in Deckung gehen. Vollbremsung. Rechts ran. Zum Seitenständer ausklappen bleibt keine Zeit. Ich knalle den Scrambler gegen die Leitplanke, überspringe sie und hechte den Wall runter. Hoch ist er nicht. Ein Meter vielleicht. Das bedeutet, dass mich hier jeder sehen kann. Jacke auf, sonst lässt sich der Verbindungsreißverschluss zur Hose nicht öffnen und auch nicht runterziehen. Jacke ist auf. Nun die nächste noch aufmachen. Verbindungsreißverschluss – Scheiße, wo ist der Zipper? Finde ihn mit den Handschuhen nicht. Ach so, die sollte ich ausziehen. Dafür muss ich die Jackenärmel öffnen. Gefummel. Irgendwas will in mir explodieren. Schnell, den Verbindungsreißverschluss auf, beide Hosen öffnen. Verdammt, die untere klemmt, bekomme sie nicht richtig runter. Egal, bleibt sie am Oberschenkel hängen. Wenn ich jemals auf eine Millisekunde genau etwas hinbekommen habe, dann in diesem Moment. In einem Moment, in dem ich innerhalb von nur einer Sekunde zwei Kilogramm abnehme. So habe ich mir das zwar nie vorgestellt, aber was willst du machen?

Ich sterbe. So fühlt sich das also an. Alle fünf Sekunden ballert Mike Tyson mir seine Faust in den Magen. Ich denke nicht mehr an die Fähre, den Scrambler oder meinen Sohn, der daheim auf mich wartet. Ich denke nur daran, wie schön es ist, wenn man gesund ist. Nicht hier im Nieselregen schwitzend kauert, die Hose halb runter, und der Magen bekommt die Abreibung seines Lebens. Oder soll ich lieber Darm sagen? Autos rauschen hupend vorbei. Menschen recken Fäuste aus dem Seitenfenster. Kann schon sein, dass es bei Todesstrafe verboten ist, in Marokko seine Notdurft neben der Autobahn zu verrichten. Aber was soll ich machen?

Gesund sein, ein so wichtiger Zustand, den wir stets ignorieren und dessen Wert wir erst schätzen lernen, wenn's uns dreckig geht. Apropos dreckig. Das Klopapier beziehungsweise die als Ersatz vorgesehen Tempo-Taschentücher sind im Tankrucksack... Verglichen mit den Darmproblemen ein kaum erwähnenswertes Detail. Wie lange ich da hocke – keine Ahnung. Aber es wird langsam dunkel, während mein Darm in nicht enden wollenden Wallungen rebelliert. Ein Wagen bremst heftig, hält an. Vielleicht haben die Klopapier. Und hoffentlich ist es keine schöne Frau, die mich in dieser misslichen Lage hier sieht und sich dann womöglich nicht mehr in mich verlieben kann...

Meine Angst ist völlig unbegründet. Zwei Marokkaner steigen aus und schimpfen fürchterlich. Zetergewitter. Geballte Fäuste. Ein Ungläubiger! Und nicht mal verhüllt! Soweit ich dem Gewitter aus arabischen Schimpfwörtern entnehmen kann, möchten sie, dass ich, wenn ich schon unbedingt meine Notdurft neben der Autobahn verrichte, mir gefälligst einen Platz suchen soll, den man nicht sofort sieht. Ich hebe die Hand und nicke verständnisvoll. Mir wird klar, dass ich hier weg muss. Die Nacht bricht gleich an, und vielleicht finde ich ja eine Apotheke.

20 Minuten später. Meine Füße stecken nackt in den Stiefeln. Die Socken liegen irgendwo im Gebüsch. Ich glaube, die will niemand mehr. Irgendwas musste ja als Klopapier herhalten. Die nächste Abfahrt ist meine. Ein Kaff namens Skhour-des-Rehamna erwartet mich. Hoffentlich zwingt mich niemand, den Namen richtig auszusprechen. Es sieht auf den ersten Blick genau so aus, wie alle Käffer, die ich im Dauerregen durchquert habe. Da wirbeln bunt gekleidete Menschen über die Straßen, als wäre hellster Sonnenschein. Auf den Straßen schimmert eine Melange aus Wasser und Schlamm, in der Müll treibt. Die Gebäude stehen da, als hätten sie gerade den

Krieg überlebt. Gerissene Fassaden, abgeblätterte Farbe, fehlende Fenster und Türen. Auf den Gehwegen, die vor Geschäften teilweise überdacht sind, reibt sich die Menge aneinander. Von überall her duftet es nach Pfefferminz, gebratenem Fleisch, offener Glut, Diesel und Schweiß. Die Menschen schreien wild durcheinander. Fast jeder möchte dem anderen scheinbar was verkaufen oder brüllt ihn an, weil er mit seinem Auto ausparken will. Überhaupt: Auf den Straßen die reinste Anarchie. Da wird wild gewendet, falsch geparkt, bös' gehupt und arg gestikuliert. Ich denke nur: Hoffentlich haben die auch eine Apotheke und ein Bett.

Das Erste gibt's schon mal. Auf weißer Wand, von welcher der Putz wie Schuppen fällt, ist ein grün gemalter Äskulapstab erkennbar. Ich trete ein. Niemand da. Ein alter Mann im Talar und einer Art Kapuze, die an eine Zipfelmütze erinnert, kommt aus der Ecke geschlurft. Er hebt die Füße nicht beim Gehen, drückt seine Hände auf die schmierige Glasfläche des Tresens und schaut mich fragend an. Ich habe noch nie im Leben jemanden getroffen, der so fragend schauen konnte. Sein verwittertes Gesicht ist ein einziges Fragezeichen.

„Ich habe ein Problem mit meinen Magen und Darm", sage ich. In Wahrheit stammele ich irgendwas von „moi malade", krümme mich und zeige auf Magen und Po. Er schaut mich an wie eine Wachspuppe. Keine Regung. Ja, er atmet nicht mal. Wieder zeige ich auf meinen Bauch, krümme mich und stöhne. Dann fragt er mich irgendwas auf Arabisch. Könnte sein, dass er wissen will, was ich gegessen habe. Oder wann ich zum letzten Mal auf der Toilette war. Vielleicht auch, wie das aussah. Könnte auch sein, dass er einen Witz auf meine Kosten macht. Oder auch, dass er meine Krankenkassen-Mitgliedskarte sehen will. Ich verstehe jedenfalls nur Bahnhof.

Diesmal ist mein Gesicht das Fragezeichen. Er schaut mich eine Minute lang an. Wir stehen uns gegenüber. Auge in Auge. Dann dreht er sich um und brüllt nach hinten. Es erscheint eine junge

Frau, die zwar ein knallgelbes Kopftuch mit roten Punkten trägt, ihr Gesicht der Öffentlichkeit jedoch präsentiert. Gut so. Sonst hätte die Öffentlichkeit nämlich was verpasst.

Das Gesicht der Dame ist der Hammer. Makelloser Teint, wunderschöne Augen mit unendlicher Tiefe, eine zierliche Nase und hohe Wangenknochen. Damit würde sie jedes Casting für Make-up-Models gewinnen. Ihr Vater bemerkt meinen Ausdruckswandel sofort und schaut mich strafend an. Sie fragt mich in gebrochenem Französisch, was mir weh tut. Bevor ich antworten kann, schießt es wieder in meinen Bauch. Ein Grollen, ich krümme mich kurz und schaue sie hilfesuchend an, will noch fragen, wo hier die Toilette ist, doch die Frage ist überflüssig. Sie greift meinen Arm, zieht mich hinter den Tresen und zeigt auf eine angelehnte Tür. Anhand der Geräusche, die anschließend aus diesem Raum quellen, diagnostizieren Vater und Tochter. Weitere Beschreibung des Problems nicht notwendig.

Als ich wieder unter den Lebenden und vor dem Tresen weile, dreht die Hübsche sich mit einer eleganten Bewegung um. Ich sehe ihre Hände, auf denen mit Henna Ranken und Ornamente gemalt sind. Sie öffnet einen Schrank, wühlt kurz und überreicht mir dann eine bläuliche Schachtel. Was draufsteht, weiß ich nicht. Arabische Schrift, 24 Tabletten, 32 Dirham. Der Alte zeigt mir drei Finger. Fragezeichen in meinem Gesicht. Seine Tochter sagt: Nicht drei auf einmal, sondern dreimal täglich eine. Ich bin froh. Hätte ja auch nur noch drei Tage Lebenserwartung bedeuten können.

Und ja, sie haben hier eine Art Gasthaus, das ich an dieser Stelle weder empfehlen, noch eingehend beschreiben werde. Draußen trommelt Dauerregen gegen die Fassade des Gebäudes, und auch hier drinnen tropft es ein wenig von der Decke. Es riecht nach Schimmel und starkem Putzmittel. Wenn ich nicht laufend zur Toilette müsste, würde ich in meiner Motorradkombi schlafen. Die ist wenigstens wasserdicht. An der Decke formieren sich Tropfen, die dann auf den Boden platschen. Ich habe eine Stelle im Zimmer gefunden, die trocken zu sein scheint, und nicht nur meine Ausrüstung, sondern auch das Bett dahin geschafft. In den letzten zwei Stunden war ich siebenmal auf der Toilette. Mein Darm hat nichts Festes mehr im Angebot. Das kann drei Ursachen haben. Der süße Kuchen oder der Tee, den wir zum Abschied auf dem Parkplatz genossen haben, oder die Tajine. Tippe auf Letzteres. Ist aber auch egal. Die Tabletten wirken nicht. Vielleicht sind es die falschen, vielleicht brauchen sie aber auch nur Vorlaufzeit.

Es ist der Abend meines 18. Reisetages. Über Abenteuer kann ich mich auf diesem Trip wirklich nicht beklagen. Meine zwei Packungen Tempo-Taschentücher sind aufgebraucht. Klopapier gibt es nicht. Egal. Das Klo ist gleichzeitig auch Dusche, besteht aus einer viereckigen Betonempore mit einem etwa faustgroßen Loch in der Mitte, das es zu treffen gilt. Neben der Empore steht ein Wasserbehälter, in dem eine Schöpfkelle schwimmt. Zum Duschen kippt man sich das Wasser mit der Kelle über den Schädel. Es dient aber auch dazu, die Hände nach erledigtem Toilettengang zu säubern. Dummerweise liegt alles am Ende eines zehn Meter langen Flures. Ich muss also einschätzen, wann ich losrennen sollte. Habe schon überlegt, gleich im Sitzen auf der Toilette zu schlafen. Doch das kann ich nicht. Meine Hoffnung, an die sich alles klammert, ist, dass der Spuk morgen genauso schnell beendet ist, wie er begann. Meine Empfindungen sind abgestumpft. Ich fühle keinen Hunger. Fühle keinen Durst. Ich fühle keine Zeit. In Momenten wie diesen, in denen man einsam und verlassen über einem Loch kauert, die Spinnen anstarrt, die flüchten, weil man stinkt, man das Gefühl hat, gleich seine Innereien nach außen zu pressen und die Schmerzen Tränen in die Augenwinkel drücken, ist das Elementarste der Welt so weit entfernt wie nie zuvor: Liebe.

Denn dieses Dasein ist dein Feind. Schmerzen, Einsamkeit und Hoffnungslosigkeit machen bewusst, wie wichtig es ist, jemanden zu haben. Als ich wieder mal auf dem Bett liege – ich bin mittlerweile völlig durchnässt, weiß aber nicht, ob durch schwitzen, oder weil es von der Decke tropft – muss ich an Heinz Stücke denken. Der Name sagt Ihnen nichts? Nun, Heinz ist im Jahr 1962 mit seinem Dreigang-Fahrrad in Hövelhof gestartet und wollte pünktlich zu den Olympischen Spielen 1964 in Tokio sein. Das Durch-die-Welt-Radeln hat ihm jedoch so viel Spaß gemacht – er war bis Ende der Neunziger unterwegs.

Ich traf ihn in Australien. Gemeinsam verbrachten wir einen Abend am Strand, bestaunten die Wellenkämme und den glutroten Sonnenuntergang. Ich war damals erst vier Jahre on the road und ganz fasziniert davon, wie lange dieser alte Mann schon gereist war. Eigentlich sein ganzes Leben lang. Ich war maßlos beeindruckt und sagte zu ihm: „Es muss so wunderbar sein, all diese Dinge gesehen zu haben."

Er blickte lange auf das Meer und sagte dann etwas, das ich mein ganzes Leben nicht vergessen werde: „Ja, es ist wunderbar. Es gibt nur einen Haken: Irgendwann, wenn ich alt bin, werde ich am Meer sitzen und die Dinge sind nur halb so schön, wie sie hätten sein können. Denn ich habe niemanden, mit dem ich meine Erinnerungen teilen kann. Ich bin ständig allein."

„Geteilte Freud ist doppelte Freud", sagt der Volksmund. Und er sagt natürlich auch, dass „geteiltes Leid halbes Leid ist". Ich weiß nicht, ob es mir besser gehen würde, wenn mir jetzt jemand etwas zu trinken reichen, oder mal aufmunternd über den Schädel streicheln könnte. Schlechter jedoch auf keinen Fall.

Fünf Toilettenbesuche zwischen Mitternacht und Aufbruch. Es ist 10 Uhr. Habe dem Wirt die geforderten 150 Dirham für das Zimmer in die Hand gedrückt. Wir schauen uns an und wissen glaube ich beide, dass es das nicht wert ist. Ich hake das Ganze unter Toilettenbenutzungsgebühr ab.

Noch 580 Kilometer bis Tanger. Wahrscheinlich sogar im Regen. Morgen um 17 Uhr legt die Fähre ab. Sollte zu schaffen sein. Die drei Tabletten, die ich bereits intus habe, zeigen bislang keine Wirkung. Ich fahre nur knapp 200 Meter und halte beim Markt. Kaufe zwei Bananen, die sollen ja angeblich stopfen. Ein blöder Fehler. Keine fünf Kilometer später beschließt mein Körper, sie wieder auszuscheiden. Großes Drama. Schaffe es gerade so, den Scrambler noch abzustellen und haste im Dauerregen ins Gebüsch. Das ist diesmal dichter, schützt besser vor Blicken, doch davon habe ich nichts. Schon im Laufen öffne ich all diese Reißverschlüsse und Knöpfe, stolpere dabei und lande im Schlamm. Wasser und Dreck laufen mir in die Hose. Auch egal. Zum ersten Mal auf dieser Reise bekomme ich ein ungutes Gefühl. Wenn das so weitergeht, ich alle paar Minuten einen Zwangsstopp einlege, werde ich meine Fähre nicht erreichen. Ich muss jetzt entscheiden, wo ich langfahre. Auf der Autobahn, mit der Gefahr im Nacken, für die überfallartigen Toilettengänge nicht schnell genug anhalten zu können. Oder auf der National 1, mit der Gefahr, vielleicht zu langsam zu sein und die Fähre zu verpassen. Entscheide mich für die National 1, in der Hoffnung, dass meine Verdauungsprobleme sich legen.

16 Uhr nachmittags. Ich hocke wieder einmal im Gebüsch. Alles ist jetzt feucht. Mein Helm, mein Anzug, mein Körper. Ich bin ziemlich am Ende, habe heute schon 4,5 Liter Wasser getrunken – drei Plastikflaschen voll. Und alles ist kurze Zeit später hinten wieder rausgelaufen. Noch immer zeigen die Tabletten keine Wirkung. Ob es die richtigen sind? Nach dem Getöse, das ich auf der Apotheken-Toilette gemacht habe, ist eine Fehlentscheidung doch wohl kaum möglich. Oder?

Es sind noch 300 Kilometer bis Tanger, und egal, ich werde jetzt die Autobahn nutzen. Denn auf der Landstraße sind zu viele Idioten unterwegs. Einige von ihnen fahren höchstens 30 km/h und nötigen die Nachfolgenden zu gefährlichen Überholmanövern. Habe viel darüber nachgedacht, warum die so schleichen. Aber ich finde keine Antwort. Hier in Afrika ist alles möglich. Dass sie Sprit sparen wollen, gerade telefonieren, davor Angst haben, dass ihnen irgendein Esel vors Rad humpelt, sie schlecht sehen, ihr Wagen defekt ist oder sie schlicht nicht wissen, wie der nächsthöhere Gang reingeht. Auf jeden Fall kommt es stets zu spektakulären Überholmanövern, zumeist von Taxifahrern. Und, machen wir uns nichts vor: So ein Mercedes 200 D mit seinen 55 PS ist auch kein Dragster. Der braucht seine Zeit, um von 30 auf 90 km/h zu beschleunigen. In der Zeit hast du bereits Brötchen gekauft, sie geschmiert und aufgegessen.

Die marokkanische Autobahn ist nicht viel ungefährlicher. Sie besteht aus zwei dicht gedrängten Teerstreifen pro Richtung, die durch einen zehn Meter breiten Grasstreifen voneinander getrennt sind. Als die Chinesen diese Bänder ausgerollt haben (wie immer geht es natürlich darum, Rohstoffe besser transportieren zu können), hat man die Anwohner natürlich nicht gefragt. Ortschaften wurden isoliert oder getrennt. Überwege gibt es kaum. Und so überqueren die Menschen die Autobahn einfach dort, wo früher ihre ausgetretenen Pfade waren. So ähnlich wie Wildschweine, die immer denselben Weg benutzen. Egal, was da liegt.

Überall sehe ich Leute über die Fahrbahn rennen oder einfach neben der Fahrbahn hergehen. Dabei regnet es unaufhörlich. Ich begegne Lkw, die mit qualmendem Motor mitten auf der Fahrbahn stehen, und unzähligen aufgebockten Autos mit einem Plattfuß. Als ich hinter einem Tiertransporter herfahre, der Esel geladen hat – sie stehen ungesichert auf einer Ladefläche – scheint ein Esel dasselbe Problem wie ich zu haben. Meine Reaktionsfähigkeit lässt nach. Die Hälfte bekomme ich ab. Es regnet, Gott sei Dank.

Diesmal will ich keine Experimente und gönne mir nach fünf weiteren Toilettenstopps kurz vor Tanger ein Hotel der Ibis-Kette. Ein Werbeschild verspricht Luxus. Als ich die Tür öffne, steht der

Rezeptionist auf. Fehlt bloß noch, dass er salutiert. Er mustert mich von oben bis unten. Diese Prozedur dauert zwei lange Minuten. Eine Zeit, die ich nutze, um darüber nachzudenken, warum er das macht.

Vor ihm steht ein Typ mit Siebentagebart in etwas Ähnlichem wie ein Astronautenanzug, aus dem innerhalb von Sekunden etwa fünf Liter Wasser laufen. Falls das überhaupt Wasser ist. Er ist von oben bis unten mit brauner Erde bekleckert, selbst sein Helm ist hinten noch schlammig. Er tippelt von einem Bein aufs andere und schaut verkniffen. Die Frage, ob er die geforderte Summe für die Übernachtung aufbringen kann, darf angesichts dieses desolaten Gesamtzustands durchaus gestellt werden.

„Guten Tag", begrüße ich ihn. „Wo bitte haben Sie hier eine Toilette?"

Das Zimmer kostet 510 Dirham und ist sauber. Zumindest, als ich es betrete. Die Toilette ist in nur fünf Sekunden erreichbar, es gibt Toilettenpapier, das Bett ist frisch bezogen, die Matratze relativ hart. Ich bin im Paradies. Auch die Tabletten scheinen zu wirken, der Darmdrang lässt etwas nach, dafür ist mir ziemlich übel. Es ist zwei Uhr nachts, als ich mich völlig erschöpft zum letzten Mal in dieser Nacht von der Toilette schleppe.

Und es ist 13.15 Uhr am nächsten Mittag, als es bei mir an der Tür klopft: „Hallo Monsieur, Check-out war um 12 Uhr", wispert da die leise Stimme einer Frau. Es ist die Putzfrau, die gegen meine Zimmertür pocht. Sie muss es zweimal sagen, bevor ich kapiere, was überhaupt los ist. Von jetzt an geht alles schnell. Ich schnappe die Klamotten, zwänge mich rein, raffe alles andere zusammen und sprinte zu meinem Motorrad.

Es regnet wieder mal. Noch 80 Kilometer bis zum Hafen, so zumindest sagt das Schild. Der Sprit müsste noch reichen. Auf geht's. Der neue Hafen „Tanger Med" ist zirka 45 Kilometer von der Stadt entfernt und direkt über eine Autobahn erreichbar. Kaum angekommen, werde ich von Verkäufern gestoppt, die mir alle noch ein Ticket verhökern möchten. Doch das hab' ich ja bereits.

Es folgt eine merkwürdige Kontrolle. Nachdem man ein Formular ausgefüllt hat, steht man mit seinem Fahrzeug bei der Polizei vor einer Art Wachtmeisterhaus an. Als ich dran bin, schnappt sich der Bedienstete meinen Reisepass, haut den Stempel rein und gibt mir den Pass zurück. Er schaut mich nicht mal an. Die Schlange schleicht weiter, bis man beim Zoll ist. Als ich die Papiere reinreiche, fragt mich der Diensthabende, ob das mein Motorrad da sei. Nun, ich bin der einzige Motorradfahrer weit und breit und muss lachen. Es ist ein befreiendes, tiefes, herzhaftes Lachen.

Ein Lachen, das leider nicht ansteckt. Der Zöllner findet nichts lustig. Er winkt zwei Vasallen heran, brabbelt etwas auf Arabisch und zeigt auf den Scrambler. Seine zwei Kollegen kommen raus und bedeuten mir, mein Fahrzeug zu ihnen zu schieben. Mit dem Zolldokument in der Hand umschleichen sie den Scrambler, auf der Suche nach der Fahrgestellnummer. Der Kleinere wackelt an meiner Dose Pannenspray, die ich an der Soziusraste befestigt habe, der Größere zerrt an Leon, dem Stoffkänguru herum. Ich beende ihre „Suche" und zeige auf die Rahmennummer. Der Kleinere liest sie ab, der Größere vergleicht sie mit dem Eintrag in dem Zollpapier. Hoffentlich überprüfen die jetzt nicht meinen Namen, denke ich, den haben sie bei der Einreise doch falsch geschrieben. Doch nichts dergleichen passiert. Stattdessen brüllt der Typ im Häuschen wieder etwas raus, und seine beiden Kollegen möchten anschließend, dass ich meinen Koffer öffne. Es regnet in Strömen. Es ist kalt und mir ist schlecht.

Hört das eigentlich nie auf?

Ich öffne den Koffer, eine Kiste, die man freiwillig nicht durchwühlen möchte, und schaue wie ein angefahrenes Reh. Die beiden gucken sich an, blicken zum Zöllner und schütteln leicht den Kopf. Dreckige Socken, ein paar muffige Unterhosen und zerbröselte

Kekse. Nichts davon hatten sie erwartet. Man winkt mich durch. Geschafft! Wenn die See jetzt noch ruhig bleibt und ich nicht so ein Fiasko wie auf der Überfahrt von Trapani nach Tunis erlebe, kann ich mich erholen.

Ich habe mich erholt, denn der Wettergott hatte Erbarmen. Jetzt stehe ich an der Heck-Reling der Ikarus Palace, einem griechischem Schiff, das mich in nur 36 Stunden von Tanger nach Livorno bringen will. Von dort sind es noch lächerliche 840 Kilometer über die Alpen, und ich werde meinen Sohn wiedersehen. Ein Katzensprung verglichen mit dem hinter mir liegenden Abenteuer. Ich freue mich riesig auf Paul, kann es gar nicht erwarten, ihn in meine Arme zu schließen und sein Lachen zu hören. Und ich freue mich auf meine Mutter. Ohne ihre Hilfe wäre diese Reise nie möglich gewesen. Der Wind kämmt mein Gesicht, salzige Gischt würzt meine Haut. Seit ein paar Stunden schon war ich nicht mehr auf der Toilette.

Mit dieser Reise habe ich damit begonnen, meine „letzten drei Tage Urlaub" wieder aktiv zu gestalten und wirklich wichtige Dinge in den Fokus zu rücken. Ich werde nicht mehr darüber nachgrübeln, wie es passieren konnte, dass ich am Leben zweifelte und mich der Alltagstrott lahmlegte. Sondern vielmehr, wie ich meine Träume erfüllen kann, ohne Paul zu vernachlässigen.

Einer davon war immer, einen Roman zu schreiben. Ein anderer ist, die langen kalten Winter nicht in Deutschland verbringen zu müssen – ein erstrebenswertes Ziel, für das sich langfristig sicher auch eine Lösung finden wird. Noch wichtiger als irgendwelche Träume sollte jedoch mein Leben in der Gegenwart sein. Ich werde mich verstärkt dem Jetzt statt dem Morgen widmen. „Leben ist das, was dir passiert, während du fleißig andere Pläne schmiedest", sang einst schon John Lennon.

Vielleicht bin ich nicht mehr der Alte, der Unbedarfte, Ungehemmte, frei von Ängsten und immer auf der Suche nach Heraus-

forderungen, denn so ein Zusammenbruch bleibt ein stetes Mahnmal im Leben. Doch ich bin unendlich glücklich, mein Selbstvertrauen und die Zuversicht zurückerlangt zu haben. In meiner Tasche steckt ein dicker Notizblock voller Aufzeichnungen, so vielschichtig und detailliert, dass man glatt ein Buch draus machen könnte. Ich freue mich schon, Achim aus Hamburg vom Ausgang dieser Tour zu berichten.

Weit schweift mein Blick über das Meer. Ich sehe bauschige Wolken über aufgewühlten Wellen und die weißen Strudel der Schiffsschraube. Dann schließe ich meine Augen und sehe den Hund, der auf Facebook ist. Die Polizisten, die mir in Spanien einen Umweg befahlen. Ich sehe die Schlepper im Zoll, wie sie sich zu viert drei Euro teilen, die sturmgepeitschten Straßen Casablancas und die Frau, die auf ihrem Kopf eine Gasflasche balanciert und dabei so entspannt lächelt. Den Mann, der im Schlamm betet und sich nach Osten neigt, und die Lkw, die wegen des Sturms über die Fahrbahn torkeln. Ich sehe die Augen des Taxifahrers, der mich beinahe tot-fuhr, sehe Titus und spüre noch einmal seine Umarmung. Höre den Sound des Scramblers und sehe, wie sich der greise Schubkarren-fahrer in Essaouira freut, als ich ihm fünf Dirham Trinkgeld gebe.

Vor diesem Trip sah ich daheim lange Zeit nur ein paar Dach-fenster, durch die ich rausschauen konnte.

In die Ferne.

Ins wahre Leben.

Es tut so gut, wieder zu wissen, was das ist.

Für die freundliche Unterstützung mit Rat und Tat möchte ich mich herzlich bedanken bei:

Marion Bartosch, Markus Biebricher, Uli Bonsels und Triumph Deutschland, Isabell Eckhard, Titus Fischer-Fels, Jörg Fricke, Rossen Gargolov, Tanja Graziadio, Inge Henniges, Markus Knecht, Jörg Künstle, Carolin Lohfink, Jörg Lohse, Aline Matisse, Catherine Pröschild, Fritz Rebholz und der Palatina-Motorradwerkstatt, Markus Schmidt, Herbert und Ramona Schwarz sowie dem gesamten Touratech-Team, Johanna Weccardt, Claudia Werel sowie den Konstrukteuren der Yamaha Ténéré, Typ 34L.

Mehr Infos über das Buch sowie eine Bildergalerie finden Sie unter
www.rolfhenniges.de